# 学前儿童家庭教育

职业教育学前教育专业教材编写组　编

河南大学出版社
·郑州·

**图书在版编目（CIP）数据**

学前儿童家庭教育 / 职业教育学前教育专业教材编写组编 . —郑州：河南大学出版社，2017.12

ISBN 978-7-5649-3163-6

Ⅰ. ①学… Ⅱ. ①职… Ⅲ. ①学前儿童—家庭教育 Ⅳ. ① G781

中国版本图书馆 CIP 数据核字 (2017) 第 323194 号

| | |
|---|---|
| **责任编辑** | 林方丽　陈晓林 |
| **责任校对** | 聂会佳 |
| **封面设计** | 郭　灿 |

| | |
|---|---|
| 出　版 | 河南大学出版社 |
| | 地址：郑州市郑东新区商务外环中华大厦 2401 号 |
| | 邮编：450046 |
| | 电话：0371-86059701（营销部） |
| | 网址：www.hupress.com |
| 印　刷 | 北京虎彩文化传播有限公司 |
| 版　次 | 2018 年 11 月第 1 版　　印　次　2018 年 11 月第 1 次印刷 |
| 开　本 | 787mm×1092mm　1/16　　印　张　15.5 |
| 字　数 | 330 千字　　　　　　　　定　价　38.00 元 |

（本书如有印装质量问题，请与河南大学出版社营销部联系调换）

# 前　　言

　　《学前儿童家庭教育》一书根据现代社会背景下我国家庭教育的现状，结合幼儿园教育改革的实际，较系统全面地阐明了学前儿童家庭教育的基本原理、原则和方法，探讨了制约家庭教育的各种因素，分析了特殊类型和特殊年龄儿童的家庭教育问题及特殊类型家庭和不同年龄阶段儿童家庭的教育问题和教育对策，论述了幼儿园与家庭、社区合作共育的问题。

　　《学前儿童家庭教育》一书以具体阐明学前儿童家庭教育的内涵为理解基点，从学前儿童家庭教育发展的历史溯源出发，以不同家庭结构的学前儿童教育为主线，以关爱有特殊需要的学前儿童家庭教育为内容补充，明晰幼儿园、家庭、社区三方对学前儿童家庭教育的指导与合作，阐释新时代我国学前儿童家庭教育面临的各种问题与挑战，建构科学合理的学前儿童家庭教育的社会支持系统。

　　本书力求做到理论性、创新性、时代性和实践性的有机结合，既适合普通本科院校、高等职业院校和各类教育培训机构学前教育的专业学生使用，又可供早教机构、幼儿园教师以及广大家长参阅。

　　我们在编写过程中借鉴了部分专家、学者的观点，由于时间紧迫未在第一时间与诸位取得联系，如果见到后请您及时联系我们，在此一并表示衷心的感谢！

编　者<br>
2017 年 7 月

# 目 录

**第一单元 学前儿童家庭教育概述** …… 001
- 模块一 家庭的含义、结构与功能 …… 001
- 模块二 学前儿童家庭教育的含义、性质、
  特点、任务及目的 …… 011
- 模块三 学前儿童家庭教育的策略 …… 020

**第二单元 家庭教育的历史资源与学科发展** …… 024
- 模块一 我国传统家庭教育 …… 024
- 模块二 家庭教育学的研究对象、任务及内容 …… 032
- 模块三 我国家庭教育学科的发展 …… 036

**第三单元 学前儿童家庭教育的原则、内容与方法** …… 042
- 模块一 学前儿童家庭教育的原则 …… 042
- 模块二 学前儿童家庭教育的内容 …… 053
- 模块三 学前儿童家庭教育的方法 …… 072

**第四单元 不同年龄阶段及特殊类型孩子的家庭教育** …… 081
- 模块一 婴儿期的家庭教育 …… 081
- 模块二 幼儿期的家庭教育 …… 088
- 模块三 独生子女的家庭教育 …… 101
- 模块四 农村留守儿童的家庭教育 …… 111
- 模块五 智障儿童的家庭教育 …… 120
- 模块六 器官缺陷儿童的家庭教育 …… 127

**第五单元　学前儿童家长的素质教育** …………… 144
　模块一　家长在家庭教育中的作用……………………… 144
　模块二　家长的素质教育………………………………… 157

**第六单元　家庭教育与学校教育及社区教育的关系** …………… 162
　模块一　学前儿童社区教育……………………………… 162
　模块二　幼儿园与家庭合作共育的主要形式…………… 175
　模块三　幼儿园、家庭及社区协同发展………………… 205
　模块四　幼儿园、家庭及社区合作共育的理论流派…… 213
　模块五　幼儿园与家庭及社区共育的参观活动方案…… 219

**参考文献** …………………………………………………… 242

# 第一单元　学前儿童家庭教育概述

**学习目标**

> 了解家庭的含义、结构与功能。
> 掌握学前儿童家庭教育的特点和基本任务。
> 能够灵活运用学前儿童家庭教育的主要策略。

## 模块一　家庭的含义、结构与功能

### 一、家庭的含义

家庭是由相互之间具有婚姻关系、血缘关系或收养关系的人结合成的亲属生活组织。家里有亲人，家中有亲情。家庭是社会的细胞，既是人类社会最主要的组成部分，又是对人类社会能产生重要影响的个体单位。

1989年12月8日，第44届联合国大会通过一项决议，宣布1994年为"国际家庭年"（International Year of the Family），并确定其主题为"家庭：变化世界中的动力与责任"，其铭语是"在社会核心建立最小的民主体制"。此后联合国有关机构又确定以屋顶盖心的图案作为"国际家庭年"的标志，昭示人们用生命和爱心去建立温暖的家庭。国际家庭年的宗旨是提高各国政府、决策者和公众对于家庭问题的认识，促进各政府机构制定、执行和监督家庭政策。1993年，联合国社会发展委员会又宣布，从1994年起，把每年的5月15日定为"国际家庭日"，旨在改善家庭的地位和条件，加强在保护和援助家庭方面的国际合作。2016年5月15日是第23个国际家庭日，其主题是"家庭、健康生活和可持续发展"（Families, healthy lives and sustainable future）。2016年中国地区的宣传主题确定为"健康家庭、幸福家庭"。

### 二、家庭的结构

家庭结构不是家庭人口数或家庭代次的简单相加，而是它们的有机组合；家庭结构的构成不是指家庭的经济、职业、文化的构成，而是特指家庭中成员的构成及其相互作用、相互影响的状态，以及由家庭成员的不同配合和组织的关系而形成的联系模式。家庭结构是建立在婚姻关系和血缘关系的基础上，既包括代际结构，又包括人口结构。家庭结构类型的不同会导致家庭环境、家庭教育方式、家庭成员的关系等也有所不同，这些因素最终会影响儿童的个性和心理素质发展。家庭结构主要有以下几种类型。

（一）核心家庭

核心家庭（如图1-1所示）是由父母及未结婚子女组成的家庭，特点是人口少、辈分少。这种类型多集中于我国的城市地区。扩大核心家庭是由有共同血缘关系的父母和已婚子女，或已婚兄弟姐妹的多个核心家庭组成的家庭模式。扩大核心家庭的规模较大，累世同堂，人丁兴旺，但等级森严，实行家长制，家庭经济、家务、财产乃至青年男女的婚姻都由家长安排或控制；其居住规则通常是从夫居或父族同居，重血统，重传宗接代，重封建伦理道德，重父权、夫权，男女不平等。

图1-1 核心家庭

核心家庭具有以下优点。

（1）家庭关系简单，成员关系密切，内聚力较强，容易形成教育合力。

（2）父母素质较高。心理学家通过研究发现，父母的受教育程度水平越高，子女的自尊心也越强，更容易接受先进的教育理念并实行较为开明的教养方式。

（3）父母年富力强，富有事业心，十分疼爱自己的子女，可以为儿童创造更为优越的教育环境和物理环境。

（4）父母更能以民主、平常的态度教育儿童，能忍耐、平等、随和谅解、爱护关心儿童成长。

核心家庭具有以下缺点。

（1）家庭的封闭性、分散性、缺乏互动性不利于儿童情感的培养和社会交往能力的培养，儿童更容易得抑郁症，性格偏内向。因为在父母以事业为重的家庭中，忙忙碌碌的生活使父母与孩子进行情感交流的时间减少，儿童更多时候是和保姆或电视为伴。

（2）家庭暴力绝大多数在核心家庭发生，儿童往往成为无辜的受害者，易被冷落，成为父母的"发泄筒"。

（3）核心家庭中的父母往往用经济上的满足作为对儿童情感上的补偿，使儿童过着养尊处优的生活，有求必应。

### （二）主干家庭

主干家庭（如图1-2所示）是由两代以上夫妻组成，每代最多不超过一对夫妻，且中间无断代的家庭，如父母和已婚子女组成的家庭。主干家庭可细分为：二代主干家庭、三代主干家庭、四代主干家庭、隔代主干家庭等。主干家庭的特点是结构复杂、人口多。在我国最为典型的是"五口之家"。

图1-2　主干家庭

主干家庭具有以下优点。

（1）祖父母可以协助父母照顾、管理、教育第三代，孩子可以得到更多的爱和更充分的教育，并且生活上得到的照顾和日常的管理也比较周到。老年人照看孩子更有经验，老年人一般也比较有耐心、细心，能较敏感地体察孩子的心情，教育工作也会做得更为深入和细致。

（2）家庭中的老人需要子女，儿童也容易从父母那里学到怎样关心别人、照顾老人的好品质。

主干家庭具有以下缺点。

（1）年老的祖父母，教育思想中传统意识可能多一点；年轻一些的父母容易接受新的教育思想，旧意识少一点。祖父母对于隔辈人更疼爱，容易娇惯溺爱孩子，而做父母的一般理智一些。

（2）祖父母容易对孩子过分溺爱和宽容，这样容易使孩子放纵骄横，不能学会在欲望无法得到满足时应有的忍耐。结果导致不合理的要求使欲望不断增加；无法适应社会生活，以自我为中心，自控能力差；道德观念薄弱，缺乏行为准则和规范；事事依赖成人，与人交往时受到挫折后易产生对立、仇视情绪。

（3）主干家庭由于结构复杂、人口多，充斥着婆媳矛盾、父子矛盾，经常的争吵不休，对孩子的成长很不利。

### （三）单亲家庭

单亲家庭（如图1-3所示）指因夫妻离异或一方去世，由父亲或母亲一人与孩子组成的家庭。这类家庭的特点是结构简单、家庭成员少。近年来独生子女家庭越来越多，社会经济、文化的飞速发展，人们的价值观念急剧变化，家庭结构也随着发生变化，这些变化表现在单亲家庭不断出现，家庭结构的稳定性正在动摇，再婚率不断上升，伴随而来的是家庭的解体与重构。而造成单亲家庭不断增多的主要原因就是离婚率的升高。我国改革开放以来，随着社会发展变迁、社会生活方式的变革，我国的离婚率大幅度上升。2002年全国共依法办理离婚登记117.7万对，2003年达到133.1万对，比上年增加了15.4万对，增长率为13.2%；2004年已达161.3万对，比2003年增加了28.2万对，增长率高达21.2%。另外，2010年、2013年的中国离婚率也是居高不下。这意味着自2002年以来，我国离婚率已经连续12年呈递增趋势。据国家民政部最新统计显示：2014年全国共依法办理离婚登记363.7万对，比2013年增长3.9%。

图1-3 单亲家庭

家庭的变化，父母的离异，首先受到伤害的是孩子的心理。家庭的破裂使儿童赖以生存的家庭乐园一下子被破坏，家庭给予儿童内心的安全感和归宿感瞬间消失，随之产生的是失去父（母），甚至失去双亲的痛苦，孩子成了父母争夺的对象等。这些都会给孩子的心灵造成极大的创伤，孩子容易形成变态心理和怪僻性格，也很容易走上犯罪道路，他们爱亲生父母，很难与继父（母）和谐相处。因此，他们或结伙离家出走，或宁可流浪街头。这些都严重阻碍着孩子健康心理的成长。

### （四）流动家庭

流动家庭（如图1-4所示）指的是家庭成员流动到城市或到外地务工及经商的家庭，可能是家庭成员的整体流动，也可能是家庭成员的部分流动。随着经济的快速发展及工业化、城市化进程的不断加快，社会对人力资源的需求越来越大，人口的流动性越来越快，使得家庭的流动性也日趋加强。在流动家庭中，存在着一个庞大的流动儿童群体，这些随家长来到异地的孩子的教育问题，成为人口流动和儿童发展的一个新的课题，需要进行认真研究。

图1-4　流动家庭

## 三、家庭的功能

家庭的功能主要是指家庭对人类生存和社会发展所起的作用。家庭的功能多种多样，主要有以下几种。

### （一）生养功能

从生到老到死，是人生的自然过程，家庭组成的目的就是使人能够更好地经历这一过程。所以，家庭最基本的功能就是生养功能。它包括生育功能、抚育功能、赡养功能等。父母抚育了子女，尽了责任，当父母垂垂老矣、行动不再那么利索，或丧失劳动能力，或丧失生活自理能力，或没有了经济收入的时候，子女也有赡养父母的责任与义务。

### （二）生产与经济功能

人类要生活，离不开一定的物质生活资料，如食物、衣服、住房以及为此所必需的工具；也离不开一定的精神文化生活资料，如信仰、教育、艺术、娱乐等。人类社会只有通过生产才能取得这些生活资料，但作为个人或一个家庭则可能是直接生产或通过交换取得生活资料。因此，家庭的生产与经济功能包括生产功能、创收功能、消费与理财功能。

### (三) 情感功能

情感是人们对客观事物是否满足自己需求欲望而产生的态度体验，是人们对行为目标的一种较复杂而又稳定的评价，是态度这一整体中的一部分。家庭情感包括夫妻情感、父母与子女情感、长辈与晚辈情感、兄弟姐妹情感等。其具体表现为爱情感、幸福感、信任感、美感等。

### (四) 教育功能

家庭是对人进行教育最早的场所。每个人出生后最初的教育都是来自家庭，父母是子女最早的"老师"，父母通过言传和身教两种形式对子女产生教育作用。家庭是对人进行教育的最基本的场所。家庭成员首先是在家庭中学习人类社会的规范、权利、义务和责任。现代社会，越来越多的家庭拥有较少的孩子或只有一个孩子，父母对其子女的期望值越来越高，对子女进行的家庭教育也比过去任何时候都多、都全面。家庭的教育功能不但没有减弱反而在不断增强。每个家庭都竭尽全力要将子女培养成一个合格或高素质的劳动力，以与社会的需要相适应，同时也期望子女为家庭带来更多的荣耀。

### (五) 社会化功能

家庭是社会的基本组织单位、社会的基本经济单位、社会的基本生活单位。因此，家庭的功能不可能脱离一定社会性质的限制，受到社会发展阶段的制约。家庭必须依照社会的要求来管理家庭成员的行为，帮助子女完成社会化的进程，使家庭能在社会环境中发展其生活功能等。

## 四、学习型家庭

学习型家庭是指家长有意识地在自己家庭中营造一种健康、积极的良好学习氛围，通过自身的积极学习体验与获得，引导孩子对学习行为引起注意、模仿、尝试、体验，有效地激发孩子的学习兴趣，从而使孩子实现品德与智力的良性发展。

### (一) 创建学习型家庭的意义

1. 创建学习型家庭首先是社会发展的需要

党提出全面建成小康社会的宏伟目标，同时强调形成全民学习、终身学习的学习型社会，促进人的全面发展。学习素质是现代公民的必备素质。学习型社会的基本特点是以学习为中心，以终身教育体系为保证，所有公民都有受教育的机会和权利。

学习型社会的建立应具备六项基本条件：学习的个人、学习的家庭、学习的组织、学习的社会、学习的政府和学习的网络。创建学习型家庭是建立学习型社会的必要基础和重要条件，也是全面建成小康社会的必然要求。

2. 创建学习型家庭也是加强和改进家庭教育的需要

家庭教育的好坏取决于家长自身素质的高低，问题虽然常常反映在孩子身上，根源却在家长身上。家长不能舍本逐末，只用眼睛盯住孩子，放松和忽视自身素质的提高。社会上的各行各业都有岗前培训制度，家长作为一种社会角色、社会岗位，也应当"先培训，后上岗"。许多优秀家长就是"先培训，后上岗"，因而在家教中能变被动为主动，成功教育子女，如大家熟知的哈佛女孩刘亦婷的妈妈刘亦华就是这样做的。在她刚怀刘亦婷的时候，就认真学习了《早期教育与天才》这本介绍欧美和日本早期教育理论和实践的书。她曾说，书中介绍的"在生活中教，在游戏中学"的早期教育，为她对刘亦婷的教育打下了很好的基础。

### （二）对学习型家庭的要求

（1）学习型家庭应有明确的指导思想。家长应了解现代社会学习的重大意义，认识自我学习在家庭教育中的作用，把学习作为家庭生活的重要组成部分，从时间、精力、投入等方面做出必要的安排。

（2）要逐步购买一批必要的书籍。据统计，在有孩子的青年家庭中，藏书在500册以上的仅占2%，80%的家庭藏书量为零。只有家长以行动显示出对知识的重视和渴望，孩子才可能对学习产生热爱与自觉追求，家庭的良好学习氛围就会逐步形成。请有计划地为孩子订一些报纸杂志，购买一些关于思想修养、文学艺术、科学知识等方面的著作，让孩子反复阅读，终身受益。

家长可以根据自己的工作性质、工作时间长短的不同，选择合适的书籍或报刊，如《家长报》《武汉晚报》《英才是怎样造就的》《卡尔·威特育儿全书》《给孩子一个点金指》《刘亦婷的学习方法和培养细节》《小游戏中的大学问》《哈佛家训》。

（3）尽量安排固定的学习时间和学习场所，以便家长和孩子一起学习，一起交流，营造浓厚的学习氛围。

（4）家长应带头学习，为孩子做出榜样，而且要和孩子互相学习，共同成长。

（5）家长应加强对互联网知识的学习。网络一方面让学生开阔了视野，增长了见识，愉悦了身心；另一方面由于网络的开放性，其信息良莠不齐，有些不良信息会带给孩子消极影响和不安全因素。因此，家长应正确认识网络的价值与功能，既不采取简单否定的态度，又学习网上良好教育的方法，将消极影响降至最低。

### （三）创建学习型家庭的渠道

学习型家庭的创建，并不是一件简单的事，它是一项系统工程，需要家庭自身的不断努力，也需要社会各方面的积极参与和支持。

#### 1. 政府层面

政府部门应从形成有利于学习型城市发展的政策环境出发，通过确立有关政策和相应的政策保障手段，来引导和促进学习型社区的建设。

#### 2. 社区层面

从社区层面来说，开展社会宣传活动，宣传创建学习型家庭的重要性，从而激发人们开展学习型家庭创建的积极性。充分利用如社区图书馆、社区学习中心、家长学校等文化教育设施，培训骨干，推动学习型家庭创建活动的开展。建立学习型家庭创建激励机制，使典型的学习型家庭如烂漫的山花绽放在社区的每一个角落。

3. 学校层面

孩子在学校读书，无形之中就在家庭和学校之间架起了一座桥梁，形成了一条无形的纽带。家长对孩子的期望都集中在学校教育上，希望学校能圆家长的梦。因此，家长对学校布置的任务都能唯命是从；相应的，现代学校无不重视与外界，尤其是和家庭的联系，借以形成促进孩子成长的最佳教育环境。于是，学校在创建学习型家庭的活动中，扮演了一个非常重要的角色，它的作用是举足轻重的，是无法替代的。校长应把这项内容纳入学校工作的议事日程。学校可以借助与家庭的联系，促进学习型家庭的建立，促进学校教育、家庭教育的联系和发展。

首先，学校可以利用家长学校组织和开展创建学习型家庭教育讲座，向学生家长宣传，鼓励发展学习型家庭。其次，可以利用教师对家长的影响作用，鼓励教师率先把自己的家庭建立为学习型家庭，为学生家长提供示范。最后，学校还可以动用学生这支生力军，向学生宣传创建学习型家庭的意义，通过"小手牵大手"等相关活动，促进学习型家庭的发展。

4. 家庭层面

从家庭层面来说，创建学习型家庭应该从以下四个方面着手。

（1）在家庭教育中渗透智育因素，通过基础知识和基本技能的学习提高孩子的智力水平。

一个个体要在他所处的社会中有所发展，就必须掌握必要的直接经验和间接经验。这些经验包括已有的科学技术成果、知识文化体系以及相应的基本能力构成，也就是通常所说的智力学科基础知识和基本技能。这是学习型家庭学习的主要内容。孩子的发展能力取决于父母的发展。因此，父母应该重视加强自身的知识学习和积累，通过专业知识和业务能力的学习，在家庭中营造一个好学、乐学、常学的良好学习氛围，让孩子在不知不觉间受到学习气氛的熏陶，摒除孩子的厌学心理，激发学习兴趣，从而提高孩子的学习质量。父母还应注意了解孩子的学习状况，针对孩子在学习中遇到的困难，设计合理的方案帮助孩子解决学习问题。培养孩子的创造力，从自身做起，教育孩子敢于向父母质疑、向老师质疑、向书本质疑，培养孩子勇于向权威挑战的科学精神。尊重孩子正当的自我需要，促进孩子个性全面和谐发展，也是教育目标之一。根据加德纳的多元智力理论，人的智力包括七种不同类型：语言天赋智能、逻辑数学能力、空间感知能力、音乐天赋智能、身体运动天赋、人际交往天赋和自我认识天赋。每个人都不可能完全具有这七种智能，而是侧重于一种或几种智能的综合。要重视孩子个性发展，从孩子的个性特征出发，创设优化的家庭教育环境和条件，让每个孩子都能找到适合自己个性发展的独创领域和生长点。这就要求父母要有正确、科学的价值观和人才观，明白人才有多种类型，不只是一味地要求孩子学习成绩优秀，要善于发现孩子的闪光点，发掘孩子的爱好与才能所长，因材施教，扬长避短，发挥孩子的长处，给孩子充分发展的自由空间。同时，不把自己的意志强加给孩子，不人为地制造"学习机器""练琴机器"。

（2）以心理健康教育为依托，培养具有健全人格的孩子。

心理健康教育是儿童全面发展教育的重要组成部分。新时代的家庭教育，更应该关注儿童的心理健康。健康的儿童，不只是身体健康，从内部来说，应该是各项机能健全，人格结构完整，能用正当手段满足自己的基本需要；从对外关系来讲，应该能够适应周围环境，有人际交往能力和基本的人际关系水平。因而，学习型家庭也应该将良好的个性心理品质和健全的人格特征教育作为主要的教育内容。父母要结合日常生活中的各种事例，以身作则，通过多种方式对孩子进行心理健康教育和指导，帮助孩子提高心理素质，健全人格，增强承受挫折、适应环境的能力。社会生活的复杂性使父母有可能将自身来自社会的不悦情绪带到家庭中，影响孩子的心理发展。孩子随着年龄的日益增长，也会经历各种冲突、问题、矛盾和困扰，产生这样或那样的心理问题。这时，心理健康教育就显得尤为重要。父母必须首先学会及时调整心理状态，应付各种困境，其次才能通过自己有意识地引导教育孩子正确认识困难，坚强应对困难，提高孩子承受挫折的能力。同时，父母应该时刻关注孩子的心理发展，学会预测孩子即将遇到的障碍，及时地排解孩子的不良情绪，预防精神疾病的产生，从而提高孩子的心理素质，促进其人格健全发展。

（3）发挥榜样的力量，努力使孩子塑造高尚的道德品质。

高尚的道德品质是衡量人才的一个标准。一个健康的家庭必然要教育子女具有高尚的道德品质，并有意识地将道德品质教育内容渗透到日常家庭教育之中。父母要培养具有高尚道德品质的子女，自己首先必须具备高尚的道德品质。儿童具有模仿的天性，家庭作为教育儿童的第一学校，父母的道德行为必然成为孩子模仿的首选对象。从这个意义上讲，父母应该在日常生活中着力塑造自身良好的道德形象，对孩子的道德行为评价要有坚持性，从自身做起，前后一致地提供榜样，为孩子创设道德情境，提供明确具体的道德行为要求，让孩子坚持练习，及时纠错，适当地运用批评和表扬，促进孩子品德的发展，培养孩子形成高尚的道德品质。

（4）加强锻炼与培养，训练孩子养成必要的生存技能。

现代生活节奏日益加快，具有较强的生存能力已成为个体适应社会生活、赢得竞争的必要手段。因此，必要的生存技能也应成为学习型家庭的学习内容。父母应该意识到要让孩子在今后的社会生活和竞争中立于不败之地，基本的生存技能是必不可少的。严慈相济才是对孩子爱的本真所在。在家庭中，家长通过自身的表现，教育孩子每个家庭成员都应当承担必要的家庭义务，让孩子从事一些力所能及的家务劳动，帮助父母分担家庭的责任，逐渐培养孩子的自立和自理能力。孩子可以通过父母在日常生活中角色行为的正确示范，在不知不觉中养成必要的生存技能，以适应今后生活的需要。值得一提的是，父母应该有意识地培养孩子的合作能力。从家庭成员的合作开始，教育子女学会与人沟通、合作，提高孩子的互补技能，即学习他人长处以避己短处的能力，从而有效地提升孩子的生存能力。

(四) 学习型家庭的特征

学习型家庭的创建是一项系统工程，从学习型家庭所具有的内涵及外延来看，至少具有以下方面的特征：一是家庭成员要意识到终身学习的重要性和必要性；二是父母要确立现代的观念和前瞻的思维；三是家庭成员具有终身学习的积极性和浓厚的学习兴趣；四是家庭成员共同制订学习发展计划；五是家庭成员具备终身学习的基本能力；六是家庭具有一定的学习设备条件；七是家庭成员投入一定的时间用于学习；八是家庭与家庭，家庭与学校、社区之间存在着密切的教育联系和往来；九是将素质教育思想引入家庭教育领域；十是把现代信息传播手段及其所代表的现代生活方式引入家庭。

(五) 终身教育的特点

终身教育并不是一个教育体系，而是建立一个体系的全面的组织所根据的原则，这个原则又是贯穿在这个体系的每个部分的发展过程之中。对于终身教育比较普遍的说法是"人们在一生中所受到的各种培养的总和"，它指开始于人的生命之初，终止于人的生命之末，包括人发展的各个阶段及各个方面的教育活动。它既包括纵向的一个人从婴儿期到老年期各个不同发展阶段所受到的各级各类教育，也包括横向的从学校、家庭、社会各个不同领域受到的教育，其最终目的在于"维持和改善个人社会生活的质量"。

终身教育的概念也在不断发展。国际21世纪教育委员会在其向联合国教科文组织提交的题为《教育——财富蕴藏其中》的报告中，对终身教育这个概念的内涵做了进一步的揭示，终身教育固然要重视使人适应工作和职业需要的作用，然而，这绝不意味着人就是经济发展的工具。除了人的工作和职业需要之外，终身教育还应该重视铸造人格、发展个性，使个人潜在的才干和能力得到充分的发展。

终身教育具有以下特点。

1. 终身性

终身性是终身教育最大的特征。它突破了正规学校的框架，把教育看成是个人一生中连续不断的学习过程，是人们在一生中所受到的各种培养的总和，实现了从学前期到老年期的整个教育过程的统一。它既包括正规教育，又包括非正规教育。它涵盖了教育体系的各个阶段和各种形式。

2. 全民性

终身教育的全民性指接受终身教育的人，包括所有的人，无论男女老幼、贫富差别、种族性别。联合国教科文组织汉堡教育研究员达贝提出终身教育具有民主化的特色，反对教育知识为所谓的精英服务，使具有多种能力的一般民众能平等地获得教育机会。而事实上，当今社会中的每一个人，都要学会生存，而要学会生存就离不开终身教育，因为生存发展是时代的主流，要生存必须会学习，这是现代社会给每个人提出的新课题。

3. 广泛性

终身教育既包括家庭教育、学校教育，也包括社会教育。可以这么说，它包括人的各个阶段，是一切时间、一切地点、一切场合和一切方面的教育。终身教育扩大了学习天地，为整个教育事业注入了新的活力。

4. 灵活性

现代终身教育具有灵活性，表现在任何需要学习的人的身上，可以随时随地接受任何形式的教育。学习的时间、地点、内容、方式均由个人决定。人们可以根据自己的特点和需要选择最适合自己的学习。

# 模块二　学前儿童家庭教育的含义、性质、特点、任务及目的

## 一、学前儿童家庭教育的含义

什么是学前儿童的家庭教育？学前儿童的家庭教育有广义和狭义之分。广义的学前儿童家庭教育主要是指所有家庭成员之间的相互影响和教育。在家庭生活中，父母和其他年长者在对年幼的孩子进行教育、施加影响的同时，还会受到年幼孩子的影响和教育。例如，妈妈带孩子逛街，站在马路边的斑马线上，看到没有来回穿梭的车辆时，就想拉着孩子快步走过马路；而孩子则指着交通灯，问妈妈："您不是教过我'红灯停，绿灯行'吗？您看，那灯还是红的呢，我们要等到那灯变绿了才能过马路吧？"听了孩子的问话，妈妈立即停住了脚步，和孩子一起等到绿灯亮时才走过马路。

狭义的学前儿童家庭教育主要是指家长对进入小学以前的孩子进行的教育。在家庭生活中，父母和其他年长者有目的、有计划地对入学前的孩子进行全面发展的教育，促进孩子在体力、智力、语言、情感、社会性、审美等多方面的成长。例如，家长通过给孩子讲《好饿的毛毛虫》的故事，来帮助孩子了解一个星期的名称（如星期天、星期一、星期二、星期三、星期四、星期五、星期六），一一对应的关系（如星期一吃一个、星期五吃五个）和水果的名称（如苹果、梨子、李子、草莓、橘子），拓宽孩子的科学知识（如毛毛虫变成了一只美丽的蝴蝶），培养孩子健康的饮食习惯（如毛毛虫吃多了，肚子就痛了，吃了绿叶子以后，肚子就好多了）。

在本书中，笔者主要是从狭义的视角来探讨学前儿童的家庭教育。

## 二、学前儿童家庭教育的性质

学前儿童家庭教育的性质：

（1）它是一种非正规的教育；

（2）它是一种充满了亲情的教育；

（3）它是一种稳定的持久性教育。

## 三、学前儿童家庭教育的特点

学前儿童家庭教育有着自身的特点。

一是教育率先性。幼儿从出生到入学前的教育，都是在家庭中实施的，可以说家庭教育具有一定的率先性。

二是单独性。这一特点在独生子女的家庭环境中更为突出。

三是随意性和随机性。在家庭中教子女什么和怎样教授家庭中的某些因素的影响，教育有较大的随意性；家庭教育又与家庭生活相伴相随，因此又具有随机性。

四是亲情性。幼儿在成长过程中因与家长是亲子关系，会朝着亲密化方向发展。家长对幼儿的教育均受亲密情感的影响，导致有时对幼儿感情用事。

五是持久性。幼儿到了入园的年龄，但家庭的教育始终是在进行的，没有一刻停止。

六是丰富性。幼儿的家庭教育，涉及范围很广，在不同的家庭生活环境、交往关系、生活方式中，幼儿可随之获得不同的教育信息和生活的经验，学习一些行为规范、生活技能等。

家庭教育的上述特点，在正确的人生观、世界观和教育观的指导下，可以显示出儿童早教的益处和优势；但要是在一个家庭中，父母的思想道德、品质修养、文化水平、健康状况都处于不佳的状态，将会给幼儿造成不良的教育后果。作为学前教育工作者，既要学习如何向学前儿童传授知识的技能，又要学会如何帮助幼儿的家长教育好自己的孩子，懂得家庭教育的运作规律。

## 四、学前儿童家庭教育的基本任务及要求

学前儿童家庭教育的内容主要由健康教育、认知教育、品行教育和审美教育等部分构成，在各个不同的方面和不同的年龄阶段，家庭教育的任务和基本要求也不同。

### （一）健康教育的任务及要求

在学前儿童个体的发展中，生命的健康是保证其发展的物质条件，学前儿童各个方面的发展，都必须建立在身心健康的基础上，否则，学前儿童的发展就会中断或结束。因此，健康教育是学前儿童全面发展教育的重要组成部分，是学前儿童全面发

的前提和基础。学前儿童只有有了良好的身体、健康的体魄，才能进行智力活动、交往活动和审美活动等。

学前儿童家庭健康教育的主要任务如下：教给孩子一些简单的生活常识和卫生常识，培养孩子良好的生活习惯和卫生习惯，激发孩子参加户外锻炼的兴趣，培养孩子独立生活的能力和自我保护的能力，促进孩子身心的健康发展。

孩子的生存是孩子发展的前提，在对孩子进行健康教育的时候，家长要特别注意孩子的人身安全。

首先，应关注孩子饮食的安全。父母不要给孩子买吃的与玩的混装的食品，这种食品既不卫生，又会对孩子的生命造成危险。2004年12月11日，我国广东一名23个月大的女婴被果冻卡住喉咙，最后成为植物人。

其次，应关注孩子游玩的安全。父母在带领孩子到动物园等地游览时，不要让孩子靠近危险动物，以免对孩子的身体造成伤害。据报道，2006年在我国安徽省的一个动物园里发生了一起15个月大的男孩"命丧虎吻"的悲惨事件。为了让孩子看清楚关在笼子里的虎，父亲将孩子抱举到笼子的上边；虎一跃而起，从父亲的手中夺过孩子，用力地撕扯孩子；父亲跃过兽笼前的栏杆，拼命抓住孩子的上半身，结果孩子被活活地撕成两截。

再次，应关注孩子脑部的安全。在夏季时，父母不要担心孩子怕热，就给孩子剃光头，使孩子的头部皮肤暴露出来，直接受到阳光照射，这会引发日射病，造成脑部损伤。实际上，头发能够散热，帮助孩子调节体温。

最后，应关注孩子看电视的安全。父母不要让孩子看恐怖电视剧、录像及广告片，以免使孩子啼哭不止，情绪不定，睡眠紊乱，产生焦虑和恐惧。

（二）认知教育的任务及要求

学前儿童家庭认知教育的主要任务如下：丰富孩子的知识经验，激发孩子的学习兴趣，培养孩子良好的动手、动口、动脑习惯，促进孩子智力、能力的发展。

语言是思维的外衣和交往的工具，家长在对孩子进行认知教育的时候，要格外重视语言能力的培养。

首先，应发展孩子倾听语言的能力。面对怀抱中的婴儿，家长可边做面部表情边和孩子说话，日积月累，孩子就能在情感和语言之间建立牢固的神经联系，较早进入牙牙学语阶段，懂得更多词汇，更易掌握语言表达的技巧。

其次，应发展孩子理解语言的能力。家长若国籍、省籍不同，在日常生活中，可用自己的语种或方言和孩子交流。例如，在一个大家庭里，爷爷和奶奶是东北人，爸爸是四川人，妈妈是上海人，成人经常用不同的方言和孩子交谈，就能使孩子轻而易举地学会这三种方言，提高对语言的理解能力。

再次，应发展孩子运用语言的能力。家长不仅要让孩子记忆、背诵一些词汇和句子，而且更重要的是要让孩子能够在适当的场合对其加以运用。例如，在节假日带领孩子参观动物园、长春净月潭时，可启发孩子讲一讲动物园或净月潭有什么特点，引导孩子说一说动物园与净月潭有什么相同点和不同点。

最后，应发展孩子识字的能力。家长可结合生活中的广告牌来和孩子共同认字。在外出游玩或接送孩子入园时随时可以指着路边的广告牌，使孩子在快乐中认识汉字。另外，孩子所吃的食品，如牛奶、饼干等外包装上都有汉字，可随时随地让孩子在生活中认识汉字，如图1-5所示。

图1-5　幼儿识字教育

### （三）品行教育的任务及要求

学前儿童家庭品行教育的主要任务如下：培养孩子良好的品德，塑造孩子文明的行为，陶冶孩子积极的情感，提高孩子社会交往的能力，使孩子形成活泼开朗的性格。

孩子与人交流和合作的能力，对其今后的发展至关重要，家长在对孩子进行品行教育的时候，应给予特别的重视。

首先，应培养孩子的同情心。家长要教育孩子学会关心别人，站在别人的角度考虑问题，已成为我国幼儿家庭教育一个十分紧迫的现实问题。北京东方之星幼儿教育研究所2003年对我国四大城市5000名3～7岁儿童所做的调查表明，当大人生病或有困难时，35.6%的孩子能主动关心并给予帮助，29.7%的孩子知道后有较多关心，其他孩子知道后能有一点关心或没什么表示。

其次，应培养孩子的合群性。据调查，在3～7岁儿童中，约有35%的儿童只和一两个孩子玩或喜欢独处，孩子缺乏与人合作的意识、交往能力薄弱应引起家长的高度重视。巴西心理学家马加·雷斯认为，孩子的交际能力对今后的发展非常重要，如果孩子的交际能力非常弱，那么即使孩子具有非凡的智力，也是无济于事的。

### （四）审美教育的任务及要求

学前儿童家庭审美教育的主要任务如下：引导孩子感受美，启发孩子表现美，鼓励孩子创造美，塑造孩子美的心灵。

在对孩子进行审美教育的时候，家长尤其要注重让孩子用自己的眼睛去发现美，用自己的心灵去体会美，用自己的双手去创造美。

首先，应增加孩子的艺术投资。在调查中，我们发现，许多家长经常给孩子买几十元的肯德基套餐、数百元的名牌服装，但很少给孩子购买适合的启蒙益智类的声乐玩具或书籍，致使小小年纪的孩子初入幼儿园"面试"时，唱的不是儿童歌曲，而是一些流行歌曲。孩子的成长既需要物质食粮，又离不开精神供给，随着孩子年龄的增长，家长更要关注儿童的心理成长，使其向健康的方向发展。

其次，应尊重孩子的艺术爱好。艺术的天地十分广阔，不同的孩子，对艺术形式的喜爱也不同，家长要予以尊重，只要孩子发自内心喜爱，不论是画画、唱歌、弹琴、跳舞，还是吟诗、下棋、折纸、泥塑（如图1-6所示），家长都要认可、接受，使孩子在体验独特艺术的过程中陶冶性情。

图1-6　幼儿学泥塑

最后，应鼓励孩子的艺术创造。童年期的孩子无拘无束，思维极其活跃，家长要解放孩子的双手和大脑，让孩子自己想象、自由创造，而不要把成人的意志强加给孩子，限制孩子的活动，强求孩子在技能、技巧上的完善，而轻视对孩子创造火花的激发。

全世界所有最重要的教育方案都由那些能兼顾孩子身体与精神两方面发展的要素组成，家庭教育也不例外，为了使每个儿童均享有足以促进其生理、心理、精神、道德和社会发展的生活，学前儿童家长要担负起帮助孩子身心健康发展的教育任务，全面关心孩子、教育孩子。

# 北京市学前儿童家庭教育大纲（0～6岁）

家庭教育是国民教育的重要组成部分，是为人的一生发展奠定基础的教育。家庭教育必须从学前儿童开始。

为了推动北京市学前儿童家庭教育工作，提高家庭教育水平，促进家庭、学前教育机构及社会的密切配合，特制定本大纲，作为家长教育学前儿童的指导纲要，也作为教育机构、社区、妇联组织和家庭教育研究会指导家庭教育的依据。

一、总纲

（一）婴幼儿时期是人一生发展的奠基时期，也是儿童身体成长、心理发展、习惯养成、陶冶情操的重要时期。对儿童今后的健康成长十分重要。家庭环境对学前儿童发展影响最大，家长是儿童最初的"教师"，对儿童的成长起着特殊的、不可替代的作用。良好的家庭教育对儿童形成健康人格、培养具有创新精神和实践能力的一代新人有着重要意义。

（二）学前儿童教育要实行保教结合的原则，进行体、智、德、美全面发展的教育。学前儿童家庭教育要通过家庭生活和家长的言传身教，着重于良好个性、品德和行为习惯的培养。

（三）学前儿童家庭教育要充分考虑儿童的年龄特点与发展规律，注重科学性，有效地促进儿童身心健康发展。

（四）家庭、学前教育机构和社会共同承担对儿童实施早期教育的重任，家庭应与学前教育机构、社区密切配合，协调一致，发挥教育的整体功能，共创良好的育儿环境。

二、基本内容

（一）健康教育。

建立科学的生活方式，培养良好的生活、卫生习惯和参加户外体育锻炼的兴趣，促进儿童身心健康发展。

1. 培养良好的生活、卫生习惯，逐步养成良好的睡眠、进餐、盥洗、排便等习惯。

2. 对儿童实施科学喂养，注重膳食平衡，不随便吃营养保健品，提倡吃杂粮、喝白开水。

3. 启发儿童对体育活动的兴趣，引导儿童参加体育锻炼和户外活动，增强体质。

4. 创设和谐的家庭环境，使儿童情绪愉快，培养活泼开朗的性格和健康的心理。

5. 帮助儿童掌握生活中最基本的安全常识和技能，具有初步的自我保护意识和能力。

6. 教育儿童乐于接受体检与预防接种，鼓励儿童不怕打针吃药。

(二)品德、行为教育。

弘扬中华民族传统美德,培养儿童良好的品德、行为习惯,为培养新时代的公民奠定基础。

1. 教育儿童讲文明、懂礼貌、守纪律。培养儿童诚实、勇敢、勤俭等良好品德行为。

2. 教育儿童能与小伙伴友好相处,关心他人,有同情心,爱父母、爱老师、尊敬老人。

3. 启迪儿童自主意识,培养自信心和初步的生活自理能力,自己能做的事情自己做。

4. 培养儿童的社会适应性和善于与伙伴合作、交往的能力。

5. 培养儿童做事有责任心,能有始有终地做完一件事。

6. 教育儿童爱惜公物,保护环境,遵守公共秩序,培养规则意识。

(三)智力教育。

激发儿童学习兴趣,培养儿童语言能力和动脑的习惯,促进儿童智力与创造性发展。

1. 培养儿童的求知欲与探索精神,鼓励他们乐学、会学、爱问的积极态度。

2. 引导儿童能专心听别人讲话,乐意讲述自己所想、所做、所见的事,理解日常生活用语,发展语言能力。

3. 引导儿童观察周围各种事物、现象及其发展变化,促进儿童认知能力的发展。

4. 创设良好的语言环境,多与儿童交流、沟通、讲故事,并引导和鼓励儿童参与讲述,指导儿童独自翻阅画册、图书,培养阅读兴趣。

5. 向儿童提供适量的、与其发展相适应的玩具、材料,并保证有一定时间与儿童一起开展游戏,寓教于嬉。

(四)审美教育。

萌发儿童感受美和表现美的情趣,塑造儿童美好的心灵。

1. 带儿童到大自然中去,引导儿童感受大自然的美,陶冶情操。

2. 多带儿童参观各种类型的展览馆、博物馆、风景名胜等,开阔儿童眼界,培养美好情感。

3. 引导儿童欣赏音乐、美术与可理解的文艺作品,培养初步的审美能力。

4. 鼓励儿童用唱歌、舞蹈、绘画、手工等各种形式表达自己的感受与情感,发展儿童的想象力、创造力。

三、基本要求

(一)对家长的要求。

1. 重视家庭早期教育,树立科学的育儿观,建立学习型家庭。

2. 家长要注重提高自身素质,处处以身作则,为儿童做榜样。

3. 要尊重儿童的人格和权利，了解儿童的个性与兴趣，满足他们正当的需要，创设有利于家长与儿童相互学习、共同成长的物质环境和精神环境。

4. 树立优良家风，建立民主、平等、尊重、和谐的家庭关系。家庭成员对儿童的要求要坚持一贯性、一致性原则，对儿童既不娇惯溺爱，也不简单粗暴。

5. 学习科学育儿知识，掌握科学育儿方法，坚持正面教育。注重培养儿童的主动性和各种能力。让儿童多活动，在各种活动中获得发展。凡是儿童力所能及的事，家长切勿包办代替。

6. 加强与学前教育机构的联系，相互配合实施同步教育。

（二）对学前教育机构的要求。

1. 学前教育机构必须重视家长工作，提高学前教育机构与家庭密切配合，提示对教育的重要性的认识，把家长工作、指导家庭教育工作作为其工作的重要组成部分。

2. 学前教育机构要通过举办家长学校、办家教宣传栏、组织家教知识专题讲座等多种方式，帮助家长认识早期家庭教育的重要性，树立正确的教育思想，掌握科学的育儿知识，帮助创设良好的家庭教育环境。

3. 学前教育机构要通过个别交谈、家园联系册、家访、家长会、家长开放日及咨询活动等多种形式与家长保持密切联系，交流有关儿童发展的情况，从而实现家庭和学前教育机构同步教育，达成共识，形成合力，共同为幼儿奠定良好的素质基础。

（三）对有关方面的要求。

1. 各级教委、妇联、家庭教育研究会等单位及有关部门都要关心、重视学前儿童家庭教育工作，并予以指导，推动家庭教育知识的普及，总结家庭教育工作的经验，提高家庭教育水平，表彰家庭教育工作的先进集体和个人。

2. 社区及乡村是学前儿童教育的重要基地，要充分利用各自辖区内学前教育机构优势，为儿童创造良好的教育环境，提供建立亲子园或开展多种亲子活动的条件，采用适宜形式向家长普及科学育儿知识。

3. 妇联、家庭教育研究会等单位要积极配合教育部门组织学前儿童家教咨询，交流家庭教育经验，开展家庭教育理论与实践研究。同时，要广泛宣传、动员全社会关心、支持学前儿童家庭教育，各行各业要为儿童提供安全可靠的吃、穿、用、玩等产品。

4. 电视、广播、报刊、出版、文艺、宣传等媒体和单位要传播科学育儿的观念与方法，努力为学前儿童提供生动、有趣、健康的精神产品。

北京市教育委员会

北京市妇女联合会

北京市家庭教育研究会

2002年5月

## 五、学前儿童家庭教育的目的

学前儿童家庭教育的目的制约着家庭教育的任务和内容、途径和方法，指导着家庭教育的过程和活动，影响着家庭教育的方向和评价，决定着家庭教育的效果和成败。如果没有目的，学前儿童家庭教育的任务就会陷入盲目状态，杂乱无章；而如果没有任务，学前儿童家庭教育的目的就会落空，无法实现。

家庭教育的目的是学前儿童家庭教育活动的出发点和归宿。有了明确的教育目的，学前儿童的家庭教育就有了前进的方向，就能朝着既定的目标努力。

### （一）学前儿童家庭教育目的的内涵

学前儿童的家庭教育是我国家庭教育事业的有机组成部分，学前儿童家庭教育的目的是指家庭对所要培养的孩子的质量规格的总的设想或规定，也就是说使孩子在体、智、德、美等方面健全发展的基础上，个性得到生动活泼的成长，将来能成为有益于国家和社会的合格人才。学前儿童家庭教育的目的由两部分构成：一是对家庭教育所要培养的幼儿的身心素质做出规定，即指幼儿在体力、智力、品德、审美诸方面发展的方向及程度，以形成某种预想的个性结构；二是对家庭教育所要培养的幼儿的社会价值做出规定，使幼儿符合一定社会的需要。

学前儿童家庭教育的目的是家庭教育中的核心问题，已引起了国际社会的广泛关注。国际21世纪教育委员会提出新世纪教育的宗旨是使儿童"学会认知"，善于学习；"学会做事"，具有较强的动手能力、解决问题能力、人际交往能力和冒险精神；"学会共同生活"，能够了解别人，尊重别人，参与别人的活动，与别人进行合作；"学会生存"，发展体力、记忆力、判断推理能力，增强自主性和责任感，提高审美能力，充分展现自己的人格特征。联合国第44届大会提出："教育儿童的目的应是：① 最充分地发展儿童的个性、才智和身心能力；② 培养对人权和基本自由以及《联合国宪章》所载各项原则的尊重；③ 培养对儿童的父母、儿童自身的文化认同、语言和价值观、儿童所居住国家的民族价值观、其原国籍以及不同于其本国的文明的尊重；④ 培养儿童本着各国人民、族裔、民族和宗教群体以及原为土著居民的人之间谅解、和平、宽容、男女平等和友好的精神，在自由社会里过有责任感的生活；⑤ 培养儿童对自然环境的尊重。"

我国政府也格外重视学前儿童家庭教育的目的这一根本性问题，在不同的历史时期提出了不同的要求。八届人大四次会议通过的《国民经济和社会发展"九五"计划和2010年远景目标纲要》指出："精神文明建设的根本任务是：培育有理想、有道德、有文化、有纪律的社会主义公民，提高全民族的思想道德素质和科学文化素质。特别要把青少年素质作为工作重点。"1997年3月，原国家教委、全国妇联在颁发的《家长教育行为规范》中指出，家庭教育要"重在教子做人，提高子女思想道德水平，培养子女遵守社会公德习惯，增强子女法律意识和社会责任感"；"关心子女的智力开发和科学文化学习，培养良好的学习习惯，要求要适当，方法要正确"；"培养和训练子女的良好生活习惯，鼓励子女参加文娱体育和社会交往活动，促进子女身心的健康发展"；"培养子女参加力所能及的家务活动，支持子女参加社会公益劳动，培养子女的自理能力及劳动习惯"。

### （二）学前儿童家庭教育目的的作用

学前儿童家庭教育的目的是学前儿童家庭教育活动的出发点和归宿，制约着学前儿童家庭教育的任务、原则、内容和方法。因此，学前儿童家庭教育的目的对学前儿童的家庭教育具有十分重要的作用。

1. 决定着学前儿童的发展方向和水平

在学前儿童家庭教育中，父母按照既定的学前儿童家庭教育目的对孩子进行教育培养，从本质上讲，就是为了掌握影响孩子发展诸因素的主动权，引导孩子成长的过程，以防这一过程可能出现的盲目性和随意性，排除不必要的干扰，使孩子能朝着预定的目标发展。

学前儿童家长明确了教育对象的发展方向，有助于学前儿童家长更好地掌握家庭教育的客观规律，更好地理解教育与孩子发展之间的因果关系，使家庭教育过程更加科学化，为社会培养合格的公民。

2. 指导着父母进行科学的家庭教育

学前儿童家庭教育的目的是学前儿童家庭教育实践活动的起点，父母按照一定的家庭教育目的去确立家庭教育原则，选择家庭教育的内容和方法，组织、开展家庭教育活动以保证家庭教育目标的实施。例如，为了培养孩子的社会交往能力，父母应该注意在日常生活中，让孩子主动与同伴交往，把一些交往的语言教给孩子，并创设机会、条件对其加以运用，对运用不恰当的及时反馈，使孩子及时调整。例如，幼儿2岁时家长可以带着外出游玩，到社区人群聚集的地方，让孩子同小朋友一起玩，家长也一同陪着孩子玩，这对于培养幼儿的社会交往能力大有好处。一切教育过程都是实现一定教育目的的过程，学前儿童家庭教育的目的在学前儿童家庭教育的过程中实现。

# 模块三　学前儿童家庭教育的策略

## 一、循序渐进

家长在对学前儿童进行教育时，要重视运用循序渐进的策略。循序渐进就是家长要按照一定的顺序、步骤，逐渐提高对孩子的要求。

在日常生活中，我们会看到这样一种现象：当你请求别人帮助时，如果一开始就提出较高的要求，那就很容易遭到别人的拒绝；但如果你先提出较低的要求，当别人同意后，你再增加要求的分量，则更容易实现你的目标，这种现象被心理学家称为"蹬门槛效应"。

这种效应启发我们，在学前儿童的家庭教育中，要促使孩子逐渐进步，家长可以先对孩子提出较低的要求，等到孩子能按照这个要求去做了，就给予积极肯定、表扬鼓励，然后再逐渐提高对孩子的要求，使孩子能不断进取，积极向上，美梦成真。家长不能拔苗助长，希望孩子一步登天，要明白欲速则不达的道理。

## 二、互动交流

家长在对学前儿童进行教育时，要重视运用互动交流的策略。互动交流就是家长要经常和孩子促膝谈心，坐在一起，亲密地交流心里话，如图1-7所示。

图1-7　家长与幼儿互动交流

心理学中有个"霍桑效应"，讲的是在美国芝加哥郊外有个霍桑工厂，是专门制造电话交换机的，该厂有较完善的娱乐设施、医疗制度和养老金制度，但工人们还是愤愤不平，生产状况极不理想。对此，心理学家进行了一项试验：用了两年时间，由专家找工人个别谈话，规定在谈话时，专家要耐心倾听工人的各种意见。后来，收到了意想不到的效果：霍桑工厂的产值大幅度提高。

这种效应启发我们，在学前儿童的家庭教育中，要多和孩子交流分享。孩子在成长的过程中会有各种各样的疑问、担心、恐惧、困扰，但又不会充分地表达出来。因此，家长要尽可能地挤出时间，与孩子谈话谈心，做个忠实的听众，鼓励孩子大胆地说出自己想说的事情。这样，当孩子说完以后，就会感到轻松快乐，变得更加自信勇敢；家长也能更好地了解孩子，因材施教。

## 三、积极暗示

家长在对学前儿童进行教育时，要重视运用积极暗示的策略。暗示就是家长用含蓄、间接的方式，使孩子的心理、行为受到影响。暗示可以通过言语或手势、表情、动作以及环境来进行。有的暗示是积极的，而有的暗示则是消极的；积极的暗示能促进孩子健康成长，而消极的暗示则会阻碍孩子成长发展。

心理学家罗森塔尔做过一项研究，他来到一所学校，走进一个班级，随机在几个学生的名字上圈了一下后，便告诉教师，这几个学生的智商超群，特别聪明；过了一段时间以后，他又来到了这个班级，结果发现，那几个被他无意圈选出的学生真的成了班级的佼佼者，这就是积极暗示的神奇魔力。

这项研究启发我们，在学前儿童的家庭教育中，要给予孩子积极的暗示。如果家长对孩子总是寄予厚望和给予肯定，经常通过鼓励的语言（如"你真聪明""你真能干"）、赞许的笑容、期待的目光来加以强化，那么孩子就会变得更加自尊、自爱、自信、自强，真的成为"小牛人""小达人""小超人"；反之，如果家长对孩子总是责怪贬低和否定，经常使用嘲讽的口气（如"你怎么这么笨……你真是个猪脑袋"）、愤怒的表情、羞辱的眼神来对待孩子，那么孩子就会变得更加自卑、自闭、自私、自我，甚至成为"小笨蛋""小傻瓜""小白痴"。

### 四、激发兴趣

家长在对学前儿童进行教育时，要重视运用激发兴趣的策略。兴趣是最好的老师。"知之者不如好之者，好之者不如乐之者。""学至于乐，则自不已，故进也。"心理学家德西讲过一个故事：有一群孩子连续好几天在一位老人家的门前打闹，老人家实在受不了了，就走出来，给每个孩子10美分，并说："你们让这里变得很热闹，我也变得很年轻，给你们这点钱表示我的谢意。"孩子们很高兴，第二天依然来了，继续打闹；老人家又走了出来，给每个孩子5美分，孩子们仍然高兴地走了。第三天，孩子们又来嬉戏，但老人家只给了每个孩子2美分，孩子们生气地说："我们那么辛苦，你才给2美分。"并发誓再也不会为他玩了！老人家使用的方法很简单，他将孩子们的内部动机"为自己的快乐而玩耍"转变成了外部动机"为得到美分而玩耍"，他操纵着美分这个外部因素，主宰着孩子们的游玩行为。

这个故事启发我们，在学前儿童的家庭教育中，要注意激发孩子的学习兴趣，增强孩子对学习本身的动机，帮助孩子体验学习的乐趣。在强化孩子的学习兴趣时，家长给孩子的奖品应是与学习有关的用品，否则会扼杀孩子的学习兴趣。例如，家长可对孩子说："要是你能在班级讲故事比赛上进入前6名，爸爸就奖励你一本图画故事书。"而不应对孩子说："要是你能在幼儿园画画比赛上，取得第一名，妈妈就奖励你100元。"

## 五、先贬后褒

家长在对学前儿童进行教育时，要重视运用先贬后褒的策略。先贬后褒就是先抑后扬，家长要先说说孩子的缺点，再说说孩子的优点；先否定、惩罚孩子的不足，再肯定、奖励孩子的长处。

心理学中有个"增减效应"，该效应认为：任何人都希望对方对自己的喜欢能"不断增加"，而不是"不断减少"。例如，有经验的售货员在给顾客称货时，喜欢先抓一小把，放在称盘里，再一点一点地添进去，而不是先抓一大把，放在称盘里，再一点一点地拿出来，这样的售货员就把握了消费者的心理。

这种"增减效应"启发我们，在学前儿童的家庭教育中，要注意先抑后扬的独特功效：当家长要评价孩子时，可尝试着先批评一下孩子身上的小毛病，再表扬一下孩子身上的闪光点。

## 六、适度批评

家长在对学前儿童进行教育时，要重视运用适度批评的策略。"金无足赤，人无完人"，更何况是年幼的孩子呢？"人非圣贤，孰能无过。过而能改，善莫大焉。"家长在批评孩子时，要适可而止，不要过头。

心理学中有个"超限效应"，讲的是美国著名作家马克·吐温有一次在教堂听牧师演讲：刚开始时，他觉得牧师讲得很好，就准备捐很多钱；过了10分钟，牧师还在讲，他变得有些不耐烦了，决定只捐一点钱；又过了10分钟，牧师还没有讲完，他觉得难以忍受，决定一分钱也不捐；等到牧师结束了冗长的演讲时，他感到很愤怒，不仅没有捐钱，反而从盘子里偷走了2美元。这种因刺激过多过强、作用时间过久而引起的烦躁或反抗的心理现象，被称为"超限效应"。

这种效应启发我们，在学前儿童的家庭教育中，对孩子的批评要适度，不能喋喋不休，咄咄逼人。当孩子违规犯错时，家长要给予理解和宽容，帮助孩子去面对、去改正。家长对孩子的批评要适当、适度，犯一次错，只批评一次，不能超过限度，太过火候；即使要批评孩子，也不能大动肝火，唠唠叨叨，没完没了，以免过犹不及，使孩子从内心不安到厌烦、反感，甚至被"逼急"了走向反抗、叛逆；如果非要多次批评，那也不应简单重复，而应换个角度、换种说法。只有这样，孩子才不会感到被"揪住不放""朽木不可雕"，以至于产生"顶牛"的逆反心理。

# 第二单元　家庭教育的历史资源与学科发展

**学习目标**
- 了解我国传统家庭教育的内容及特点。
- 掌握家庭教育学的研究任务。
- 了解我国家庭教育学科的发展。

## 模块一　我国传统家庭教育

### 一、我国传统家庭教育的内容

自先秦至近代，我国传统家庭教育的内容表现出一定的承继性，具有重品德教育、重胎教及童蒙教育等特点。

#### （一）以孝悌为主的封建伦常教育

伦常，即我国封建社会的伦理道德。封建时代称君臣、父子、夫妇、兄弟、朋友五种关系为五伦，认为这种尊卑、长幼的关系是不可改变的常道，称为伦常。

1. 春秋时期

孔子思想体系的核心是仁、礼。

"弟子入则孝，出则悌，谨而信，泛爱众，而亲仁，行有余力，则以学文"的意思是孩子们在家要孝顺父母，出门要尊敬兄长，做人言行要谨慎，讲话要讲究信用，广泛地与众人友爱，亲近有仁德的人，这样做了还有余力，就用来学习各种文化知识。

《论语·颜渊》中有这样一段话："齐景公问政于孔子。孔子对曰：'君君，臣臣，父父，子子。'公曰：'善哉！信如君不君，臣不臣，父不父，子不子，虽有粟，吾得而食诸？'"

这段话的大意是：齐景公问孔子如何治理国家。孔子说："做君主的要像君的样子，做臣子的要像臣的样子，做父亲的要像父亲的样子，做儿子的要像儿子的样子。"齐景公说："讲得好呀！如果君不像君，臣不像臣，父不像父，子不像子，虽然有粮食，我能吃得上吗？"

2．战国时期

孟子继承了孔子的思想，提出"父子有亲，君臣有义，朋友有信，夫妇有别，长幼有序"的五伦之道。

"父子不责善"——性本善。

荀子提出"隆礼"——在家庭中强调家长的至尊地位，重视家庭礼义，规定了烦琐的仪容举止规范，并对"子不从父命"规定了条件。还提出了性恶论，其思想反映了封建家长制礼法束缚不断加强的趋势。

韩非提出教子必须严，"爱不如刑"，提倡父亲常用体罚，属于法家思想。

3．秦代

李斯主张严酷的法家思想，以法令的形式强行推行家庭伦理，对后世影响深远。

4．汉代

（西汉）董仲舒：以"三纲五常"为核心的儒家伦理纲常体系确立。

三纲：君为臣纲，父为子纲，夫为妻纲。（上下级）

五常：仁、义、礼、智、信。（平级）

两者合起来，成为处理纵横关系网的基本要求。

（东汉）《白虎通》——三纲六纪。

三纲：君臣、父子、夫妇。

六纪：诸父、兄弟、族人、诸舅、师长、朋友。

变成了单纯的上下级关系，形成了无处不在的服从制度。

5．宋代

理学（儒、佛、道）将封建伦常提到至高无上的地位，家教伦理化倾向更加突出。

6．明清

程朱的文教政策，强化了伦理道德教育，家教内容中充斥着伦理道德的说教。顾宪成《家训》中将"五伦"视作与生俱来的自然属性，必须无条件服从，赞成"天下无不是的父母"的观点。

"孝悌为本"的封建伦常教育历经各个朝代统治者的矫饰，致使家教伦理化达到了顶峰。

**（二）以勤俭为主的处世道德教育**

在中国传统家庭教育中，勤俭被看作一个人成长的最重要的品质。

（1）春秋时期"敬姜教子"——勤则善心生，逸则恶心生。唯"勤"故能思"俭"，俭朴则善心生。敬姜是鲁国大夫公文伯的母亲，有一天，公文伯朝见鲁君后回家，看到母亲正在绩麻，就对母亲说："像我们这样的家庭，您还要绩麻，季孙看了会生气的，以为我不能侍奉您老人家哪！"敬姜听罢儿子的抱怨，训诫道："夫民劳则思，思则善心生；逸则淫，淫则忘善，忘善则恶心生。"她认为，上自天子、诸侯、三公、九卿，下至黎民百姓，都必须劳动，或劳心或劳力，才能政清人和、国泰民安，这是治国安邦的基础和前提。在此敬姜阐发了一个最朴素的真理：勤勉不怠国则兴，逸乐怠慢国则败。敬姜的诫子家训是载于《国语》上的有名的家训，敬姜因这篇出色的《论劳逸》之文成为有名的贤母。

（2）"俭"常与"约"相连，一个人能处处节俭，说明他有很强的自制、自律能力。北宋，司马光的《训俭示康》（是司马光写给儿子司马康，训诫他崇尚节俭的一篇家训）中论述了成由俭，败由奢。俭为道德自律奠定基础，奢为走向犯罪深渊准备条件。

### （三）以儒家经典为主的文化知识教育

夏、商、周三代的家学普遍偏重于天文、历法等科技知识的应用。

汉武帝"独尊儒术"将儒家思想确定为官方正统思想，百姓只有通儒经才能仕途荣达。世传"遗子黄金满籝，不如一经"，重儒学而轻科技的社会心理由此形成。

魏晋南北朝：儒经仍是家学的主要内容，但文学、史学、律学、医学、科技、玄学等也是家学的重要内容。

隋唐：科举制度确立。科举主要以儒家经典及诗赋等为考试内容，取富贵成为劝子读书的激励手段，这是当时普遍的社会心态。

宋代：文教政策。学校、科举更为发达，读书做官被人们视为振兴门户的必由之路。

明清时期：加强了思想文化专治。尊经崇儒的国策以及八股文的兴起，将人们的思想统一于程朱理学。

## 二、我国传统家庭教育的目的

《大学》为"初学入德之门也"。经一章提出了明明德、亲民、止于至善三条纲领，又提出了格物、致知、诚意、正心、修身、齐家、治国、平天下八个条目，八个条目是实现三条纲领的途径。在八个条目中，修身是根本的一条，"自天子以至于庶人，壹是皆以修身为本"。十章分别解释明明德、亲民、止于至善、本末、格物、致知、诚意、正心、修身、齐家、治国、平天下。明明德是指弘扬光明正大的品德；亲民是指让人们革旧图新；止于至善是指要达到最好的境界；本末是指做事要分清主次，抓住根本；格物、致知是指穷究事物的原理来获得知识；诚意就是"勿自欺"，不要"掩其不善而著其善"；正心就是端正自己的心思；修身就是加强自身修养，提高自身素质；齐家就是管理好自己的家庭、家族；治国、平天下是谈治理国家的事。怎样治理国家呢？首先要做表率；自己讨厌的，不加给别人；要得众、慎得、生财、举贤。"得众则得国，失众则失国"；"有德此有人，有人此有土，有土此有财"；见贤能举，举而能先。《大学》寄托了古人内圣外王的理想。

中国的传统文化在本质上是一种"人教"文化（钱穆），在夏商之前，中国文化属于巫鬼文化，在周朝进入父系氏族社会以后，中国文化进入宗法文化时期。这一时期的文化以血缘为纽带，以宗族为核心，以家庭为基础，维护父权、族权。在春秋战国时期，经过孔子、孟子的继承与发展，形成了以孔孟为代表的儒家文化；到了汉代，最高统治者"独尊儒术"，儒家文化得到高度继承与发展，并代代相传发展成为中国封建社会占统治地位的文化。宗法制社会是由父系家族构成的。宗法关系首先是家族关系，以家族为本位。孟子云："积家而成国。"儒家"天下国家""家国一体"的伦理思想已经确定了家庭、国家、社会的关系。这几句话的意思就是：在中国古代，国家是家庭的放大，而人伦关系本质上也就是家庭伦理关系，如君臣、父子、夫妇、兄弟、朋友这五类关系中，父子、夫妇、兄弟是家庭中的伦理关系，而君臣关系是对父子关系的仿效，朋友关系是对兄弟关系的类推。

因为国家是家庭的放大，所以以"家"为本位再进一步具体化，就是以个人的治理为本位。儒家经典《礼记·大学》曰："古之欲明明德于天下者，先治其国；欲治其国者，先齐其家；欲齐其家者，先修其身；欲修其身者，先正其心；欲正其心者，先诚其意；欲诚其意者，先致其知，致知在格物。物格而后知至，知至而后意诚，意诚而后心正，心正而后身修，身修而后家齐，家齐而后国治，国治而后天下平。"于是，修身、齐家、治国、平天下成为中国传统教育的准则，奠定了历代重视家庭教育的理论根基。

中国传统家庭教育的目的在于修身、齐家、治国、平天下。不同的社会阶层其侧重有所不同，统治者自西周开始实行"嫡长子继承制"，从其维护统治的角度出发高度重视嫡长子教育，家庭教育成为培养统治者的重要环节。孔子云："不学诗，无以言；不学礼，无以立。"这奠定了士大夫"诗书传家""以礼治家"的传统思想。明代中后期，由于商品经济的发展，市民阶层的兴起，家教伦理也逐渐由统治阶层向平民百姓普及。统治阶级认为通过百姓家教可以敦风厉俗，促进人的素质的提高和维护社会稳定。在我国传统家庭教育中，不同社会阶层有着不同的教育目的。历代帝王家教重在培养统治者，官僚士大夫家教以"修齐治平"为目标，倡导平民家教则是为了敦风化俗、使百姓守分安命。

## 三、我国传统家庭教育的方法

### （一）注重严爱结合

《周易·家人》中有着丰富的家教思想，在教子之道上突出"严"字，为我国古代家教奠定了理论基础。这里的严并不是随意打骂，而是有五层意思：一是家长在家庭中有至尊的地位；二是家庭成员各正其为、各尽其责；三是家教之严并非仅仅是事后惩罚，更在于防微杜渐；四是严爱结合，只有严厉并不能让人真正心服，真正的教子之道还应该有爱；五是家长要有威信，不只是威严。

南北朝时颜之推第一次提出较为系统的家教理论，其中家教原则中重要的一条即为"威严而有慈"。父子间应该严肃，不可以因为过于亲密而不庄重，会使孩子对父母心生怠慢。父母子女间必须有骨肉之爱，但又不可简略必要的礼节，否则就做不到父慈子孝。颜之推还提出要戒溺爱，严教才是真正爱子的体现。

### （二）强调以身作则

《周易·家人卦》中就已提出"教子与律己相结合"。当家长的必须以身作则，才能有教子女的威信。以身作范不只是对家长提出的要求，而且同时也是对全体家庭成员的要求。

在儒家修身、齐家、治国、平天下的理论中，修身是基础，因此，儒家十分重视个人人格的培养塑造，并通过个人人格来影响他人。

颜之推在家庭教育中广泛地使用了身教示范的方法，他认为子女在家庭中的教育，大都是在活动中无意识接受的，家长的言行对孩子起着熏陶作用。因而，我国古代很多人写的家训、家书中，比较普遍地采用了以自己的亲身经历和亲身感受来教育子女的教育方式，这样无形之中对子孙起到了一种示范作用，如颜之推的《颜氏家训》和曾国藩的《曾国藩家书》。

### （三）重视因材施教

因材施教历来是我国传统教育思想的重要原则，提出培养孩子要像处理、使用木材一样，做到"各得其宜"。孔子十分注意因材施教，孔子的学生冉求做事胆小畏缩，而仲由胆大冒进、好胜，针对他们两人不同的性格特点，孔子采取不同的教育方法，对冉求，孔子鼓励他要敢于前进；对仲由，孔子教育他要先退一步，不要冒失行事。

### （四）注重启蒙艺术

我国古代家庭的启蒙教育重在启蒙的艺术、方法和技巧，强调启蒙的途径和手段，甚至用现身说法来进行启蒙。

### （五）运用循序渐进的教育方法

循序渐进是指根据子女不同时期的发展特点进行教育，同我国重视早期教育的优良传统相一致。古人在很早就发现儿童在不同阶段具有不同的发展特点，并根据这些发展特点实施不同的教育。

### （六）注重环境塑造的教育方法

我国古代的家庭教育非常重视环境在儿童成长过程中的作用，广为流传的"孟母三迁"的故事就是生动的例证。

## 四、关于教育的九个典型故事

### （一）无声的教育：老禅师的育人技巧

相传古代有位老禅师，一天晚上在禅院里散步，看见院墙边有一张椅子，他立即明白，有人违反寺规翻墙出去了。老禅师也不声张，静静地走到墙边，移开椅子，就地蹲下。

不到半个时辰，果真听到墙外一阵响动。少顷，一个小和尚翻墙而入，黑暗中踩着老禅师的脊背跳进了院子。当他双脚着地时，才发觉刚才自己踏的不是椅子，而是自己的师父。小和尚顿时惊慌失措，张口结舌，只得站在原地，等待师父的责备和处罚。

出乎小和尚意料的是，师父并没有厉声责备他，只是用很平静的语调说："夜深天凉，快去多穿一件衣服吧。"

### （二）人格的力量：张伯苓先生以身作则戒烟

我国著名教育家张伯苓，1919年之后相继创办南开大学、南开女中、南开小学。他十分注意对学生进行文明礼貌教育，并且身体力行，为人师表。

一次，他发现有个学生的手指被烟熏黄了，便严肃地劝告那个学生说："烟对身体有害，要戒掉它。"没想到那个学生有点不服气，俏皮地说："那您吸烟就对身体没有害处吗？"张伯苓对于学生的责难，歉意地笑了笑，立即唤工友将自己的烟全部取来，当众销毁，还折断了自己用了多年的心爱的烟袋杆，诚恳地说："从此以后，我与诸同学共同戒烟。"果然，从那以后，他再也不吸烟了。

### （三）一句话改变学生命运：皮尔·保罗校长"妙手回春"

"我一看你修长的小拇指就知道，将来你一定会是纽约州的州长。"就这么一句普通的话，却改变了一个学生的人生。此话出自美国纽约大沙头诺必塔小学校长皮尔·保罗之口，话语中的"你"是指当时一名调皮捣蛋的学生罗杰·罗尔斯。小罗尔斯出生于美国纽约声名狼藉的大沙头贫民窟，这里环境肮脏，充满暴力，是偷渡者和流浪汉的聚集地。因此，他从小就受到了不良影响，读小学时经常逃学、打架、偷窃。

一天，当他又从窗台上跳下，伸着小手走向讲台时，校长皮尔·保罗将他逮个正着。出乎意料的是，校长不但没有批评他，反而诚恳地说了那句话，并给予他语重心长的引导和鼓励。当时的罗尔斯大吃一惊，因为在他不长的人生经历中只有奶奶让他振奋过一次，说他可以成为5吨重的小船的船长。他记住了校长的话，并坚信这是真实的。

从那天起，"纽约州州长"就像一面旗帜在他心里高高飘扬。罗尔斯的衣服不再沾满泥土，罗尔斯的语言不再肮脏难听，罗尔斯的行动不再拖沓和漫无目的。在此后的40多年间，罗尔斯没有一天不按州长的身份要求自己。51岁那年，他终于成了纽约州的州长。

### （四）宽容的力量：陶行知的四颗糖果

陶行知先生当校长的时候，有一天看到一个男生用砖头砸同学，便将其制止并叫他到校长办公室去。当陶校长回到办公室时，男孩已经等在那里了。

陶行知掏出一颗糖给那位同学，说："这是奖励你的，因为你比我先到办公室。"

接着他又掏出一颗糖,说:"这也是给你的,我不让你打同学,你立即住手了,这说明你尊重我。"男孩将信将疑地接过第二颗糖,陶先生又说道:"据我了解,你打同学是因为他欺负女生,这说明你很有正义感,我再奖励你一颗糖。"

这时,男孩感动得哭了,说:"校长,我错了,同学再不对,我也不能采取这种方式。"陶先生于是又掏出一颗糖:"你已认错了,我再奖励你一颗。我的糖发完了,我们的谈话也结束了。"

**(五)赞美是暗室中的一支蜡烛**

据气象台的天气预报,最近将有台风袭击一座海滨小城。小城里的百姓惊慌起来,积极地投入预防工作中。一位母亲忙碌着,旁边站着她的小女儿。

"这该死的台风……",母亲一边收拾东西,一边诅咒。

"我喜欢台风。"旁边的小女孩不同意母亲的说法。

母亲感到很诧异,因为台风破坏力极强,毁坏庄稼、吹倒房屋、阻塞交通,给人们的生活带来巨大的不便并造成损失,可眼前这个小不点儿居然说她喜欢台风。

"孩子,告诉妈妈,你为什么喜欢台风?"母亲小心翼翼地问。

"上次台风来了,就停了电。"小女孩不假思索地回答。

"停了电又怎么样?"

"晚上就会点蜡烛。"

"你喜欢点蜡烛吗?"

"是的,那回(指上次台风吹过的晚上)我点着蜡烛走来走去,你说我像小天使。"

母亲顿时无言,随即放下手中的活儿,抱起小女孩,亲吻着她的小脸蛋,凑近她的小耳朵并说了一句话:"孩子,你永远是天使!"

**(六)开花的佛桌:给浪子回头的机会**

曾经有一个小和尚,极得方丈宠爱。方丈将毕生所学全数教授,希望他能成为出色的佛门弟子。没想到,他在一夜之间动了凡心,偷偷下了山,五光十色的城市迷住了他的眼睛,从此花街柳巷,他只管放浪形骸。

20年后的一个深夜,窗外月色如洗,澄明清澈地洒在他的掌心。他忽然忏悔了,披衣而起,快马加鞭赶往寺里请求师父原谅。方丈深深厌恶他的放荡,不愿再收他为弟子,说:"你罪孽深重,必堕阿鼻地狱。要想佛祖饶恕,除非桌子上开花。"浪子失望地离开了。

第二天,方丈踏进佛堂时,看到佛桌上开满了花朵。方丈在瞬间大彻大悟,连忙下山寻找弟子,却为时已晚,心灰意冷的浪子重又堕入荒唐的生活,而佛桌上的那些花朵只开放了短短的一天。是夜,方丈圆寂,临终遗言:"这世上,没有什么歧途不可以回头,没有什么错误不可以改正。"

一个真心向善的念头,是最罕有的奇迹,好像佛桌上开出的花朵。而让奇迹陨灭的，不是错误，是一颗冰冷的、不肯原谅、不肯相信的心。

### （七）正人先正己

在美国的加利福尼亚，有一位女士养了一只珍贵的鹦鹉。这只鹦鹉非常美丽，可是它有一个坏毛病：经常咳嗽且声音沙哑难听，好像喉咙里塞满了令人作呕的痰。女主人十分焦虑，急忙带它去看兽医，生怕它患上了什么呼吸系统的怪病。

检查结果证明，鹦鹉完全健康，根本没有任何毛病。女主人急忙问："为什么鹦鹉会发出那么难听的咳嗽声？"医生回答说："俗话说，鹦鹉学舌。它之所以发出咳嗽声，一定是因为它经常听到这样的声音，你们家一定有人经常咳嗽，是吗？"

这时，女主人有些不好意思了。原来，她自己有抽烟的习惯，所以经常咳嗽，鹦鹉只不过是惟妙惟肖地把女主人的咳嗽声模仿出来而已。

### （八）恶语伤人六月寒

一头熊在与同伴的搏斗中受了重伤，来到一位守林人的小木屋外乞求援助。

守林人看它可怜，便决定收留它。晚上，守林人耐心地、小心翼翼地为熊擦去血迹，包扎好伤口，并准备了丰盛的晚餐供熊享用，这一切令熊无比感动。

临睡时，由于只有一张床，守林人便邀请熊与他共眠。就在熊进入被窝时，它身上那难闻的气味钻进了守林人的鼻孔。

"天哪！我从来没闻过这么难闻的味道，你简直是天底下第一大臭虫！"熊没有任何语言，当然也无法入眠，勉强挨到天亮，向守林人致谢后便匆匆上路。

多年后一次偶然相遇时，守林人问熊："你那次伤得好重，现在恢复得怎么样了？"熊回答道："皮肉上的伤痛我已经忘记，心灵上的伤口却永远难以痊愈！"

### （九）永不凋谢的玫瑰

在苏联的一所学校，校园的花房里开出了美丽的玫瑰花，每天都有很多同学前来观看，但都没有人去采摘。

一天清晨，一个4岁的小朋友（就读于该校幼儿园）进入花房，摘下了一朵最大、最漂亮的玫瑰花。当她拿着花走出花房时，迎面走来了该校的校长。校长十分想知道小女孩为什么要摘花，便弯下腰亲切地问："孩子，你可以告诉我你摘下的花是送给谁的吗？"

"送给奶奶的。奶奶生了重病，我告诉她学校里有一朵很大、很漂亮的玫瑰，奶奶不信，我这就摘下来送给她看，希望她早点好起来，等奶奶看完了之后我会把花送回来。"听完孩子的回答，校长的心颤动了。他牵着小女孩的手，从花房里又摘下了两朵大玫瑰花，说道："这一朵是奖给你的，你是一个懂事的孩子；这一朵是送给你奶奶的，感谢她培养了你这样的一个好孩子。"

这位校长是谁呢？他就是伟大的教育家、万世景仰的育人楷模苏霍姆林斯基。

# 模块二 家庭教育学的研究对象、任务及内容

家庭教育学是一门研究关于家庭教育理论和实践的科学。

## 一、家庭教育学的研究对象

家庭教育学的研究对象是在家庭范围内实施的教育活动。家庭教育学研究现代家庭中具有血亲关系（包括拟血亲关系）的父母与子女及其他成员之间的教育影响的互动现象，从而揭示其运动发展的规律。所谓拟血亲关系是指近似、类似血亲关系，即由收养关系重新组合的家庭和社会组织安排的临时家庭等成员之间的关系。

## 二、家庭教育学的研究任务

（1）总结古今中外家庭教育的经验。
（2）健全和完善我国教育理论体系。
（3）发挥我国亿万个家庭的教育职能。
（4）实现我国的人才培养大计。
（5）推进我国社会主义现代化建设。

## 三、家庭教育学的研究内容

家庭教育学研究的主要内容是围绕"家庭—人—教育"的概念和范围，构成几个层面需要明确和掌握的问题。

第一个层面：现代家庭教育要继承不同时代、不同国度的家庭教育经验，充分吸取营养。

（1）批判地继承我国历代家庭教育的理论和实践。
（2）吸取国外家庭教育理论与实践的先进经验。

第二个层面：现代家庭教育要充分发挥家庭的教育优势，显示出与其他类型教育的不同特点，为人的健康成长和终身幸福提供保障。

（1）明确家庭教育的目的和任务。
（2）把握家庭教育的原则。
（3）清晰家庭教育的内容。
（4）掌握家庭教育的方法。

第三个层面：现代家庭教育要针对家庭成员不同的心理、生理特点，对各类人群在教育具体目标的确定、教育内容的侧重、教育方法的选择等方面实施各具特色的教育方案。

针对家庭成员的不同年龄阶段实施各具特色的家庭教育。

（1）独生子女的家庭教育。

（2）超常儿童的家庭教育。

（3）残疾人群的家庭教育。

（4）罪错人群的家庭教育。

第四个层面：现代家庭教育要针对特殊的家庭条件和环境，充分考虑家庭成员的心理特征，选择卓有成效的教育内容和教育方法。

（1）收养子女家庭的家庭教育。

（2）离散家庭和重新组合家庭的家庭教育。

（3）SOS儿童村的教育。

## 四、家庭教育学的分支

家庭教育学的任务是揭示家庭教育的一般规律。

家庭教育学的分支：

（1）从教育对象的年龄阶段来划分，可以分为学龄前儿童家庭教育学、小学生家庭教育学、中学生家庭教育学和成年人家庭教育学；

（2）从家庭教育的任务和内容划分，可以分为家庭体育、家庭德育、家庭智育、家庭劳动教育、家庭美育；

（3）从教育对象的不同情况来划分，可以分为独生子女家庭教育、超常儿童家庭教育、低常儿童家庭教育、品德不良子女家庭教育、残疾儿童家庭教育；

（4）从家庭结构划分，可以分为完全家庭的家庭教育、单亲家庭的家庭教育、再建家庭的家庭教育。

## 五、家庭教育因素对孩子成长的影响

### （一）家庭教育对孩子的积极影响

身教重于言教。家庭教育对孩子的影响是直接的，尤其是对孩子人格形成和心智发展具有十分重要的作用。

1. 家庭教育方式对孩子人格的积极影响

家庭被称为"创造人类健康人格的工厂"。孩子的人格健康，不仅关系到儿童身体的正常发育，而且决定着其今后的人生走向。家庭环境和父母的教养方式对孩子健康人格的发展作用是巨大的。民主、和谐的家庭气氛有助于孩子健康成长，反之，则会对孩子身心发展产生消极的影响。父母之间的互相呵护、父母对长辈的孝悌，这些都对孩子成长产生影响。发挥家庭教育的积极作用，保证孩子人格健康发展主要有以下三个方面。第一，尊重孩子的自尊心和增强孩子的自信心。家长要学会洞察儿童内心世界，要用商量、引导、激励的语气和孩子交流，要多站在孩子的角度去考虑，而不是将自己的意志强加给孩子。第二，培养孩子生活的独立性。现阶段的家庭，多数是独生子女，由于父母的过度保护，大多数孩子缺乏生活自理能力。这样，不仅直接影响孩子的健康，也不利于孩子良好生活习惯和行为的养成。第三，培养孩子的民主意识。民主型的教养方式会使孩子产生独立、友好、协作、沟通等良好的个性品质。

2. 家庭教育环境对孩子心理健康的积极影响

在孩子的成长过程中，身体健康无疑是十分重要的，但同等重要的还有孩子的心理健康，而这部分往往是许多家长容易忽视的部分。在现代社会中，人们越来越多地意识到心理健康对一个人的重要性。在孩子的成长过程中，是人格和心理逐渐完善的时期。作为家长，必须要了解和保护孩子的心理，因为孩子的心理往往是很脆弱的。家长在了解孩子心理的基础上，要遵循孩子心理的自然发展规律，尽量不让孩子接触不适合他们接触的东西。在日常生活中，家长要教会孩子正确认识自己，既不能形成自大自傲的性格，当然也不能让孩子自轻自贱。这样孩子在自己独立面对社会时，能有一个正确的态度和方式，来赢得这个社会的认同。在培养孩子的性格时，培养孩子形成一种自信的心理状态很重要。在遇到任何挫折或是坎坷时，只要具备足够的自信，就能很快走出失败的阴影，重新站起来，去追求属于自己的成功。因此，家长应该注重生活环境、人际关系和文化环境对孩子身心健康的陶冶，让他们形成良好的品格和健康的心理。总而言之，环境作为影响家庭教育的一个重要因素，应该引起每位家长的注意。

（二）家庭教育中的误区对孩子产生的消极影响

第一，溺爱型的教育方式是把孩子摆在高于父母的不恰当的位置上，过多地满足孩子的各种愿望。父母宁肯自己省一点也要满足孩子，常常因为心疼孩子而迁就他，使得孩子勤劳节俭的意识较弱，而且助长了孩子学习不努力的不良习惯。

《家范》中说过，"为人母者，不患不慈，患于知爱而不知教也"。古人有言："慈母败子"，"爱而不教使沦于不肖，陷于大恶，入于刑辟，归于乱亡，非他人败之也。母败之也。自古至今，若是者多矣，不可悉数"。在当今社会，由于独生子女越来越多，加上经济快速发展，大多数父母的注意力都不在孩子的身上，忙于自己的事业，由此忽视了对子女的教育，这样就产生了家庭教育的误区。

第二，专制型教育方式是父母把孩子掌握在自己的控制之下，经常按照自己的意志为孩子安排学习内容，陪孩子做作业，帮孩子做他力所能及的事情，结果妨碍了孩子独立性的发展，同时助长了孩子的不良习惯和不思进取的思想。

孔子曰："过犹不及""事君数，斯辱矣，朋友数，斯疏矣"。在家庭教育中，许多家长利用自己的威严逼孩子学这个做那个，根本就不去了解孩子，只拿别人孩子的成功和优点跟自己的孩子比，望子成龙心太切，以爱的名义，把自己的意志强加给孩子，没有正确地引导，没有用心地培养。这样我们不应该视它为爱，这其实是一种伤害，孩子只是受害者，在孩子的心理特征还没有发育健全的时候，却接受了太大的压力，这对于培养孩子的兴趣是极为不利的。

第三，否定型的教育方式是父母经常批评、责怪、打骂孩子，对孩子的否定多于肯定，管教过于严厉，使孩子很少接受正面的教育引导，这样不利于孩子社会道德的养成和努力学习精神的养成，因此就会表现出文明素养较差、个人信用较差、勤劳节俭精神较差等。如果我们每天面对的总是批评，不仅会失掉自信心，而且学习、工作起来也没有兴趣，对生活的体验都会与受到表扬时不同。成年人对自我的评价比起小孩来应该说是成熟的，外人的评价对成人的影响尚且如此，对孩子的影响就更大了。

第四，放任的家庭教育方式是父母对孩子的各种行为了解较少，甚至对孩子的不良行为也不加干涉或过分迁就，孩子缺乏来自于父母的道德规范教育，不利于培养孩子的社会道德观，同时也就导致孩子学习不努力、勤劳节俭意识薄弱。

放任型父母存在着典型的角色问题，他们或是性格内向，或是缺乏权威的意识和责任感，或者是社交能力较差。在这种家庭环境下成长起来的孩子往往对事情没有责任心，行为放纵，他们这些不良的行为态度会影响他们的学业。实际上，亲子间的正常接触和交流是缓解孩子恐惧、焦虑、不安的精神良药，能给孩子带来安全感、信赖感、温馨感，对孩子的心理健康发育、健全性格形成具有极其重要的作用。随着社会生活竞争的剧烈化和家庭生活的戏剧化，父母对孩子的放任会越来越多，这就恰恰与科学教育方法相悖。

**（三）家长家庭教育能力提升的对策**

家庭教育、学校教育和社会教育是密切联系、不可分割的。家庭教育是一切教育的基础，家长在家庭中扮演重要的角色，因此家长自身的觉察与自我完善是极其重要的。

第一，自我理解性认知能力的提升。家长不但能通过理解性认知能力领悟到自己生命的意义，而且它还是维持家庭关系的关键所在，家长也可以通过这个重新开始学习，其主要有以下内容。

首先，家长在学习的过程中必须学会认识自我，达到自我认知，作为一个生命的个体，需要不断询问自己生命的意义，现在的生活是什么样的？我与家庭成员的关系是怎么样的？等等。在家庭教育的实践过程中，我们应该正确地看待所面临的困难和挑战，把这个当成促使我们前进和提升的铺垫，达到自我提升的目的。

其次，家长必须时刻关注孩子的心理特征和变化，依据孩子自我意识变化的进度，在心理上，家长需要关注青少年的心理特征和变化；根据孩子自我意识的增强，关注自我内心世界和个性品质等心理特征的表现，接纳孩子的不足之处，不因孩子的交友出现问题而训斥孩子，反而必须认真理性地指导孩子，和孩子达到双赢，不能家长独大制地对孩子进行施压。例如，偷看孩子的个人日记，跟踪调查孩子等行为是万万使不得的。

最后，在建设家庭环境的过程中，必须参考和借鉴孩子的意见，最好和孩子一起策划和执行，使孩子参与其中。这样一来，不但能提升家庭环境的审美效果，而且又能提升自己在孩子心目中的位置，促进和孩子的亲密关系，与此同时，还能培养孩子学习的兴趣和想象力，培养孩子和家长的思维习性，营造和谐的家庭氛围。

第二，自我对孩子习惯行为的养成能力的提升。在日常生活中，家长对孩子的行为习惯进行培养，其主要体现在家长对孩子的态度、目标、遵循原则和具体训练等方面，其主要有以下方法。

首先，在训练孩子行为的态度上，家长必须明白这一过程的漫长和艰辛，并且不是一帆风顺的，因此家长必须打持久战，不放弃，不气馁。

其次，在训练孩子行为的目标上，家长必须依据孩子的实际情况给孩子设定合理的训练目标，对孩子的行为要求也不要偏低或偏高，对孩子已达到要求的行为能力及时地给予表扬，逐渐促进孩子良好行为的养成。

最后，在遵循原则和具体训练上，家长必须尊重孩子的主体性，努力给孩子营造一份符合孩子需要的、让孩子感到舒适和喜欢的家庭生活环境。家长不能包办所有的生活琐事，要适当地给孩子提供在家庭生活中实践和动手能力的机会，当然家长还必须以身作则。面对自我不良行为习惯时，要放低姿态，坦然接受家人的指证并能及时改正。只有进行自我觉察，家长才能在感情和行为过程中真正地理解、真正地完善自我，体现出自己对孩子和家人的爱，最终达到自我完善和提升的目的。

总之，家庭教育在孩子的成长过程中有着不可低估的作用，学校教育也离不开家庭的支持和配合。由于父母与子女有着固有的血缘、感情和伦理道德上的内在关系，家庭教育对孩子成长的作用是学校教育不可替代的。在孩子进入学校之前，家庭教育几乎是孩子教育的全部，这时，家长要对孩子有足够的责任心，做好家庭教育。在孩子进入学校以后，家庭教育要对学校教育进行必要的补充。随着社会的进步、教育水平的不断提高，作为父母，要尽快提高自身素质，与学校、老师一同培养一个全面发展、乐观、积极向上的优秀学生，为社会主义培养出合格的接班人。

## 模块三　我国家庭教育学科的发展

家庭教育学是一门既古老又崭新的学科。说它古老，是因为家庭是一种具有悠久历史的社会组织形式。从它产生以来，人们就从事家庭教育实践，在实践中积累了丰富的历史经验，并不断有所变化和发展。家庭教育科学的发展有一个历史过程。家庭教育科学研究，是从文字产生以后才出现的，那时已是阶级社会了。起初家庭教育科学并没有作为一种独立的学科体系存在，只是一种教育思想观点，并且是同哲学、政治、伦理乃至宗教等思想融合在一起的。在古代，没有专门研究家庭教育理论的思想家、教育家，却有许多思想家、教育家在他们的哲学、政治学、伦理学著作中论述过家庭教育。中外情况都是如此。在古代的外国，如古希腊的哲学家柏拉图、亚里士多德，都在他们的著述中谈及家庭教育问题。在古代的中国，更有许多思想家、政治家论及家庭教育问题。例如，春秋时期的思想家管仲，在他的《管子》一书中专门记述了奴隶社会平民阶层家庭教育状况，是我国最早谈及家庭教育问题的思想家。《论语》和《孟子》两书分别反映了孔子、孟子的某些家庭教育思想。战国时期的思想家韩非，在《韩非子》一书中发展了许多很有价值的家庭教育观点。西汉时期，韩婴的《韩诗外传》、贾谊的《新书》、戴圣编纂的《礼记》等著作中，都记载了古代中国家庭教育的情况和典故。西汉刘向的《列女传》以及明清时期的《广列女传》《列女传续》等一类妇女传记，都在《母仪》篇中记载了从周朝到明清的几百位母亲教育子女的情况，为历代教育子女有方的母亲立了传记。这些都是很有价值的史料记载。

## 一、我国家庭教育的发展现状

目前，随着早期教育地位的逐步提高，家长日益认识到早期家庭教育的重要性，在我国掀起了空前的"早期家教热"。各种家教指导用书层出不穷，家教杂志种类多样化，家长学校和家教经验交流会在各地举办，家教咨询机构不断开办，各种家庭教育网站出现，等等，使我国的学前儿童家庭教育有了广阔的前景。但当前科学的、系统的家庭教育理论还没普及，以及家长自身素质的局限和对儿童身心特征的认识不足，致使大多数家长对婴幼儿的家庭教育还处于一种盲目追流、一知半解的状态，他们的教育意识仍处于朴素的、自发的、非理性的简单阶段，因此不可避免地走入误区。

1. 儿童观落后

目前，孩子成为家庭的中心，教育孩子成为家长最关心的问题。但许多父母对孩子身心发展特点缺乏了解，教育科学知识不足，把孩子当作他们的附属品，不尊重孩子，把家长的意愿强加于孩子，让孩子服从家长，按照家长设计的"部署"成长。此外，加上目前媒介对"天才教育"等的大力宣传，致使超越儿童心理的"拔苗助长"现象愈演愈烈，四五岁的孩子都不再有周末。

2. 教育目标失衡

（1）期望过高。我国95%的家长希望孩子将来能上大学、读硕士、出国深造，几乎所有的家长都希望孩子将来从事脑力工作，成为知识型、技术型和专家型的人才。对子女过高的心理预期及对孩子过早的定向，给家庭教育带来了一系列不良影响。

（2）智力中心主义。中国传统的"成龙"情结、"智力第一"的思想，加上早期教育思潮，导致在学前儿童的家庭教育中就已出现严重的智力中心主义。父母使儿童机械地背诵、枯燥地认字、长时间地写算，导致孩子出现诸多的心理问题，入学后"厌学""逃学"现象时有发生，和家长当时的愿望背道而驰。在这种智力中心主义的影响下，家长教育出的孩子生活自理能力差，无法与他人很好相处，给学习和成长带来许多麻烦。

（3）重"身"轻"心"。由于学前儿童年龄小，生活不能自理，需要父母照顾，因此导致不少家长认为对学前儿童的家庭教育，主要是对儿童的生活照料和保证儿童的身体健康，一味地满足孩子吃、穿的需要而漠视孩子心理发展状况，认为孩子的心理会随着年龄的增长而逐步成熟，无须过分关注。

3. 教育方式不科学

教育方式不科学反映在孩子行为暴力、心理扭曲，学生坠楼身亡以及自杀事件接连发生，这类悲剧的不断上演让人震惊，遗憾之余，警示我们要反思教育方式的不足与缺失，过于关注他们的物质生活和知识学习，却没有给予他们精神世界发育和建设足够的重视与帮助。作为家长应该反省自己的教育方式。

（1）不恰当的教养态度。一些年轻的父母为了自己的工作，将幼小的孩子交给老人抚养，这种"教养分离"使孩子没有与父母建立良好的亲子依恋，当孩子再回到父母身边时，在与孩子相处和教育孩子的过程中往往会出现许多问题。也有一些家长一味地满足孩子的物质需要，而忽视与其进行情感交流，影响孩子的社会性行为的发展。

（2）极端的教育方式。调查发现，多数独生子女家长在教育孩子时有娇、惯、松、纵、溺的现象，他们对孩子过分亲昵，过分照顾，迁就纵容，包办代替，甚至不适当地满足一切需要。而有的家长则过分专制，限制孩子的行动，为了实现自己为孩子设计的"宏愿"而采取吓、骂、打的方式。这些极端的教育方式严重地影响了孩子的心理健康，其家庭教育的作用无疑会适得其反。

4. 与托幼机构教育相脱节

幼儿自入托幼机构起，教师和家长共同承担着教育幼儿的任务，需要相互配合，对幼儿实施一致的教育。但目前出现了种种令人担忧的现象，如在道德教育上，教师与家长不一致，造成幼儿无法形成统一的道德标准。

纵观以上可见，学前儿童的家庭教育现状不容乐观，对学前儿童家庭教育的研究必须加快日程。在研究的同时，也要看到，随着社会政治、经济急剧变革，家庭结构、父母价值观等发生了明显变化，为顺应国际大教育的发展潮流，我国出现了新时期的学前儿童家庭教育。

## 二、走向新时期的学前儿童家庭教育

在未来相当长的一段时间里，我国家庭教育将以"社会主义核心价值观"为指导：在家教观念上坚持以人为本、以德为先，在家教内容上重视基础教育、个性化教育及闲暇教育，在家教方法上重视实践、兴趣、沟通及家校合作。

## （一）家教观念上坚持以人为本、以德为先

### 1. 以人为本

首先要教育孩子爱惜生命、珍惜生命，培养孩子生存意识与生存能力，进行包括身体与营养、健康与锻炼，安全与防范，认识自然与环境保护，抗挫折能力，忧患意识与苦难体验等的教育。

家长要尊重孩子的主体地位，要给孩子以足够的尊重和信任。了解孩子的前提是尊重孩子，如果不能对孩子有足够的了解，家庭教育很难取得效果。要相信孩子的接受能力，同时又要正视他们的接受能力。有的父母总是认为孩子还小，这个不能做，那个不许做，在爱的名义下过度保护孩子。这样做的后果一方面使孩子受到过分限制，使他们的能力得不到适当的发展；另一方面孩子自主性受到过度限制，会产生厌恶心态，甚至逆反心理。不相信孩子的接受能力，不利于孩子成长。

正视孩子的接受能力是指不要"拔苗助长"，不要违背孩子的成长规律，要根据孩子的年龄特点进行教育。以孩子发展为本，就是要注重孩子整体素质的协调发展，孩子发展是立体的发展，任何偏废都不利于孩子的健康成长。

### 2. 以德为先

随着我国改革开放力度的加大，我国市场经济体制日益完善，这给孩子成长发展提供了良好的竞争平台。但与此同时一些消极的、颓废的、落后的、迷信的精神垃圾使部分未成年人精神空虚、行为失范，有的甚至走上违法犯罪的歧途。孩子的前途关系着父母的未来、国家的前途和民族的命运，所以以德为先成了政府和广大家长的共同声音。智育不合格是次品，体育不合格是废品，德育不合格是危险品，德、智、体三者中，德是重中之重。

德为先要从增强爱国情感做起，从确立远大志向做起，从规范行为习惯做起，从提高基本素质做起，树立和培养正确的理想信念，着力培养良好的道德品质和文明行为，使孩子的思想道德素质、科学文化素质和健康素质不断得到提高，成为全面发展的社会主义新人。

## （二）在家教内容上重视基础性、个性和闲暇教育

### 1. 重视基础性教育

孩子的成长，需要重视基础性教育。重视那些对孩子一生发展起到重要作用的基础性教育：良好道德品质的培养、良好行为习惯的培养，坚持体育锻炼，自理自立能力的培养，引导求知欲，培养做事仔细认真的态度，培养孩子爱学习、会学习的好品质。基础教育每一部分内容的选择都很重要。孩子一开始就接触十分有价值的知识，这有利于促进孩子健康成长。

### 2. 重视个性培养

每一个孩子都有独特的个性。首先各年龄段的孩子生理特点、心理特点不一样。同龄的孩子由于遗传基因、家庭经济条件、家庭环境、孩子自身的身体、气质、性格、

能力等不同，有着不同的个性。学校为班级授课制，一个班几十个孩子，同一个老师教同样的内容，孩子个性发展受到一定限制。家庭是培养孩子良好个性的重要场所，许多个性鲜明的孩子大多是家长精心教育的结果。

3. 重视闲暇教育

家庭教育研究中鼓励家长要用孩子喜闻乐见的形式把积极向上陶冶高尚情操、拓展拓深思维的人文知识、培养创新意识的科技知识等内容充实到孩子的闲暇时间中去。

### （三）在家教方法上重视实践、兴趣、沟通及家校合作

1. 重视实践活动

陶行知先生非常重视在实践中学习，他说："行动是老子，知识是儿子，创新是孙子。"知识的掌握是在实践活动中进行的，创新意识又是在掌握了一定知识后产生的。实践活动符合孩子学习的特点，孩子也乐于参加，在实践活动中孩子可通过手的活动，眼睛的观察，大脑的思考立体地感知世界。著名教育家苏霍姆林斯基说："道德准则，只有当它们被学生自己追求、获得和亲身体验过的时候，只有当它们变成学生独立的个人信念的时候，才能真正成为学生的精神财富。"在实践活动中，能让各种个性特点、各种发展层面的孩子都有收获。同一件手工制作，思维发展较慢的孩子，也能通过动手、动脑能完成，看到做好的成品孩子心里高兴。

2. 引导兴趣

兴趣是最好的老师。凡是成功的家教个案中我们都能看到家长在恰到好处地引导孩子的兴趣，培养孩子的兴趣。孩子对感兴趣的事情常常是干得废寝忘食，孩子把感兴趣的事情做好了，家长只要稍加引导，孩子的学习、品行将会一起进步。

3. 亲子沟通

现在的孩子大多都是独生子女，他们回到家没有兄弟姐妹间的嬉戏交流，需要与父母交流；加上孩子处在充满各种信息交流的空间，积极的、中性的、消极的信息每天都冲击着孩子的眼睛、耳朵和大脑，孩子急需要家长的引导；进入中学的孩子有青春期的困惑、学习上的压力，更需要与父母交流沟通，在目前社会环境下，良好的亲子沟通对孩子健康成长显得特别重要。

4. 家校合作

孩子的教育不是学校单方面的事，也不是家庭单方面的事，它需要家校合作共同配合。家长要了解学校教育常规性的教育内容和形式，并配合学校做好家长应做的工作。家长可向学校提建议、出主意。学校老师也应了解学生的家庭基本情况，及时家访，科学指导家长开展家庭教育。

## 三、我国学前儿童家庭教育新的发展趋势

1. 素质教育走进家庭成为跨世纪家庭教育的主旋律

全面实施素质教育将面向家庭所有成员,家长工程将成为家庭教育和自我教育的良好载体,家长教育将与亲子教育并举;"家长教育质量意识"在新一代中青年家长中显现;"亲子互动的模式"从一元变为多元。曾在上海召开的全国0~3岁的婴幼儿发展与亲子教育研讨会上,对0~3岁的婴幼儿家庭亲子教育问题进行交流研讨,会上家庭教育专家根据国际上关于亲子教育的最新发展态势和多年研究,提出家庭教育的新理念。

2. 依托社区教育是家庭教育指导工作的发展方向

社区教育在与家庭教育、学校教育中的沟通作用,必须引起高度重视。社区生活是幼儿成长的重要依托。

我国农村大多数3~6岁幼儿和0~3岁婴儿并未入园、入托,处于散居状态,对于这些儿童的家长来说,托幼机构的直接指导存在困难,而社区指导具有优势,学前儿童家长对社区的信任、依赖程度将发生根本性的变化,在这种情况下,由社区直接组织或由幼儿园依托社区组织0~6岁学前儿童家庭教育指导将成为发展的方向。

3. 21世纪将从传统家庭向学习型家庭转变

走向学习型家庭,建设学习化社会,是21世纪人类社会的主旋律,面对20世纪90年代社会变迁过程中出现的家庭问题,依据终身学习的思想,提出创建学习型家庭。家庭的学习活动包括个人的自我学习、反省与改变,以及家人共同进行的活动。创建学习型家庭的意义在于它将家庭教育从围绕子女成长而进行的"家庭对子女的教育"向围绕着提高家庭整体质量而进行的"社会对家庭的指导"方向发展。创建学习型家庭是每个家庭开启21世纪大门的钥匙。学习型家庭是一种较理想的家庭教育模式。每个学前儿童都是家庭的活跃因素,他们与家长共同学习、共同成长,相互分享,促使家庭持续地、动态地发展。

# 第三单元  学前儿童家庭教育的原则、内容与方法

> **学习目标**
> - 熟悉学前儿童家庭教育的原则和内容。
> - 掌握学前儿童家庭教育的方法。

## 模块一  学前儿童家庭教育的原则

学前儿童家庭教育的原则是根据学前儿童身心发展特点以及个性、品德形成的规律，并以我国教育方针和培养目标为依据；同时，注意继承我国家庭教育的优秀遗产，注意吸收国内外教育科研成果，总结现实生活中家庭教育的实践经验，这是教育原则，是家庭教育本质和规律的反映。各原则之间相互关联和渗透，形成了完整的原则体系。

### 一、科学性原则

家庭教育作为人类教育实践的特殊形式，理应体现科学的精神。家庭教育中有无规律性的认识？家长教育行为有无科学的规范？家庭教育的科学化应成为当代中国家庭教育的重要价值取向。学前儿童家庭教育的科学性原则，主要是指在家庭教育中，家长要用正确的价值观、科学的养育观对儿童施加影响，使孩子能够朝着社会所期望的目标成长。

在贯彻科学性原则时，家长要注意以下几点。

#### （一）体现时代精神

只有能培养出满足社会需求、能适应社会的、对社会有贡献的人的家庭教育，才是成功的家庭教育。什么样的人才是社会所需要的？每个时代都有不同的定义。全球化、知识化和可持续发展已成为现代社会发展的主流。当代社会需要的是具有独立能力和创新精神的人，需要身心健康发展的人，需要有终身学习能力的人。

如何体现时代精神呢？首先，家长应该树立开放意识，给孩子提供自由、快乐、

信任、支持的环境，给予儿童自己发展的空间，鼓励儿童用自己的方式去体验生活，鼓励儿童发表自己的见解，培养他们成为一个独立的、有个性的人；其次，家长应构建学习环境，通过家庭环境、生活方式、自己的言行去影响孩子，从小培养孩子热爱学习的精神，提高孩子获得知识、更新知识和应用知识的能力。但是现代社会，中国学前儿童家庭教育的现状让人担忧。

例如，山东省济南市少年宫在组织40名6岁左右的儿童到柴家村进行"手拉手捐助活动"时，曾出现了众多家长"围追堵截"、设下重重"封锁线"，以求陪同孩子的现象：在少年宫里的大客车上，20多位家长抱着孩子坐在座位上，不肯下来；组织者将他们"赶"下车以后，又有5位家长拍打车窗，说是幼儿园的老师让他们帮忙拿道具，后经同意让他们在少年宫大门口上车；当车子行到少年宫门口时，一大群家长围拢过来，使车门无法打开；车子突围以后，带着道具的那几位家长很快乘着面包车赶到了，没开多远，又一辆面包车载着7位家长堵在了前面；在捐助活动刚刚结束时，又有4位家长赶来了，他们说"刚才下了雨，孩子没带雨衣，来看看"。据组织者反映，孩子们在整个活动过程中都表现得很出色，家长们该给孩子"松绑"了。

### （二）体现民族特色

在教育内容上，家庭是传递文化的载体，培养21世纪的中国人是当代每一个家长义不容辞的使命。改革开放、加入WTO、承办奥运会……在中国社会与世界接轨的同时，越来越多的不同价值取向的文化涌入中国，给中国的民族文化带来了极大的冲击。中华两千多年璀璨的民族文化，是我们中国人立足于世界的根基。要想成为世界人，首先得成为中国人。在这样的时刻重塑民族精神、弘扬优秀的民族文化传统极具意义。

例如，家长可以带孩子参观博物馆，有条件的可以游历祖国山河，让孩子欣赏国画，给孩子讲一些中国传统的民间故事，和孩子过传统的节日（如图3-1所示），等等。

图3-1　家长与孩子一起过端午节

在教育方法上，家长也应该立足中国国情，不能照搬照抄西方的思想。因为，中国儿童与西方儿童各有其民族性,西方的教育方法可能会使孩子不能完全适应。此外,中华民族也有很多正确科学的家庭教育思想,我们应该弘扬优良的传统,继承先进的思想,古为今用,洋为中用。

例如,颜之推的《颜氏家训》是后人推崇的家庭教育规范,他以儒家的传统思想,阐述了立身、处世、治家、求学之道,其中《教子》篇是家庭教育的专论,根据孔子"少成若天性,习惯如自然"的观点,提出儿童时期是一生发展的关键,主张"胎教",提出"识人颜色,知人喜怒,便加教诲"的早期教育观点,指出教育子女切忌溺爱、偏爱,要把慈爱和督训结合起来,威严有慈等教育方式,还提出以身作则、环境熏陶等家教原则。

### (三) 以科学规律为指导

按照科学规律教育儿童应是家庭教育的根本。陈鹤琴说:"父母是不容易做的,一般人以为结了婚,生了孩子,就有做父母的资格了,其实不然……养牛、养猪、养鸟、养鱼,都要先懂得专门的方法,才可以养好。难道养小孩,不懂得方法可以养得好吗?"因此,人的行为肯定会受某种观念的指导,这些观念可能是有意的或者无意的,错误的或者正确的,其会在实践中得到修正。但教育实践不同于其他,它的结果可能是无法挽回的,正如洛克所说:"教育的错误比别的错误更不可轻犯。教育上的错误正和错配了药一样,第一次弄错了,绝不能借第二次、第三次去补救,它们的影响是终身洗刷不掉的。"因此,家长在教育时必须以科学的规律为指导,使孩子健康成长。科学的规律包括教育规律、儿童的发展规律等。

例如,许多家长认为"棍棒底下出孝子"(如图 3-2 所示),迷信体罚,但体罚会严重伤害孩子的人格和自尊心,造成其心理上的创伤。有一首《挨打歌》值得我们品味:"首次挨打战战兢兢,两次挨打哭不停,十次挨打眉头紧,百次挨打骨头硬,千次挨打功夫到,酣然微笑入梦中。"

图 3-2 不当的教育方式——体罚

## 二、理智性原则

韦伯说:"现代生活是由理性的经济道德、理性的精神以及生活态度的理性构成的。"理性的实质是讲求规则,反对随意,提倡独立自立,摈弃相互依赖,保障人的平等、自由与人权,反对权力崇拜与权威崇拜,强调信守诺言,尊重个人,强调为信念而生存,为理想而奋斗。家庭教育离不开理性精神的引领。现代社会,许多家长生活在一个浮躁的世界中,以一种盲目的心态去对待子女的教育问题,以成人的优势心理对待孩子,非理性主义在家庭教育实践中泛滥成灾。在家庭教育领域理性精神体现为家长与子女在人格上是高度平等的。因此,在家庭教育中,家长既要关心热爱孩子,又要严格要求孩子,做到情感与理智相结合,理性施爱,促进孩子的健康发展。

在运用理智性原则时,家长要注意如下几点。

### (一)调节情绪

调节情绪是教育孩子的前提,心理学研究表明,1岁左右的婴幼儿就已经有恐惧、厌恶、愤怒、高兴等情绪表现;2~3岁时如果能得到亲人的充分关爱,最大限度地获得舒适感,尽可能地减少焦虑情绪,便会使孩子形成积极的个性。家人是孩子最信赖的人,家长的负面情绪很容易传递给孩子,家长只有时刻注意调节自己的情绪,克制无益的冲动,才能在教育孩子的过程中,不感情用事,把消极因素转化为积极因素。

例如,中央电视台一个公益广告的动画:花园里,爷爷正躺在椅子上休息,一个小男孩拿着水龙头往爷爷头上淋水,爷爷被浇得满身是水,但爷爷忍住了火气,蹲下身子,耐心地问:"你这是在做什么啊?"小男孩天真地说:"我想给爷爷的头发浇水,让您头上多长些头发。"广告打出画外音:"请多问孩子一句为什么。"

### (二)规定限度

规定限度是教育孩子的基础,家长只有客观分析孩子的需要,满足合理的要求,拒绝不当的要求,才能使孩子明辨是非,体验各种情感,不断取得进步。英国学者阿莎·菲利普斯指出:父母对孩子说"不"非常重要,即便是对出生几个月的婴儿也应该明确规定一些界限;父母如果只说"行",就会剥夺孩子表达情感的能力,造成"脱离现实生活的幻想和危险的形势",因为"与从父母那里得到爱、亲昵和友情一样,孩子应该学习的还包括失望、愤怒、仇恨、争论和放弃";父母在说"不"的时候,还要选择好适当的时机和方式,并解释说"不"的理由。

例如,适当的规定限度可以训练儿童的意志。苏联教育家马卡连柯说:"意志——这不单纯是欲望和欲望的满足,同时也是欲望和制止,欲望和放弃。假如你们的孩子仅仅受到自己愿望的训练,而没有受到克制那种愿望的训练,他是不会有最大的意志的。"他运用一个非常通俗而又十分形象的比喻说:"没有制动器就不可能有汽车,而没有克制也不可能有任何的意志。"一辆汽车,如果只有动力系统,而没有灵敏有效的刹车系统,这种汽车是不能开到马路上去的,否则肯定会出事故。同样的道理，如果一个人只有想得到什么就必须得到什么的精神，而不能在必要的时候克制自己的欲望，放弃不恰当、不实际的愿望，那么，这种人是不能适应复杂的社会生活的。他就会像没有制动器的汽车一样，胡乱冲撞，碰得头破血流。

### （三）全面整合

全面整合是教育孩子的关键，家长只有全面关心孩子，爱护孩子，晓之以理，动之以情，导之以行，才能帮助孩子形成良好的习惯，促进个性的完美发展。

例如，有个小女孩有一个爱吃手的坏习惯，平时不管刚玩过什么东西，顺手就往嘴里塞，对她这个不良习惯妈妈也采取过"批评""吓唬"等方法，但都无济于事。后来妈妈利用形象的顺口溜和做游戏的方法来纠正，收到了较好的效果。为了阻止孩子吃手，她编了一首儿歌，并加上适当的动作："小手上有小虫虫，吃到嘴里肚子疼，妈妈带我去看病，以后我要讲卫生，不吃小手不生病，严防虫虫进肚中。"结果，当幼儿再吃小手的时候，妈妈只要略加提醒，她就马上把手从嘴里取出来并随口说"吃手要生病，肚子疼"。

### （四）杜绝溺爱

杜绝溺爱是教育孩子的前提，家长只有将亲情和师情融为一体，不娇惯孩子、祖护孩子，才能使家庭教育取得实效。苏联教育家马卡连柯就告诫过家长，"溺爱虽是一种伟大的感情，却会使子女遭到毁灭"，"慈母败子"的古训应当吸取。

例如，前几年，某地发生了一件5岁的孩子用尼龙绳勒死76岁老祖母的悲剧。小孙子用一根尼龙绳栓猫玩，猫跑了，小孙子非要把绳子套在老奶奶的脖子上玩，老奶奶让他栓脚，他不干，非要套脖子不可。老奶奶对孙子一贯娇惯溺爱、迁就放任，平时对孙子的种种要求，从来都是一一满足。她见孙子哭闹起来，便让他把绳套在自己脖子上。哪知绳套打的是死结，小孩子用力一拉，便紧紧勒住脖子，老人一时感到气闷，便挣扎起来，从炕上滚到地上。孙子见奶奶挣扎，越发觉得好玩，便使劲拽住绳子不放，直到老奶奶不动弹了才松手，扔下绳子出屋玩耍去了。孩子的爸爸回来，一摸母亲的心脏，发现早已停止跳动了。

1. 溺爱的危害

溺爱属于教导方面的异常，是一种家庭功能失调，是家长对子女一种畸形的爱，也是一种失去理智、直接影响儿童身心健康发展的爱。溺爱所造成的后果有多方面。

（1）自我中心化倾向。

孩子从小就受"众星捧月"式的呵护，往往形成"自我中心化倾向"。有的父母认为自己已把所有的爱给了孩子，孩子已得到爱的满足，无须与同伴交往；有的父母爱子心切，当孩子在与同伴交往中受委屈时，不分青红皂白，马上上前保护而不去了解原因。长此以往，所教育出来的儿童只追求自我感知的满足，待人缺乏真诚，极少考虑他人感受，不会明辨是非、缺乏责任感。

第三单元 学前儿童家庭教育的原则、内容与方法

（2）妨碍独立自主能力培养。

有调查指出，溺爱型家庭的幼儿比严厉型家庭和民主型家庭的幼儿更易发生感统失调。因为照顾者（父母、祖父母或外祖父母）过分溺爱保护，怕孩子出事儿长期搂抱，剥夺了孩子接触环境和爬行练习的机会；凡事包办替代，造成孩子生活自理能力差；再加上老人担心孩子被别人欺负和住房单元化，孩子很少出门，接受外界感觉信息刺激的机会少，在进入小学、中学或大学时，还要家长、同学帮他做事。家长溺爱和包办替代，使孩子以后的独立自主能力缺乏，无论是小升初、初升高、考大学还是就业，都有家长为其解决后顾之忧，而孩子会坦然接受父母照顾。

（3）耐挫能力差，形成不良习惯。

在一些家境富裕的家庭里，父母的收入足以维持家庭的生活，孩子的愿望能够马上得到满足，缺乏为生活奋斗的体验。加上有的家长误以为只要给孩子创造最好的条件，花数万元进好学校，就能成才。长期的纵容导致孩子耐挫能力差，一点点生活中的小事即引起较大的波动，稍有点挫折便丧失生活的勇气和完善发展自己的愿望。

（4）不利于学校教育的正常进行。

因为溺爱而形成品德缺陷的孩子进入幼儿园后，由于不能像在家里那样任性和为所欲为，要经常受到老师的批评，于是转向寻求父母帮助。溺爱型家长一般很反感别人批评自己的孩子，并不断为自己的溺爱行为寻找更多的借口以求得心理平衡，使教师的说服教育工作很难奏效。长此以往，对幼儿的成长、性格形成是百害而无一利的。

2．溺爱的矫正方式

有位教育家曾经说过："一切都给孩子，牺牲一切，甚至牺牲自己的幸福，这是父母给孩子的最可怕的礼物。"对孩子爱得适当，爱得合理，才能使孩子得以健康成长。那么家长应怎样做到对孩子关心而不溺爱呢？

（1）平等对待。

不要让孩子在思想上形成"以我为中心"的意识，不让孩子产生特殊优越感。家长应从日常小事抓起。例如，家里来了小朋友，应教育孩子把玩具给大家一起玩；吃东西要让孩子养成分享的习惯。长期坚持，就会使孩子养成与别人平等相处的习惯。

（2）不要轻易满足要求。

当孩子提出的要求不合理时，不能轻易满足。孩子撒娇要家长买玩具，家长不能爽快答应，反而可以跟他提条件，如一个月内孩子能自己收拾玩具就答应买给他。让孩子学会为自己想要的东西付出努力。

（3）避免隔代溺爱。

很多家长忙于工作，把孩子交给爷爷奶奶照顾。然而很多父母觉得老一辈的教育已经跟不上时代，但是又不好过多指责。家长应该首先和老人沟通好，遇到孩子做错事时，老人可以到别的房间去或者借故出去，让家长单独来解决。刚开始，可能孩子会继续哭闹、扔东西，当发现无人理他时，孩子就会有些恐慌，哭闹就会减弱，最后

可能会主动找家长承认错误。

（4）培养孩子自理能力。

孩子长到两三岁就有了强烈的"我自己干"的要求，家长就因势利导，从培养孩子日常生活的初步自理能力开始，培养孩子的独立性。例如，幼儿期的自理能力培养是独立性培养的主要内容，在家长的帮助下孩子学会自己吃饭，自己穿脱衣服，穿脱鞋袜，自己如厕，自己收拾玩具，吃东西前后或便后自己洗手等。

### 三、指导性原则

人与动物不同，动物刚出生就遗传了生存的本领，而刚出生的婴儿心智和身体都不成熟，需要家庭的养育，但动物的本领是单一的，而我们渐渐长大的孩子却具有多元智能，具有独特的个性。因此，在家庭教育中，家长应承认孩子的主动地位，尊重孩子的独立人格，调动孩子的积极性、主动性和自觉性，引导孩子更好地发展。

在遵循指导性原则的时候，家长应注意以下几点。

#### （一）树立正确的儿童观

树立正确的儿童观是家长指导孩子的基础。家长要认识到儿童是独立的个体，不仅有着与同龄孩子相似的一些年龄特征，而且还有着与同龄孩子不同的个性特征，并予以尊重。

抽象的儿童观在家庭教育中如何得以体现呢？赵忠心等提出，家长应主动了解并接受孩子的特点，有针对性地加以指导；对孩子期望适当，根据孩子实际水平提出要求，用孩子父母头脑中的理想化标准要求孩子、拿自己孩子与别的孩子比较，要求孩子和其他人一样或超过他人是不现实的；允许孩子以自己的速度成长，对孩子进行纵向评价：用孩子的现在和过去相比较，应鼓励孩子与自己竞争；同龄孩子的发展也有差异，不管孩子的发展令人满意还是不如人意，最关键的是，父母要喜欢并接受孩子，这样孩子才会喜欢并接受自己。

#### （二）给予恰如其分的指导

给予恰如其分的指导是家长指导孩子的关键。游戏是儿童的生命，儿童在游戏中得到发展，家长应该鼓励并支持儿童游戏，也可以通过游戏指导孩子。

例如，四五岁的孩子，会产生一种模仿成人活动的愿望，如想模仿妈妈切菜，想学开车，想当医生用听诊器给人看病……这些愿望由于他年龄的限制是不能真正实现的，只有将自己看到的、听到的利用玩具通过游戏反映出来。在家里经常可以看见女孩子抱娃娃，喂娃娃吃饭，用块小手绢当被子盖在娃娃身上，让娃娃睡觉等活动。这类游戏最大的优点是能够发展孩子的想象力和创造力，父母应当支持孩子玩这种游戏。这种游戏不需要很多成形的玩具，给他准备一支用完了的废圆珠笔，一个空的塑料药瓶，瓶内放几粒糖豆，他便会用它们当体温表、当药，给娃娃测体温，喂娃娃吃药。

### （三）重视孩子的自我教育

重视孩子的自我教育是家长指导孩子的目标。家长对孩子进行指导就是为了今后不对孩子进行指导，帮助孩子甩掉"拐杖"，使孩子能够学会自我教育。意大利儿童教育专家蒙台梭利指出：儿童有自我教育的能力，儿童能够自己教育自己，儿童的能力能够通过自己的努力得到发展。诚然，有时候，家长直接告诉孩子做什么和怎样做，比让孩子自己去做要更迅速、有效、节时、省力，但这只是近期效果，并不能带来远期效果。为了使孩子终身受益，家长要给孩子提供自我教育的机会。

例如，家长可以通过分配任务培养孩子的责任心。对两岁左右的孩子，可以从教他收拾玩具做起，要求并带领孩子将玩完的每一件玩具，放回家里为他规定的摆放玩具的地方。对三四岁的孩子，可以让他整理自己的睡具，以培养责任心，告诉孩子这是你自己的睡觉用品，必须每天将它铺叠整齐（如图3-3所示）。到五六岁除有自理生活方面的责任心外，应要求孩子做力所能及的家务劳动，如饭前摆放全家人用的餐具、扫地等，以培养为他人而做事的责任心。如果自己家里以及邻居订有报纸，可以要求孩子为邻居送报纸，增强他为别人做事的责任心。家长通过这些家庭生活里每天都必须有的内容去培养孩子的责任心和坚持性，对孩子来说，既具体又容易接受和做到。

图3-3　自己整理衣服

### 四、渐进性原则

渐进性原则是指在家庭教育中，家长要循序渐进地对孩子施予影响，由浅入深，从易到难，逐步提高对孩子的要求，让孩子不断体验成功的快乐，最终达到身心健康发展的目标。

所要"循"的"序"，实际上是幼儿的年龄特征和知识、能力发展水平。孩子出生以后，随着年龄的增长，从总的发展趋势上看，其身心发展水平和认识能力不断提高。但是，儿童的身心发展同其他任何事物的发展一样，是一个由量变到质变的过程，表现出发展过程的一定的阶段性。在不同的年龄阶段，儿童的身心发展都反映出一般的、典型的、本质的特征，这就是人们常说的年龄特征，并且这些特征具有一定的顺序性，前一年龄阶段是后一年龄阶段的基础，后一个年龄阶段是在前一个年龄阶段基础之上发展起来的。

在实行渐进性原则时，家长需注意如下几点。

（一）具体明确

由于幼儿控制能力差，且主观上不能设定目的和行动计划，也不能预见自己行动的后果，是直观行动思维。家长对孩子提出的要求不能抽象笼统，而要具体明确，简单明了，便于孩子理解和执行。

例如，为了不让孩子吃太多糖，家长不仅要给孩子讲明吃糖的坏处，告诉孩子以后应少吃糖，而且还应规定好孩子每天吃糖的数目不能超过5个。

（二）适当合理

家长对孩子提出的要求应是孩子经过自己的努力能够达到的，符合孩子的最近发展区和心理承受能力；既不能过高，以免孩子力所不及，无法实现，失去信心；也不能过低，以免孩子不需付出太多努力即可得到，失去兴趣。儿童的发展有关键期，研究表明，0~3岁是儿童把握一些基本活动方式的关键年龄期；2~3岁是儿童语言发展的第一活跃期；4~5岁是儿童口语发展的第二质变期；5~6岁是幼儿数的概念发展的转折期；等等。

家长要根据儿童年龄特点指导儿童的发展。例如，父母教幼儿学习数字，可以用具体形象的数学游戏方式，"一只青蛙一张嘴，两只眼睛四条腿，扑通扑通跳下水。两只青蛙两张嘴，四只眼睛八条腿，扑通扑通跳下水。三只青蛙三张嘴，六只眼睛十二条腿，扑通扑通跳下水。四只青蛙……"。

（三）螺旋上升

家长对孩子提出的要求应做到横向有序、纵向有列，环环相扣，层层递进，螺旋式上升，有计划、有步骤地增加难度，提高孩子的发展水平。

例如，教孩子走路，我们得先让他学会爬，接着牵着他的两只手走，然后是牵着他一只手走，或让他扶着栏杆走，最后才是让他毫无支撑地走，他刚开始也只能走几步，而且还是摇摇晃晃的，接着会越走越稳，以至于能跑。

## 五、适度性原则

研究表明，奖励和惩罚是儿童行为的正强化物和负强化物。奖励可以肯定儿童的积极行为，并使其继续保持，而惩罚可以通过使儿童的错误行为与焦虑或恐惧反应联系起来，使其不得不终止那些违禁行为。不过，奖惩虽然具有积极作用，需防止过度使用，否则会出现对奖赏的依赖和惩罚适应现象。如果过分或频繁使用表扬，其激励作用会明显下降，甚至出现弊端；过多的惩罚，会使儿童的自我效能感降低，逐渐产生对惩罚的心理适应，出现"破罐子破摔"的现象。因此，在家庭教育中，家长对孩子要该奖则奖，该罚则罚，奖惩并用，奖惩分明，奖惩适度，以强化孩子的良好行为，抑制孩子的不良行为。

在执行适度性原则时，家长要注意以下几点。

### （一）称赞孩子的努力

家长在表扬孩子时，与其空洞地夸奖孩子的"聪明"，不如言之有物地称赞孩子。研究表明，父母经常夸奖孩子"聪明"，孩子的挫折容忍态度就会变得较怕失败，这些孩子往往会选择较有把握的事情去做；父母经常称赞孩子的努力，孩子的自信心就会逐渐增强，由于不担心失败，这些孩子往往选择有价值的事情去做。因此，父母在赞美孩子时，要具体地指出孩子在哪些方面表现得聪明。

例如，家长扫地时，孩子拿来了撮子，家长可以说："谢谢你啊，我正需要撮子呢，你就帮我拿来了，你能帮妈妈干活了，真是个勤快的好孩子呀。"如图3-4所示。

图3-4 训练自理能力

### （二）惩罚孩子的过失

家长要牢记惩罚的对象不是孩子，而是其过失行为。在动用惩罚之前，要冷静地分析孩子过失行为产生的原因，使孩子知道自己为什么遭受惩罚、怎样改正错误；在运用惩罚时，要使禁止孩子所做的事与他所犯的错误之间有直接的联系，以发挥惩罚的教育作用，而不应使惩罚变成体罚；在实施惩罚以后，要给孩子铺设取得进步的"台阶"，以激发孩子的上进心。

### （三）奖与惩相结合

研究表明，从孩子良好行为的形成和不良行为的纠正来讲，有奖励及惩罚的效果比没有奖励及惩罚的效果要好一些；奖励与惩罚相比而言，奖励的效果又比惩罚的效果要好一些；在奖励和惩罚的运用中，奖惩并用的效果又比只奖励或只惩罚的效果要好一些。所以，在家庭教育的实践中，家长要抓住时机，掌握分寸，以奖为主，奖惩结合，促进孩子良好行为的形成。

例如，4岁的小羽吃饭时喜欢满屋乱跑，屡劝不听，于是小羽的父母与她订了一个协议，如果她吃饭时再满屋乱跑，就禁止她看当天下午五点半的动画节目——动画城，但只要小羽能在一周内坚持在饭桌上吃饭，就给她买其最爱的奥特曼影碟。

## 六、一致性原则

由于家庭成员的生活经历、对社会生活的体验、思想文化教养、教育思想、教育能力不同，每个成员与子女关系不同，而且家庭教育者不是一个有组织有领导的教育整体，因此在家庭中可能经常会出现对孩子教育各行其是的现象。但是，家庭教育是家长集体的义务，要达到预期的教育目的，必须协调一致，否则，就可能使子女养成两面习惯、市侩作风。因此，在家庭教育中，家长应把来自各方面的教育影响加以协调，使教育内容与要求、手段与方法等前后一致，左右贯通，保证孩子个性品质的健康发展。

在实施一致性原则时，家长需注意如下几点。

（一）互通信息

家庭成员之间要经常联系，及时交流信息，一起商讨孩子的教育问题，这对孩子不与双亲同吃同住的家庭来讲更为重要。

据报道，一名近8岁的男童经过失业的单身父亲侯波两年多的封闭式家庭教育，能够通读《三国演义》，看懂《中国日报》，但侯波因一直拒绝将孩子送进学校读书而被前妻王育告上法庭，要求变更孩子的抚养权。最后，虽然王育败诉，侯波也同意把孩子送进小学，但孩子和母亲的关系却变得非常疏远。不管结果怎样，如果男孩的父母能够在孩子的教育问题上沟通好，就不会发生这种对簿公堂的事，也不会对孩子造成伤害了。

（二）相互配合

家庭成员之间要团结一致，密切合作，彼此维护威信，建立牢固的"统一战线"。反之，相互拆台，互不协调，有人管得严，有人管得松，就会使孩子觉得有机可乘，有缝可钻，导致人格的扭曲。

由于两代单传，爷爷、奶奶视小强为掌上明珠，宠爱有加，养成了他暴躁、任性的坏脾气。小强五岁生日那天，爷爷买了小强一直想要的那款自控电动小汽车，像警车那样，红灯闪闪，警报声声，遇到障碍物会自动倒退、转弯，继续前进。星期日那天，小强为了玩得尽兴，把家里玩具全部搬到客厅里，设置多种多样的路障，到了午饭时分，母亲三番五次要小强待到全家人吃完午饭后再玩，小强却执意不肯。母亲只得自己动手搬凳子。这时，小强见母亲撤并路障，就发脾气，又吵又闹，任性地把小汽车一甩，结果把心爱的小汽车摔坏了。母亲有意不理他，并说服他父亲、爷爷、奶奶都不要迁就、庇护他，由母亲一个人来处理。小强见母亲态度坚决，父亲、爷爷和奶奶都对他"冷处理"，只得乖乖地放好小汽车，不时窥视母亲脸色。傍晚，他要求把小汽车送到玩具店修理。母亲对小强说："修理小汽车的费用,要从你的压岁钱和零花钱中扣除。"后来,小汽车修好了,小强再也不任性玩耍、故意弄坏玩具了。

### (三)共同教育

家庭成员要心往一处想,劲往一处使,形成一股强大的教育合力,强化对孩子的教育,提高教育的效益。

例如,两岁半的圆圆还依赖着奶嘴,这种坏习惯不仅让她的嘴慢慢变形,还使她的呼吸道受到感染。为了纠正她的坏习惯,家长把所有的奶嘴都扔了,每次她想要,任她哭喊,谁都不为所动,这样几次,总算把她的坏毛病给戒了。

# 模块二 学前儿童家庭教育的内容

## 一、培育学前儿童健康的身体

### (一)保证学前儿童的均衡营养

#### 1. 适时添加辅食

年龄越小的儿童,越要注意科学喂养,及时添加辅食,以便使儿童的身体能健康成长。例如,纯母乳喂养的婴儿添加辅食应不早于6个月。如果添加辅食过早,可能会用过多的辅食取代母乳,导致婴儿营养素摄入不足,也可能发生过度喂养,使婴儿出现体重超重的情况;如果添加辅食过晚,又会导致婴儿得不到所需的营养,发生营养不良和微量营养素缺乏,阻碍其生长发育。

给婴儿添加辅食的顺序应该是,先添加铁强化米粉,然后依次添加菜泥、果泥、蛋黄、肉泥、蛋羹、鱼泥等各类泥糊状辅食。在进食婴儿米粉一周后,可试吃蔬菜泥和水果泥。纯净细腻的蔬菜泥和水果泥含有丰富的维生素 A 和维生素 C、膳食纤维和其他重要的营养素,是继米粉后应该给婴儿添加的食物。有专家指出,从营养的角度来看,进食蔬菜泥或水果泥的次序并不重要,但由于水果较甜,婴儿会较喜欢,所以一旦婴儿养成对水果的偏爱之后,就很难再对蔬菜感兴趣了。因此,最好先添加蔬菜泥,再添加水果泥。

尽量给婴儿每餐都安排蔬菜泥,甚至将蔬菜泥当成点心给婴儿吃。当婴儿对米粉、蔬菜泥适应以后,可以逐渐添加蛋黄和各种肉泥。进食量由少到多,初次进食从一汤勺开始,随着时间的推移,逐步增加婴儿的食用量。蛋黄添加应从开始的1/4个蛋黄的量,逐渐增加到1/2个蛋黄的量,再到整个蛋黄的量。喂养时可以直接碾成泥喂给婴儿,也可以加水调稀后喂给婴儿,还可以搭配米粉、米粥等。需要注意的是,传统蛋黄辅食喂养时应严格注意加工方式,避免细菌感染。如果婴儿产生消化吸收不良、肠胃不耐受等症状,那么就要及时更换速溶蛋黄粉。鸡蛋是理想的营养库,蛋黄更是鸡蛋营养的精华所在，集中了婴儿大脑和神经系统发育所必需的DHA、胆碱、卵磷脂及多种微量元素。因此，在婴幼儿的生长发育中蛋黄不能缺席。

2. 注意科学饮食

美国农业部早就提出了"食物指南金字塔"，以指导家长帮助孩子从均衡饮食中摄取营养。该金字塔由4层组成：第1层是最重要的粮谷类食物，它构成塔基，应占很大的比例；每日粮食的摄入应多于豆类。第2层是蔬菜和水果，应占据相当的地位；每日吃的蔬菜应多于水果。第3层是奶和奶制品，以补充优质蛋白和钙。第4层为动物性食品（如禽、肉、鱼、蛋），主要提供蛋白质、脂肪、B族维生素和无机盐。此外，"金字塔"的塔尖为适量的油、盐、糖。以上4种基本成分加上塔尖叠合在一起，恰似一座"金字塔"。

我国营养学会为了指导家长帮助孩子合理摄取营养，也提出了"4+1营养金字塔"。其中的"4"指的是"粮、豆类""蔬菜、水果""奶和奶制品""禽、肉、鱼、蛋"这4类食物；"1"指的是"盐、油、糖"；"4+1"指的是每日膳食中应以前四类食物为基础，适当增加后一类食物。

世界卫生组织也强烈要求家长重视合理的饮食结构，充分运用"营养金字塔"。该塔包括4层：第1层是面食、米饭，应占40%；第2层是水果、蔬菜，应占30%；第3层是鱼、肉、蛋、奶，应占20%；第4层是糖、盐、油，应占10%。

因此，家长在家庭的餐饮生活中，应巧妙利用这些"金字塔"，为学前儿童提供充足、合理的营养，保证学前儿童身体的健康成长。

### （二）维护学前儿童的人身安全

家长要重视学前儿童的安全教育，减少儿童的意外伤害事故。

1. 家长要提高安全防范意识，消除居室环境中的危害因素

据报道，2014年8月16日，在广东省深圳市，一名3岁男孩独自在家时，搬凳子爬窗户，因为要找父母，后来不幸坠楼身亡。这就是家庭安全教育缺失所造成的惨剧。为了规避年幼的孩子坠楼的可能性，家长不仅要确保临空窗台高度不低于0.9米，并安装窗户护栏，而且还要"武装"家居，不能在窗台边摆放桌子或椅子等家具。此外，还应使年幼的孩子时刻在自己的视线内进行活动。

2. 家长要向孩子传授安全常识，增强孩子的自我保护能力

在家庭的日常生活中，家长要经常提醒孩子：吃饭时，要细嚼慢咽；睡觉时，不能蒙住脸；在床上，不能乱跳；在厨房，不能乱摸插头插座、热水瓶、开水杯；在客厅，不能玩剪刀、火柴、打火机；在阳台，不能乱爬、乱攀；在家里，不能随便给陌生人开门。在带孩子外出前，要帮助孩子记住家长的姓名、手机号码和家庭的地址。在带孩子外出时，要告诉孩子遵守规则：上下楼梯时，要抓着扶手；过马路时，要走斑马线；逛超市时，要跟着爸爸、妈妈，万一走散了，不要哭，要在超市里找保安叔叔帮忙；郊游时，不能在小河边上走，不能跟着陌生人走，不能吃陌生人给的东西。

3. 家长要随时保障孩子的安全，使孩子从各种活动中受益

为了使孩子能在活动中得到成长和发展，家长要注意保护孩子的人身安全。例如，孩子喜欢轮滑，家长就应要求孩子，在活动前，佩戴好头盔和护腕等安全防护装置。

4. 家长要让孩子远离危险地带，以防止孩子遭遇不幸

据统计，2014年6月至8月，江苏省无锡市发生7起儿童溺水事故，共造成9人溺亡。这些孩子都在12岁以下，有的是在池塘边捉蝌蚪时，不慎落水身亡的；有的是和小伙伴一起在河边玩耍时，不幸溺亡的。为了使这种悲剧不再上演，家长要吸取血的教训，防患于未然，培养孩子的安全意识，使孩子学会自我保护，远离危险场所。

（三）培养学前儿童的生活习惯

家长要重视培养学前儿童良好的生活习惯，让孩子自己的事情自己做，以提高孩子的生活自理能力。据报道，在江苏省南京市某小学里，有一个一年级女生，整个上午都不敢独自上厕所，因为没有家长来帮她擦屁股，害怕自己擦屁股时会擦到手上。平常在家里时，都是由大人来帮忙擦屁股的。可见，家长在生活中过多地包办代替，生怕孩子吃苦，就会使孩子丧失基本的生活能力。因此，家长应该放手，告诉孩子"你长大了"，鼓励孩子"你能行"，让孩子自己去做，使孩子能更好地适应小学的生活和未来社会的需要。

1. 培养孩子良好的卫生习惯

为了培养孩子良好的卫生习惯，家长要时常提醒孩子做到：饭前便后洗手，自己刷牙、洗脸、洗脚，自己如厕盥洗，保持服装整洁，等等。

2. 培养孩子良好的饮食习惯

为了培养孩子良好的饮食习惯，家长要适时帮助孩子做到：自己吃饭，吃饭时不大声说笑；不挑食，不暴饮暴食；正确使用餐巾纸、餐具；等等。

3. 培养孩子良好的睡眠习惯

为了培养孩子良好的睡眠习惯，家长要不断督促孩子做到：按时睡觉、起床，早睡早起；睡姿合理；自己穿脱衣服，自己折叠、摆放衣服；等等。

（四）严控学前儿童使用电子产品

随着电脑、手机的普及以及运动时间的减少，家长要严格控制学前儿童使用电子产品的时间，以免出现鼠标手、键盘手、手机肘、颈椎病、视力低等不良现象，阻碍孩子身体的正常发育。学前儿童的骨骼发育还不完善，如果长时间埋头玩平板电脑或手机，就很容易患上颈椎病。由于手机的字体小，看手机屏幕的距离很近，屏幕在不停地滚动且闪烁，对眼睛的伤害极大。

（五）锻炼学前儿童的身体素质

家长要给学前儿童提供锻炼身体的机会，使孩子每天都有充足的时间到室外去活

动、去游戏，走走、跑跑、跳跳、爬爬，以促进孩子身体的协调发展和运动能力的增强。例如，爸爸可和孩子一起玩玩"斗鸡"的游戏，以培养孩子单脚站立和进攻的能力；妈妈可和孩子一起玩玩"匍匐前进"的游戏，以培养孩子四肢爬行和肢体协调的能力。

## 二、培养学前儿童良好的品行

### （一）塑造学前儿童的礼貌行为

"不学礼，无以立。"礼貌是人与人成功交往的一座重要桥梁，懂礼貌的孩子容易得到别人的认同和接受，受到别人的欢迎和喜爱。家长要重视培养学前儿童讲礼貌的行为，使女孩子成为小淑女，男孩子成为小绅士。

我国提倡的礼貌用语是十个字："您好""请""谢谢""对不起""再见"。当孩子刚会开口说话时，家长就应该选择适宜的时机，把这些基本的礼貌用语教给孩子。例如，告诉孩子：和别人见面时，要说"您好"；和别人道别时，要说"再见"；需要别人给予帮助时，要说"请"；接受别人的帮助时，要说"谢谢"；做错了事时，要说"对不起"等。

此外，当家长带孩子外出吃自助餐时，要告诉孩子并做给孩子看：吃多少，拿多少，不能浪费；进餐时，不能大呼小叫，以免影响其他食客；不能乱扔果皮、杂物；不能随地吐痰、大小便，以免污染环境。当家长带孩子乘坐公共汽车时，要告诉孩子并以身作则：车到站时，应依次排队，先下后上，对妇女、儿童、老年人及病残者要照顾谦让；上车以后，不能抢占座位，更不能把物品放到座位上替别人占座，看到老弱病残孕及怀抱婴儿的乘客，要主动起身让座。

### （二）培育学前儿童的仁爱之心

"人之初，性本善。"一些父母抱怨自己把所有的爱都给了孩子，但孩子却以自我为中心、自私自利，不知道关心父母。其实，孩子并不是生来就缺少爱心，而是因为父母对孩子娇宠溺爱，在无意间扼杀了孩子的爱心。

学前期是孩子各种心理品质形成的关键时期，也是孩子爱心形成的重要时期。因此，家长要重视从小培养孩子的爱心。一方面，父母要经常爱抚孩子，对孩子微笑，陪孩子游戏，让孩子感受到父母对他的爱，感受到被爱的幸福，这是孩子萌生爱心的起点。另一方面，父母更要重视让孩子学会爱，并给孩子提供奉献爱心的机会，这样就能使孩子把接受爱与奉献爱有机地统一起来。例如，吃饭前，让孩子帮着父母摆好碗筷；吃饭后，让孩子帮着父母收拾碗筷。

孩子的爱心是稚嫩的，家长在乎它，它就会长大；家长忽视它，它就会枯萎；家长打击它，它就会死去。如果想拥有一个富有爱心的孩子，那么家长就要注意在日常生活中，给孩子树立良好的榜样。例如，晴晴的太爷爷生病住院了，孩子的爸爸、妈妈、爷爷、奶奶就在家里讨论，安排轮流到医院给太爷爷送饭、探望、看护等事宜，孩子听在耳里，看在眼里，也要求到医院去看看太爷爷。为了强化孩子的小小孝心，全家人决定满足她的愿望，由奶奶带着她一起去。在去医院的路上，奶奶告诉她，见到太爷爷时，要说："太爷爷好！您在医院里，要听医生的话，要好好看病，要好好打针吃药，要好好养身体，要早日恢复健康，要争取早点出院。"到了病房以后，当孩子把这些话鹦鹉学舌般全都说出来以后，所有的病友都被逗乐了，大家都夸她是个小孝女。

家长还要善于捕捉各种教育契机，随时随地对孩子施以影响。例如，在公交车上，妈妈可对女儿说："你看，那位阿姨站在那里，抱着小妹妹多累呀，我们请她到我们这里来坐坐吧！"这样，就能培育孩子的善良之心和仁爱之情。

### （三）提高学前儿童的社交能力

"人不能孤独地活着，他需要社会。"良好的人际关系，强大的社交能力，不仅能给人带来快乐，而且能助人走向成功。家长要重视培养学前儿童的社交技能，为孩子创造各种社交的机会，不断提高孩子的社交能力。

一方面，家长要重视亲子互动。家长要挤出时间，多陪伴孩子，与孩子积极互动交流，以建立良好的亲子关系，为孩子提供交往的范例，激发孩子与人交往的愿望，培养孩子乐于交往的习惯，和孩子在一起时，家长要排除各种干扰，避免患上机不离手的手机依赖症，真正实现与孩子的沟通交流。据英国《每日邮报》报道："当看护者将精力高度集中于自己手中的设备时，就会忽视孩子，或减少与孩子的互动。"可见，当家长只是单纯地和孩子待在一起，自己玩手机（如上网、刷微博、发微信），而不去关注孩子，并不是真正陪伴孩子，而是一种"冷暴力"，是对孩子感情的冷漠和伤害，会导致孩子形成孤僻的性格，对别人漠不关心，不愿和别人交流沟通，甚至有可能成为这种冷暴力"接力棒"的传递者，制约心理的健康发展。因此，在日常生活中，家长要多与孩子对话交流，多带孩子散步郊游，以增加亲子互动的次数，提高亲子互动的质量。

另一方面，家长还要重视同伴间的互动。家长要为孩子创造与同伴交流的机会，鼓励孩子与同伴分享、合作，扩大孩子的朋友圈，以提高孩子的交往兴趣，增强孩子的交往能力。家长要引导孩子和小伙伴一起看图书、讲故事、玩玩具、做游戏，鼓励孩子与好朋友大胆交流，经常互换图书和玩具，并对孩子表现出来的谦让、合作、互助等方面的语言和行为，及时进行表扬，以强化孩子积极的社交意识和行为。

## 三、增强学前儿童的聪明才智

### （一）发展学前儿童的观察能力

1. 要激发孩子观察的兴趣

家长可以引导孩子观察其所感兴趣的事物，也可以鼓励孩子观察身边正在发生的趣事，以提高孩子观察的频率。例如，孩子对小轿车感兴趣，家长就可指导他观察家门口来来往往的小轿车，看看它们是什么颜色的，什么牌子的，什么样的车牌号。

2. 要教给孩子观察的方法

家长可以教孩子从上到下、从左到右观察事物，也可以教孩子从前到后、从近到远观察事物，此外还可以教孩子从中心到四周观察事物，以提高孩子观察的效率。例如，家长指导孩子观察邻居家的小狗时，可以先问他：小狗的毛是什么颜色的？小狗的耳朵大不大？小狗的鼻子大不大？小狗的嘴巴大不大？小狗的眼睛大不大？小狗的眼睫毛长不长？小狗的尾巴长不长？小狗有几条腿？然后再和孩子一起看看、数数、说说：小狗的毛是黑色的，小狗的耳朵很大，小狗的鼻子不大，小狗的嘴巴很大，小狗的眼睛很大，小狗的眼睫毛很长，小狗的尾巴不长，小狗有四条腿，等等。

3. 要培养孩子观察的习惯

家长可以教孩子先设计后观察，也可以教孩子边观察边记录，此外还可以教孩子先观察后思考，以提高孩子观察的水平。例如，家长带孩子在小区散步时，可以提醒孩子用手机把沿途看到的花草树木全部拍下来，回到家以后，进行观察比较，说说自己先看到了什么树、什么花，后看到了什么树、什么花，自己最喜欢什么树、什么花，等等。

（二）培养学前儿童的思维能力

1. 要保护孩子的好奇心，引导孩子发现问题，提出问题

幼儿好奇好问，他们会通过自己的方式来探究周围事物，家长要予以理解和保护，为孩子提供感官探究、动作探究、言语探究的机会，以帮助孩子积累知识经验。例如，孩子喜欢按电话机上的数字键，因为手一按键，就能听到声音，他很好奇，想知道为什么一按键就会有声音，于是她就按个不停。此时，家长不能训斥孩子，说孩子乱按，而应给孩子提供一部旧电话机或旧手机，让她去操作、去探索、去思考。

2. 要提高孩子的独立性，鼓励孩子自己思考、自己解决问题

幼儿已经有了一定的独立意识和行为，家长要解放孩子的大脑、嘴巴、双手和双脚，让孩子自己去想、去说、去做、去走，以提高孩子独立解决问题的能力。例如，家长带孩子去超市购物时，可告诉孩子，今天只能挑选一样自己喜欢的东西，可以是吃的食品、喝的饮料，也可以是穿的衣服、戴的帽子，或是看的图书、玩的玩具。这样，孩子就必须深入思考、全面比较，最后做出决定。在这一过程中，孩子思维的独立性就得到了发展。

3. 要培养孩子思维的发散性，指导孩子用多种方法解决问题

条条道路通罗马。任何一个问题，都会有多种解决方法。家长要启发孩子，开动脑筋，想出不同的解决问题的方法，以提高孩子创造性解决问题的能力。例如，孩子想用废旧物品制作玩具，家长可鼓励孩子一物多用，把同一种物品改造成不同的玩具，如把易拉罐改制成台灯、椅子、飞机，把旧光盘制作成自行车、风车、螃蟹。这样，孩子思维的发散性就可以得到提高。

### （三）提高学前儿童的想象能力

1. 通过图书，培养孩子的想象能力

家长可以和孩子一起看图画故事书，在打开图书之前，启发孩子想想这本书里可能讲的是什么故事，可能会有什么样的结局，以培养孩子想象的多样性和广泛性。例如，家长在和孩子一起阅读《猜猜我有多爱你》这本图画故事书时，鼓励孩子想一想：小兔子会和兔妈妈说些什么话呢？她为什么会和兔妈妈说这些话呢？兔妈妈又会怎么说、怎么做呢？

2. 通过语言，提升孩子的想象能力

家长可以利用多种机会，和孩子一起玩语言游戏，来培养孩子想象的灵活性和丰富性。例如，家长和孩子一起玩词语接龙的游戏，当家长说出一个关于马的成语，如"千军万马"时，可要求孩子也说出一个关于马的成语，如"万马奔腾"。

3. 通过音乐，发展孩子的想象能力

家长可以和孩子一起聆听音乐，鼓励孩子说说自己听到了什么，想到了什么，并用动作加以表现，以培养孩子想象的愉悦性和合理性。例如，家长播放儿童歌曲《儿歌Style》，引导孩子边听边自己编舞起舞，使孩子在轻松愉快的气氛中，提高对音乐的想象能力和表达能力。

4. 通过绘画，增强孩子的想象能力

孩子喜欢自由自在地画画，家长不要给孩子任何限制和条条框框，以免阻碍孩子想象的浪漫性和唯美性。孩子的绘画物象一般都比较简单粗糙，绘画形象与客观形象的差距较大，家长要理解并尊重孩子的绘画特征，支持并保护孩子的创造想象。例如，当孩子画人时，常常是头大身体小，眼睛和嘴巴很突出，动作幅度夸大，这是因为幼儿认识事物不完善，表现能力不充足。所以，家长要善待孩子的"胆大妄为""异想天开"，而不应批评孩子画得"不像"，强迫孩子按照大人的意愿去修改作品，甚至代替孩子画。

### 四、发展学前儿童的审美情趣

#### （一）促使学前儿童喜欢聆听歌曲

儿童歌曲，有着优美的旋律，家长可以唱给孩子听，也可以和孩子一起欣赏。此外，还可以鼓励孩子演唱儿童歌曲，既能帮助家长回忆童年的岁月，寻找远去的童真，又能给孩子带来童年的快乐，陪伴孩子更好地成长。

《我的好妈妈》这首儿童歌曲，传唱广泛，是伴随着几代人成长的经典儿歌。歌词简单，朗朗上口，节奏欢快，易学易懂，既说明了妈妈的辛苦，又表达了孩子对妈妈的热爱。

《我有一个家》这首儿童歌曲，简单明快，好听好唱，诙谐幽默，轻松愉快。用孩子的语言唱出了中国的音乐元素，世界的流行风格，让人感受到家庭的温暖、家庭的美好、家庭的力量，在家长和孩子中间广为流传。

《爸爸妈妈听我说》这首儿童歌曲，词曲简单，易学易唱，活泼可爱，编曲轻快，律动感强，深受孩子和家长的喜爱。

《爱我你就抱抱我》这首儿童歌曲，充满了童趣和人性，具有强烈的时代感。在2011年中央电视台春节联欢晚会上，由5位小朋友共同演绎，他们边唱边跳，"爱我你就陪陪我，爱我你就亲亲我，爱我你就夸夸我，爱我你就抱抱我"。歌词直接说出了孩子们的内心世界，充分表达了孩子们对爱的理解，而歌曲却营造出了清新欢快的意境，让家长感到温馨和甜美。这首闪亮于春晚的歌曲，很快就被孩子和家长所接受和喜爱，迅速流传下来。这首歌曲也启发家长，孩子需要的更多的是亲情，家长应多陪陪孩子、多亲亲孩子、多夸夸孩子、多抱抱孩子，这是对孩子最珍贵的奖励。

儿童歌曲以独特的方式，将整个世界呈现在孩子面前，影响着孩子对社会的认知，既能丰富孩子的语言，又能培养孩子的美感；既是孩子的良师益友，又是家长的育儿宝典。因此，家长要选择适宜的儿童歌曲，来激发孩子对音乐的兴趣，增强孩子对音乐的理解，鼓励孩子以自己的方式进行表现创造。

### （二）促使学前儿童喜欢观赏舞蹈

舞蹈与音乐是有机的结合体，是形体美与音乐美的交融。儿童舞蹈是由儿童表演或表现儿童生活的舞蹈，通过边歌边舞，促进孩子审美能力的发展；儿童舞蹈是通过音乐、表情、动作、姿态等来表现内心世界的，能够使孩子在不自觉中受到艺术的熏陶，欣赏美、体验美、表现美、创造美。

儿童舞蹈需要孩子全身各部位的密切配合，通过音乐与舞蹈动作的和谐促进孩子肢体的协调发展，并能增强孩子的节奏感。学前儿童正处于快速生长发育的时期，家长如果重视孩子的形体训练（如抬头、挺胸、收腹、压脚、劈叉、下腰），就能使孩子站得更直，形体变得更加优美，肢体变得更加灵活、柔韧。

儿童舞蹈不仅有独舞，而且还有双人舞、集体舞。家长可在晚上，与孩子一起边听音乐或边看视频边起舞，也可在双休日或节假日，举办家庭舞会，增加孩子与别人一起跳舞的机会，提高孩子表现美的能力。例如，儿童舞蹈《健康歌》，歌词简单，内容具体，歌曲旋律明快，深受儿童喜爱；家长可以和孩子一起边唱边跳，以打造家庭的健康圆舞曲。

儿童舞蹈演出能提高孩子当众表演的能力，家长要积极给孩子报名，为孩子提供各种表演的机会，让孩子参加幼儿园的表演、社区的表演、电视台表演，增强孩子创造美的能力。例如，《江南Style》这个韩国神曲骑马舞，使用了马跑步的动作（包括假装骑马、手握缰绳、挥动马鞭以及腿部反复交换的动作），清新可爱，简单明快，迅速红遍全球，让全世界的网友"癫狂"。家长可以教孩子跳这支舞，指导孩子双脚踮起，膝盖弯曲，半蹲状态，双手做成骑马姿势，腰随胯摆动，双脚交替跳跃；也可以和孩子一起模仿、改编，鼓励孩子用大象、猴子、熊猫、袋鼠、蛇的动作来代替马的动作，并录制自家的版本，打造"张家Style"和"李家Style"、"爸爸Style"和"妈妈Style"、"儿子Style"和"女儿Style"的娱乐盛宴。

许多儿童舞蹈都深受儿童的喜爱，家长可以和孩子一起观赏起舞，唤起孩子对舞蹈的兴趣，鼓励孩子自编自导自演，提高孩子感受美、表现美和创造美的能力。

### （三）促使学前儿童喜欢欣赏名画

世界绘画历史悠久，许多伟大的画家创造了不胜枚举的传世名画。在学前儿童成长的过程中，家长应该让孩子尽可能多地了解一些世界名画，在轻松快乐的氛围中学会欣赏美的作品，以培养孩子的审美情趣和提高孩子的艺术修养。

家长要尽可能利用节假日带孩子去博物馆、美术馆看名画，或去图书馆借名家画册来观看，使孩子有更多的机会感受艺术的熏陶。

《第一步》，如图3-5所示，是荷兰画家凡·高临摹米勒的同名作品：在画面的中间，是一块菜地；在画面的右边，是农民的房屋和栅栏，一位农妇正扶着小女孩，帮她学走路；在画面的左边，有一辆小推车，一位农夫看到小女孩正向自己走来，连忙停下手中的活，放下铁锹，蹲在地上，张开双臂，迎接小孩的到来。这幅画主要用了蓝色、绿色和黄色这些反映大自然的颜色，让人格外感到生命的活力、生活的充实和亲情的温暖。

图3-5 《第一步》

家长在和孩子一起欣赏这幅名画时，可以帮助孩子回忆当年学走路的情景，鼓励孩子用图画来表现当时的快乐时光。

《画家和她的女儿》，如图3-6所示，是法国路易十六时代最杰出的女画家伊丽莎白·路易丝·维瑞的布面油画，创作时间是1789年。《画家和她的女儿》是作者最出色的代表作，也是她的自我写照。肖像画的特点在这幅作品中都得到了充分的体现。这是她34岁时所作，十分潇洒优雅。女画家装束朴素典雅，端庄秀丽，目光温柔而深情。她俯身坐着，双臂围抱着女儿。女儿天真可爱，把脸紧贴母亲，搂着妈妈的脖子，显得无限妩媚。作品将母女之爱、亲子之情画得十分动人，也表现了画家自己的温婉多情。构图采用了稳定匀称的三角形，色彩雅致和谐，线条优美洗练，背景不加任何陪衬，更突出了主题。

图3-6 《画家和她的女儿》

家长在指导孩子欣赏这幅画时，可以和孩子一起做这个拥抱的动作，营造出中国版的现代派的母女相爱的氛围。

《缠毛线》，如图3-7所示，是英国画家弗雷德里克·莱顿创作于1878年的一幅古典主义风格的风俗画。画家沿用古典绘画法则，以学院派绘画的严谨，描绘了缠毛线的母女。年轻的母亲坐在凳子上，姿态优美地绕着毛线，衣裙的表现呈现古典风格；小女孩全神贯注地配合着母亲，扭动着身体，一脸稚气，呈现出了天伦之乐的动态效应。但画家以古典手法去表现生活，因而使作品有呆板僵化之感，并且缺少真实情感。

图3-7 《缠毛线》

家长在指导孩子欣赏这幅画时,可给孩子讲讲缠毛线的故事,并和孩子一起来缠毛线,使孩子在活动中加深对这幅画的理解和感受。

《康乃馨、百合与玫瑰花》,如图3-8所示,是美国画家萨金特的油画,这幅画是他精心制作的传世经典作品,描绘了两个穿着连衣裙的小女孩在花丛中点灯笼的情景。这幅画的题材是无关紧要的,最具有魅力的是画面千变万化的丰富色彩,令人赏心悦目,虽然重视色彩的表现,但花的形状也历历可见,丰富的色彩和花的芬芳融为一体。

图3-8 《康乃馨、百合与玫瑰花》

家长在指导孩子欣赏这幅画时,可先带孩子去公园观看花展,去花店找花、买花,回家后养花、赏花,以增加孩子对康乃馨、百合、玫瑰花的认识,再鼓励孩子回想一下逢年过节点灯笼时的欢乐心情,以增强孩子对这幅画的理解和喜爱。

《苹果与橘子》,如图3-9所示,是法国画家塞尚创作的画,这幅画采用了平视和俯视的方法,使一切物体都不会被遮挡。以色彩斑斓的花布为背景,在粗陋的木桌上铺着一块厚重的桌布,布上摆放着一些瓷器(如高脚瓷碗)和水果。通过白色桌布与鲜艳水果的强烈对比,反衬出色彩的冷暖关系:红色、黄色的水果,白色的餐巾,果盘在暗褐色调背景前鲜明地凸显出来;零散的水果通过餐巾连成了一个有机的统一体;画面中间那个最大的苹果成为统领全局的核心,其他水果也有一种要坠落下来的沉甸甸的重量感。

图 3-9 《苹果与橘子》

家长在指导孩子欣赏这幅画时,可先带领孩子去参观附近的水果店、超市,引导孩子看看店员是如何摆放苹果、橘子等水果的,鼓励孩子边观看边加以描述。

《吃葡萄与甜瓜的少年》,如图 3-10 所示,是西班牙画家穆立罗创作的油画,画面中的两个男孩,破衣烂衫,赤着双脚,坐在街上,尽情地分吃着甜瓜和葡萄,享受着鲜果美味。右边那个男孩已剖开了一只大甜瓜,削了一块给小伙伴,左手拿着甜瓜,也在品尝,觉得味道好极了,回过头来与小伙伴说话;左边那个男孩,右手举起一串葡萄,正得意地往嘴里送,左手拿着一块甜瓜;在左边的角落,有一只破篮子,上面堆放着几串绿紫色的葡萄,地上还有一些瓜皮杂物,生动而真实地再现了以拾破烂为生的流浪儿的街头生活。

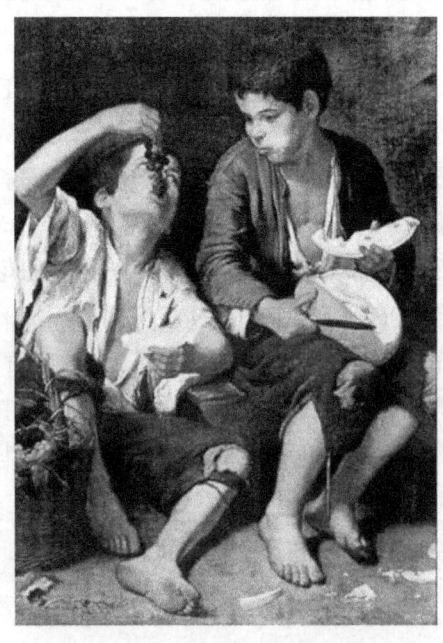

图 3-10 《吃葡萄与甜瓜的少年》

家长在指导孩子欣赏这幅画时,可带孩子去水果店,让孩子找一找葡萄和甜瓜,买回家以后,让孩子去清洗葡萄和甜瓜,分发给全家人吃,大家可以边品尝边交流。

《向日葵》,如图3-11所示,是荷兰画家凡·高创作的油画,由绚丽的黄色色系组成。以淡黄色为背景,以深黄色为向日葵的主色调,另有几朵含苞未放、以淡黑色点缀的花蕊。这16朵形态各异的向日葵,或绚烂或枯萎,或隐或现,给人一种强烈的色彩对比感,让人体会到旺盛的生命力、阳光明媚的生活。

图3-11 《向日葵》

家长在指导孩子欣赏这幅画时,可先在夏季带孩子去农村田野实地观察向日葵,告诉孩子向日葵由根、茎、叶、花、果实等部分组成;再引导孩子看看向日葵的花姿、花瓣、叶子是否相同,告诉孩子向日葵也叫朝阳花,因其花常朝着太阳而得名;再鼓励孩子数数画上的向日葵有多少朵,它们看上去像什么(如每朵花像熊熊燃烧的火焰,细碎的花瓣和叶子像火苗),促使孩子意识到黄色代表太阳的颜色,向日葵不仅是植物,而且也是生命体;启发孩子画一画自己心中的向日葵。

### 五、学前儿童家庭的情商教育

#### (一)情商的定义

情商(情感智力)是由哈佛大学的彼得·萨洛瓦里和新罕布什尔大学的约翰·梅耶两位心理学家在1990年首次提出的,用来描述对成功至关重要的情感特征。他们认为,高情商比高智商的人更容易获得成功。后来情商(EQ)概念被丹尼尔·古尔曼的《情感智力》一书发扬光大,一度震动美国的每个角落,成为评价人的标准、培养孩子的指南。

情商不像智商（IQ）那样可通过测试计算出来，它是一种能力，一种自我管理情绪的能力。实际上个人如何自处（内在智商）及人际关系（外在智商）的训练相当重要。高德乐博士将个人如何自处及人际关系合称情绪智商，即情商，与智商相区分。

1995年，美国心理学家格尔曼对情商做了更明确的说明，他认为情商包括五个方面的能力。

（1）认识自身情绪。

只有清楚自身的感觉和喜好，才能做适当选择，成功主宰生活。

（2）妥善管理情绪。

人人都有情绪，情绪若随着境遇产生相应的波动，是正常又合乎人性的。若情绪太极端化或长时间持续地僵化，当事人不能掌握调节情绪的方式，这个人便很容易被情绪所困扰。情绪化的人，不但事业不能成功，连正常的生活和工作也可能受影响。所以，明白情绪之后，也要懂得调整情绪。

（3）自我激励。

人生不如意事，十常八九。人不如意的时候，往往比刹那间的快乐更令人刻骨铭心、消沉意志。在失意时保持积极向上的思想，在冲动时能够克制、忍耐，保持沉着，有效分辨眼前享乐与长远成就，保持高度热忱，推动自己走向成功。

（4）认识他人情绪。

知己知彼，百战百胜。如果有一颗体贴别人的同情心，能从不同参与者的角度看事物及设计行为方式，那么这个人的目光必定会更深入更远大，也更容易找到合作的伙伴。

（5）人际关系的管理。

人际关系就是管理他人情绪的艺术。可从人缘、领导能力及人际和谐度显示出来。能与其他人合作，取用其他人的资源，成就自然无可限量。从以上说明我们可以看出，情商是良好的道德情操，是自我激励，是持之以恒的韧性，是同情和关心他人的善良，是善于与人相处，把握自己和他人情感的能力，等等。简言之，它是人的情感和社会技能，是智力因素以外的一切内容。

**（二）家长培养孩子情商的方法**

家长可从以下几个方面培养孩子的情商。

1. 教育孩子学会调节控制自己的情绪

一个人无法持之以恒地做完一件事情，主要就是因为无法抗拒来自外界的诱惑和来自内心的犹豫，如果不能控制自己战胜这些障碍，那么精力就会分散，导致事情的失败。

如果要坚持到底完成一件事情，就必须克服来自外界和自身的困难或干扰。克服内部的干扰就是所谓的克制自己，包括情绪、情感和行为习惯等。美国一位心理学家曾做过一次"糖果实验"：观察孩子能否克制自己吃糖的欲望，忍耐一个小时，以便获得更多的糖，然而只有很少一部分孩子能够做到。当初能抵抗诱惑的孩子，青少年时期社会适应能力强，较自信，人际关系较好，能积极迎接挑战等。而缺乏控制能力的孩子则较多表现为与人相处困难、自卑，在压力方面容易退缩、嫉妒等。这一实验结果，说明了自我调节、控制情绪的根本意义。

幼儿的自我控制能力较差，这与其生理发展密切相关，幼儿的神经纤维还未发育完善，神经兴奋强于抑制，所以不能很好地进行自我控制。而且，有的家长对孩子提出的要求，总是"有求必应"地"快速服务"，尽可能及时满足他们。天长日久，孩子们在十分舒适的环境中习惯了，意志、情感方面像"缺钙"似的脆弱，自控能力随之下降。

所以，培养孩子的控制能力是家长和孩子共同的事情，只要家长能控制自己，孩子就有学会自我控制的机会。如何培养幼儿的自我控制能力呢？

第一，可以从培养幼儿良好的生活行为习惯入手，如按时起床、按时吃饭、不偏食、自己穿衣服、收拾玩具等；第二，鼓励孩子多参加小朋友的游戏，在游戏中孩子不得不学会遵守规则，服从集体，在这个过程中，他不知不觉就学会了控制自己；第三，要注意的是，家长不要放过孩子的每一点进步，今天控制一点，如果得到了肯定和鼓励，那么明天会控制更多，所以正面的强化会产生巨大的效果；第四，家长要以身作则，不放纵孩子，也要约束自己，如果家长能够自我控制，纠正不良的行为，那么孩子也会以你为榜样很好地控制自己。

2. 培养孩子人际交往能力

人际交往能力是指能够准确敏感地观察别人，有效地理解别人和与人沟通、交往的能力。一个交往能力强的人，能够较好地处理纷繁复杂的关系，自如地控制各种场面。这种能力也正是衡量一个人社会性的指标，也是帮助个人更好实现社会生存的基本。教育部新颁布的《幼儿园教育指导纲要》社会目标中明确提出：乐意与人交往，学习互助、合作和分享，有同情心。内容要求中第一条又提出：帮助幼儿正确认识自己和他人，养成对他人、社会亲近、合作的态度，学习初步的人际交往技能。指导要点中又进一步强调：应为幼儿提供人际相互交往和共同生活的机会和条件，并加以指导。可见人际交往能力的培养是非常重要的。

要想拥有较好的人际关系，首先要从家庭做起。父母之间要互敬互爱，以和谐的夫妻关系为孩子营造一个温暖安全的家庭环境。然后要经营好亲子关系，家长尊重孩子的个性和自主的权利，常沟通常游戏，让孩子感到亲近和快乐。同时，要教孩子懂礼貌，有较好的行为习惯；还要教孩子懂得爱，并学会给予爱。爱就是让孩子体验爱的美好，知道父母在给予爱时所付出的辛劳，从而使孩子产生尊敬、感激之情。学会给予爱，即教孩子关心他人、帮助他人，具有一定的同情心和移情能力，去爱一切美好的事情。例如，让孩子为父母拿拖鞋、捶捶腿、揉揉肩或递东西，这是孩子学会关爱别人的第一步。再如，邻居家的小伙伴生病了，要教育孩子在情感上、行动上表示同情与关心。孩子是否具有爱心，在一定程度上决定了他交友是否成功。另外，要容许孩子多与同伴交往，保证孩子有足够的时间与同伴在一起，如果孩子不喜欢与别的孩子交往，要有意识地鼓励他（她）与同伴接触、交往。这种交往是孩子获得合作能力与情感体验的最基本的条件，它可以有效地养成合群性，消除孩子执拗或孤僻的倾向。即使感到交往受挫，有时也是一种学习的机会，让孩子学习宽容和谅解，看到人与人之间存在着明显的个性差异，周围的人不可能像自己想象的那样完美，同伴之间也常常会发生分歧，这是生活中的正常现象。明智的家长不要因此而封闭自己的孩子，而应积极引导孩子认识社会和他人，学会与意见不同的人交往，有利于培养孩子的协作精神和发展合作能力。

这种伙伴群体交往有四个作用：有益于孩子平等观念的形成，有益于孩子健康情感的培养，有益于孩子自我个性的形成，有益于孩子团结精神的培养。父母还要鼓励孩子独立解决与同伴交往中的矛盾问题。善于解决交往矛盾，是高水平的合作与交往能力的标志。因此，当孩子交往出现矛盾与问题时，不要回避，也不要代为解决，而要鼓励孩子独立解决，最多也只能提些建议。有的孩子只喜欢和固定的同伴交往，而不肯和其他同伴交往，这种过于挑剔的交往倾向实际上就是回避交往的困难与矛盾。对于这种孩子更要有意识地引导、鼓励，设法使其体验到交往中解决矛盾的成功与满足感，从而乐于和各种人交往。

3. 培养孩子乐观、自信的品质

一个人能否征服自己，超越自我，取得成功，其人生态度起关键作用。积极的人生态度虽不能确保事事成功，但消极的情绪则必败无疑。爱因斯坦曾说："从我自己的经验得知，最杰出的创造肯定不是一个人不愉快时做出的。"著名心理学家阿尔伯特·班杜拉也曾说："一个人的能力深受自信的影响，能力并不是固定资产，能发挥到何种程度有极大的弹性。"可见，高度乐观与自信将带人走向成功。

乐观、自信产生于孩子每天的进步和成就感中，应从日常生活的点点滴滴做起。

相信孩子的能力并给予锻炼的机会。虽然孩子还小，但孩子有尝试的愿望，要不厌其烦地给孩子机会，并允许孩子失败。让孩子的自信心建立在扎扎实实的能力之上，不要替孩子做任何他自己可以做的事。正如儿童教育家陈鹤琴说："凡是儿童自己能做的，应当让他自己做，凡是儿童能想的，应当让他自己想。"

经常鼓励孩子，让孩子在学习中有成就感。成就感是激励人们行为的一个动力。如果一个孩子在学习中经常获得成功，自尊心得到满足，就会有较强的自信心，他会对学习更有兴趣更有自信心，逐渐形成良性循环，从而不断进步。因此，培养孩子对学习的兴趣，家长的鼓励和积极、肯定的评价就显得尤为重要。心理学研究表明，如果缺乏激励，一个人自身的潜力只能发挥20%～30%，而正确又充分的激励，则能使人发挥自身潜能的80%～90%。但有的家长觉得自己的孩子在学习中没什么可表扬的，实际上并不是孩子真的一无是处，而是家长比较的角度不正确和对孩子期望、要求过高。在评价孩子时免不了比较，但比较有横向比较和纵向比较。横向比较是把自己的孩子和别的孩子比，而纵向比较则是拿孩子的现在和过去比。家长在比较时，往往较多地进行横向比较，特别是总爱把孩子的不足与别的孩子的长处比，这样比较的结果不仅无法使家长了解、发现孩子身上的长处，而且损伤了孩子的自尊心、自信心，使孩子变得自卑。如果多进行纵向比较，结果则不同，家长可以及时看到孩子的进步，对教育孩子充满信心，而孩子从家长的鼓励中体味到进步、成功的乐趣，对自己充满信心，学习兴趣会越来越浓。因此，家庭教育中提倡纵向比较。对年幼的儿童来讲，自我意识正在形成当中，长期的失败感使孩子失去学习兴趣，无法体验学习的快乐，来自家长长期的消极评价，使其易形成消极的自我意识——自卑，自己再努力也没用。一旦形成消极的自我意识，那么他就可能开始用低标准要求自己，甚至自暴自弃。消极的自我意识不仅影响到孩子早期的发展，而且对其一生的发展都会产生不良影响。当然，也不是要求家长一味迁就孩子，对孩子低要求或无所要求，这样同样不利于孩子的进步。总之，只要对孩子要求适度——既高于孩子现有的水平，但经过孩子的努力又能达到的要求——才能使孩子在原有基础上不断发展。经常以发展的眼光看待孩子，既要了解现有水平，更要关注其发展的速度、特点和倾向等。

除此之外，培养孩子自信乐观的品质，还应允许孩子犯错误。犯错误是很好的学习机会，但许多父母在孩子犯错误时，总是大加训斥，这种做法的出发点是让孩子改正错误，或害怕孩子再犯同样的错误，但结果呢？如果父母处理得当，可以将犯错误转变为极好的学习机会，当孩子失败时，非常重要的是要把事情本身和孩子分开，在指出错误，提出改正建议时，不伤害孩子的自尊心，使孩子有勇气犯错误，也有勇气承认错误，更有勇气改正错误。冰心老人曾说："淘气的男孩是好的，淘气的女孩是巧的。"她还奉劝每一位家长："千万别将淘气当作不听话而严加压制，要知道淘气是孩子的年龄特征，等到不淘气就不是孩子了。"因此家长要允许孩子犯错误，并要宽容对待。

应让孩子以自己的速度发展，即在自己原有水平上提高，不要成为别人的复制品。

此外，让孩子发现自己在家庭、集体中的作用和价值，也是培养孩子自信乐观品质的重要途径。给孩子机会让他自己选择，决定自己的事情，及早让孩子参与到家庭事务中，参与家庭事务的决定，做力所能及的家务，帮助他人，等等。

4. 培养孩子对挫折的承受能力

如果家长一味呵护孩子，对他们过度保护，总是尽力为孩子铺设顺利的道路，使他们在成长的道路上一帆风顺，生怕受一点点委屈，而且把这当作是为人父母义不容辞的责任，那么孩子心理就会变得过分脆弱，长大以后无疑难以承受社会环境给予的各种压力。一个人承受挫折的能力差，他就会拙于应付随之而来的消极情绪。消极的情绪妨碍他的行动和努力，使他更容易遭受失败或挫折，进一步的失败挫折反过来又会加重他的消极情绪，形成恶性循环。可见，回避挫折反而更容易使孩子遭受挫折，远离成功。

那么，如何培养孩子的抗挫折能力呢？中国学前教育研究会副会长方明认为在生活中可以从五个"一点点"做起。

（1）帮忙解决一点点难题。在日常生活中，家长可设置一些难题，引导孩子去解决，培养他们克服困难、解决问题的能力。例如，家里很乱，请孩子帮忙收拾；妈妈买东西太多，拎不动了，让孩子帮忙。

（2）体验一点点劳累。在家庭生活中，要安排孩子做一些力所能及的家务劳动，不要怕孩子累着。这可以培养孩子作为家庭成员应有的责任意识，锻炼孩子的生活能力。

（3）适当受一点点批评。有些家长总怕孩子受委屈，不许说孩子的不是，造成孩子受不得一点批评。其实孩子错了，受一点点批评也很正常，虽然当时孩子心里会不好受，但这种心理承受能力是必要的。

（4）忍受一点点饥饿。对那些有挑食、偏食、厌食习惯的孩子，饿他们一两顿，让他们体验一下饥饿的滋味，他们就知道饭菜的香甜了，怕孩子饿着，惯着孩子，只能加剧孩子的不良饮食习惯。

（5）经受一点点失败。有些父母不愿意看到孩子失败，不论是游戏还是比赛活动等，总是想尽办法让孩子胜利。这样做对孩子的成长没有一点好处。其实，有时让孩子体验一下失败的滋味未尝不是好事，家长可以借机培养孩子克服困难的勇气。

年幼的孩子需要从和父母的交往中，在家庭这个人生第一所学校里习得符合社会规范的行为和准则，这样他走出家门，就容易适应集体生活、社会生活。在失败和困境中走出来的感觉和经验，要比家长制造的胜利有意义得多，它使孩子学会"输得起"，并体验了由失败到获得成功的乐趣和自信。

5. 培养幼儿的好奇心

好奇心是幼儿期突出的心理特征，随着幼儿的不断成长，好奇心会逐渐变成求知欲。例如，幼儿看到新奇的物品，遇到新的场景时，会目不转睛地注视，情不自禁地伸手触摸或玩弄，还不断地向成人发问：小中班的儿童问"这是什么""那是什么"，大班儿童不同，他们不只问"是什么"，还要问"为什么"，问题的范围也很广，天文地理，无所不有，希望成人给予回答。好奇心是学前儿童学科学的内部动力，被人称为"学科学序曲"。只有当儿童对事物表现出浓厚的好奇心时，他才能有进一步探究的欲望，从而获得相关的经验与知识。因此，做父母的应当支持并发展学前儿童的好奇心，把它作为科学教育的重要目标之一。那么应怎样做呢？

首先，耐心倾听孩子的问题，对于孩子好奇心的表现予以支持。父母若厌烦孩子的问题或他们的好奇行为，采取不理睬或冷言相加的态度，会给孩子心灵带来极大的伤害。这将会使儿童对周围事物失去兴趣与好奇心，不利于孩子的成长。因此，当发现孩子对周围事物产生了好奇心，出现注意或摆弄某一物体，观察某一现象时，应当及时关注，当孩子发现什么向你报告或提出疑问时，父母要耐心倾听，并表现出兴趣，以示鼓励，刺激孩子的探索精神。

其次，父母要以自己的态度与行动引导孩子的好奇心。父母是孩子的启蒙老师和模仿对象，父母对周围世界的关心和主动态度可极大地感染孩子，促使孩子好奇心的产生与发展。例如，在家种花，让孩子发现植物生长的一些规律；喂养小动物，使孩子了解动物的某些习性；带孩子到大自然中开阔视野、丰富知识，有条件的带孩子参观动物园、植物园、博物馆等。孩子通过这些活动，不但能进一步增强好奇心，而且还能培养良好的意志品质和追求精神。

总而言之，在孩子的成长过程中，情商比智商更为重要。有人说：情商是"1"，智商是后边的"0"，没有情商，智商再高又能怎样？因此，要使孩子快乐、幸福和成功，家长一定要在情商培养上倾注心血，通过言传身教，成为孩子的情感教练。一句话，在幼儿阶段进行正规、系统的情商教育十分必要，这是人生成功的基石。

最后，我想给大家介绍一下高情商和低情商幼儿的各自特点，以便家长朋友们了解自己的孩子。

情商高的孩子具有以下特点。

（1）自信心强；

（2）好奇心强；

（3）自制力强；

（4）人际关系良好；

（5）具有良好的情绪；

（6）同情心强。

情商不是很高的幼儿有以下表现。

（1）性情孤僻、不合群、不愿与人相处，脱离集体，不与别的小朋友一起玩；

（2）自私、霸道、冷漠，以自我为中心，不懂得尊重别人；

（3）莽撞、攻击性强，随便打人、骂人、说脏话，不懂得爱护小朋友；

（4）情感淡漠，没有同情心，不懂得帮助别人，责任心差；

（5）注意力不集中，活动中乱跑乱闹，爱发脾气，自控能力极差；

（6）缺乏自信，悄悄观察别人，不敢放手做事情，如画画的同时不停地涂抹，并用手遮掩，等等。

# 模块三　学前儿童家庭教育的方法

家庭教育的方法是家长在对孩子进行教育时所选择和运用的策略及措施，直接关系到家庭教育的效果，法国教育家爱尔维修认为"即使是普通的孩子，只要教育得法，也会成为不平凡的人"。家庭教育的方法体系主要由环境熏陶法、兴趣诱导法、暗示提醒法、活动探索法、榜样示范法组成，父母要创造性地加以综合使用。

## 一、环境熏陶法

环境熏陶法是指在家庭教育中，家长有意识地创设一个和谐的家庭生活环境，在日常生活中对孩子产生影响，以培养孩子良好的道德品质的一种方法。家庭生活包括物质生活和精神生活。家庭的物质生活指物质生活条件、物质生活的安排，如家庭经济收入的安排、使用，家庭陈设的布置，家庭环境的创设，等等。家庭的精神生活指家庭成员的思想品德、行为规范，家庭成员之间的关系，兴趣、爱好和追求，等等。家庭生活时时刻刻都在对儿童发挥着作用，加上儿童有较强的可塑性，家庭生活对其生活习惯、思想品德、道德情操、行为规范等方面影响极为深刻，会打上深深的烙印。利用家庭生活进行教育的方法看起来是无意识的，但更易于为儿童所接受，教育的效果也更为深刻和明显。

许多教育家都很重视这种方法在孩子成长中的作用。朱庆澜先生把家庭的生活环境比喻为"家庭的气象"，认为"家庭的气象教育"十分重要，他指出，"气象就是这个样子，家里是个什么样子，小孩子一定变成那个样子。家庭气象，好比立个木头，小孩子好比木头的影子，木是直的，影子一定直，木是弯的，影子一定曲"，他强调全家人要形成一个"好样子"，让小孩子学好。陈鹤琴先生也指出，"小孩子生来大概都是好的。到了后来，或者是好，或者变坏，这是环境的关系。环境好，小孩子就容易变好，环境坏，小孩子就容易变坏"，他要求父母给孩子提供良好的环境，把孩子培养成才。马卡连柯也说："教育的过程本身是一个不断的过程，它的各个细节由家庭的风气来解决，而家庭风气不是想出来的，也不能用人工来保持。亲爱的父母们，家庭风气是由你们自己的生活和你们自己的操行创造出来的。如果你们生活上的一般作风不好，即使最正确、最合理，并且是精心研究出来的教育方法，也将是没有用的。相反的，只有正当的家风，才能给你们提供对待孩子的正确方法，特别是提供劳动、纪律、游戏和权威的正确方式。"

家长在使用环境熏陶法时，应注意以下事项。

### （一）为儿童创设一个良好的物质生活空间

随着人们生活水平的提高和居住条件的改善，越来越多的家庭有可能为幼儿提供一个小天地,为他们创造一个温馨美好的物质环境。

首先,家长可以为儿童创设一个适合儿童特点的生活空间。从房间的布局、家具的设计、摆设的陈列,到色彩的搭配等必须充分考虑和体现儿童的年龄特点、性别、性格和爱好等。其次,可以鼓励孩子参与环境的创设。儿童可以在布置自己房间的过程中充分表现自己的思想和性格,发挥自己的想象力和创造力,可以在参与过程中体验到父母的尊重与承认,可以在创造过程中培养对家庭的热爱和对美好生活的追求。因此,尽管儿童的生活空间是以物质为基础的,而创造这个空间的过程却充满亲情,是他们精神生活的重要组成部分。最后,可以充分发挥物质生活空间的作用。儿童天生好奇、好动,家长应允许孩子对家庭物件看、摸、摆弄,让其获得对事物更具体、更清晰的认识。

### (二)为儿童创造良好的家庭精神环境

1. 采取合理的教养方式和态度

在家庭生活的各种因素中,父母的教养态度极其重要。例如,国外教育家多萝茜·洛·诺尔特说:

"如果一个孩子生活在批评之中,他就学会了谴责;

如果一个孩子生活在敌意之中,他就学会了争斗;

如果一个孩子生活在恐惧之中,他就学会了忧虑;

如果一个孩子生活在怜悯之中,他就学会了自责;

如果一个孩子生活在讽刺之中,他就学会了害羞;

如果一个孩子生活在妒忌之中,他就学会了妒忌;

如果一个孩子生活在耻辱之中,他就学会了负罪感;

如果一个孩子生活在鼓励之中,他就学会了自信;

如果一个孩子生活在忍耐之中,他就学会了耐心;

如果一个孩子生活在表扬之中,他就学会了感激;

如果一个孩子生活在接受之中,他就学会了爱;

如果一个孩子生活在认可之中,他就学会了自爱;

如果一个孩子生活在承认之中,他就学会了要有一个目标;

如果一个孩子生活在分享之中,他就学会了慷慨;

如果一个孩子生活在诚实和正直之中,他就学会了什么是真理和公正;

如果一个孩子生活在安全之中,他就学会了相信自己和周围的人;

如果一个孩子生活在友爱之中,他就会觉得这世界是个好地方;

如果一个孩子生活在真诚之中,他就会头脑平静地生活。"

2. 建立融洽的家庭关系

家庭成员之间要构建和谐的人际关系,尤其是父母之间要相敬如宾,相亲相爱,形成教育孩子的最重要的精神力量。联合国《儿童权利公约》指出:"为了充分而和谐地发展个性，应让儿童在家庭环境里，在幸福、亲爱和谅解的气氛中成长。"

孩子正处于情感发展的关键时期，有着强烈的情感需要。家庭成员间和睦相处、互相尊重的和谐气氛是儿童形成利他行为、良好性格的基础。家庭成员间的相亲相爱，充满亲情、关怀和爱心的家庭气氛，会让孩子们体会到幸福和温暖，产生快乐、满足的情绪，这有利于形成开朗、自信、合作的性格。相反，假如幼儿处在一个充满争吵、紧张的家庭氛围中，极易使他们产生焦虑、不安、恐惧的情绪，性格容易怯弱、自卑、封闭，这样让孩子背负着沉重的精神负担成长，必然影响他们的心理健康。因此，为了使孩子的身心健康成长，父母要相敬如宾，用恩爱的感情影响孩子，给孩子营造出良好的身心发展的空间。

例如，美国一些研究人员于1999年对1021名1~3岁发育迟缓的儿童进行家庭情况分析以后，发现有一半以上（621名）患儿在哺乳期内，父母争吵闹离婚，母亲情绪不佳，身体经常分泌出有害物质，并通过乳汁进入婴儿体内，使婴儿各个脏器、神经等系统都受到不同程度的毒害，免疫功能下降，致使发育迟缓落后。

## 二、兴趣诱导法

兴趣诱导法指的是在家庭教育中，家长要通过各种机会了解孩子的特点，发现孩子的需要，捕捉孩子的兴趣，因势利导，使孩子的个性得到生动活泼发展的一种方法。

兴趣是人们探究事物带有积极情感色彩的认识倾向。爱因斯坦说："兴趣是最好的老师。"幼儿由于受心理发展过程中表现出的心理及行为的无意性、情绪情感的不稳定性特点的制约，他们的认识活动更多地依赖于自身对事物的兴趣，而且年龄越小，越需要依靠直接兴趣来激发学习的动机。

家长在使用兴趣诱导法时，要注意如下事项。

### （一）了解孩子的兴趣点

孩子天生好奇、好动，对自己的身体和周围的世界都充满了惊奇和兴奋，但儿童的行为很难持久，家长该如何把握孩子的兴趣所在呢？

最简单易行的方法就是对孩子的日常生活进行深入的观察，一般可以从以下几方面入手：一是主动性，在没有家长或其他人的要求、督促下，孩子能否经常积极主动地从事某一方面的活动，具有自发的积极主动性；二是伴有愉快的情绪体验，孩子是否经常带着愉快、高兴的心情去从事自己所感兴趣的事情；三是坚持性，孩子能否坚持较长的时间，集中注意观察或从事自己所喜爱的活动。如果看到孩子经常主动、愉快并长时间地从事某一活动，家长就可以确定孩子对该方面有比较浓厚的兴趣。

家长也可以多和孩子一起活动，用心观察，就能发现孩子的兴趣点。例如，通过玩亲子游戏，父母就能了解到孩子喜欢的是体育游戏还是结构游戏；通过和孩子进行艺术活动，父母就能知晓孩子是否喜欢画画和唱歌，是更喜欢画画还是更喜欢唱歌等。

### （二）积极支持引导孩子的探究活动

幼儿思维的直觉行动性和具体形象性特点，使孩子的求知兴趣往往与具体的探索活动结合在一起，家长应积极支持幼儿具体的探索活动，并引导孩子的兴趣稳定、深入、广泛地发展。

首先，家长应理解支持幼儿的探索活动。例如，爱迪生小时候看见一只老母鸡在鸡蛋上卧着一动不动，就跑去问妈妈。妈妈说："母鸡在用自己的身子给鸡蛋保温，好孵出小鸡。"当天下午，爱迪生不见了，人们找了很久，才发现他正在草堆上蹲着学母鸡孵小鸡呢！面对蹲了一屁股蛋黄的爱迪生，他妈妈并没有对其横加指责和嘲笑，而是宽容地问他实验的结果怎样。

其次，家长应适当地引导幼儿的探索活动。家长可以为孩子配置一些相关的书籍，读给孩子听，或引导他们自己读，以丰富孩子的知识经验；可以经常给孩子的探究活动提一些问题，通过问题引导儿童进行更有目的的探究活动；当孩子提出问题后，应尽量避免把答案直接告诉孩子，要想办法引导孩子思索；不仅要在家庭内部，而且还要在家庭外部，如海滩、森林、球场、公园等处，鼓励孩子运用自己的感官进行探究活动。

广西女孩王亚妮在参观动物园时对猴子特别好奇，这一细微情况被父亲发现了，就给她拍了几张猴子的照片。她喜爱这些照片，开始照着照片画猴。但细心的父亲发现，亚妮画猴只画出外形，而抓不住猴子的神态特征，于是几乎每星期都带她到动物园看猴子，依情画画。这样的反复练习，使她画的猴子越来越神气活现。为了使女儿把猴子画得更传神，亚妮的父亲买来一只活猴，让她整天跟猴子在一起，仔细观察猴子的动作，还给她讲许多关于猴子的故事。小亚妮画猴的水平不断提高，形成了"童话真情"的独特艺术风格。她的几千幅画，颇有童趣，技法娴熟，在上海、常州、扬州都展出过，她成了小画家。

### （三）激发孩子的欲望

孩子的兴趣不稳定，会随着环境的变化而变化，家长给孩子提供新异刺激，能引起孩子的探究心理，拓宽孩子的兴趣面。

例如，举世闻名的"铃木教育法"之所以能训练出30多万名杰出的"铃木儿童"，其中不少人成了世界各地的音乐大学教授、著名乐团指挥和第一小提琴手，其主要原因就在于铃木镇一先生非常重视兴趣在孩子学习中的作用，注意慢慢引起孩子的学习兴趣，再给予孩子发展的契机，使孩子的兴趣之火花越烧越旺，无法熄灭。铃木镇一认为，两三岁的孩子起初对拉小提琴并不一定感兴趣，为了使孩子爱拉小提琴，妈妈首先不要强迫孩子去拉小提琴，而要让孩子接触小提琴，然后妈妈自己在家里拉小提琴，孩子可能会边抢妈妈手中的小提琴边央求妈妈"让我也拉拉嘛"，妈妈就问孩子："你也想学拉小提琴吗？"当孩子说"我也想拉"时，妈妈再问他："你是真的想拉吗？"直至孩子说"是真的想拉"时，妈妈才带他到教师那里去学习；到了教室里以后，虽然孩子想马上就拉小提琴，但是妈妈却不让他拉，而是让他"先到那边去玩玩"，这样，孩子就一边玩一边听，看大家的演奏；等到孩子把要学的曲子全部记在脑子里了，想把它表现出来的愿望逐渐强烈的时候，妈妈才给他选择适当的小提琴，让他学拉。

铃木镇一强调，家长循循善诱，创造条件激发孩子的学习热情，并耐心等待孩子涌现出自发的跃跃欲试的强烈愿望以后，再进行教育的做法是值得希望孩子有一技之长的家长们学习借鉴的。

### （四）趣味盎然地教

要使孩子对学习产生兴趣，取得预期的效果，家长就要饶有兴趣地去施教。现在几乎所有的进步教育家都强调早期学习有必要重新引入充满娱乐的愉悦式教学。

例如，学琴的第一步就是要让手指的第一关节在键盘上站立起来。并要反反复复地弹一个个单音，这样，每弹一会儿之后，儿童就会感到枯燥无味。于是有的家长就以做游戏的形式说"这个音是弹给小白兔听的，那个音是给羚羊听的"。因为这些都是孩子最喜欢的动物，这样儿童弹奏时就又有了劲头。当孩子再次倦怠时，家长又形象地装成孙悟空的样子说："俺老孙也想听听钢琴演奏呢！"于是又惹得孩子一阵欢愉。这样反反复复，单调枯燥的练习便在不知不觉的游戏中完成了。

## 三、暗示提醒法

暗示提醒法是用间接而含蓄的方式对孩子的心理施加影响并能迅速产生效用的教育过程。言语、表情、手势等均可成为暗示的信号。希望孩子做什么，如何去做，或是为防止孩子出现某种错误、过失，家长根据需要给孩子一个"信号"，使孩子能迅速觉察，心领神会，并按照家长的意图去行事，这种教育方法就是暗示提醒法。

运用这种教育方法，充分体现了教育者对受教育者的了解、信任和尊重，利用调动、发挥受教育者的主动性、积极性和自觉性，进一步密切教育者和受教育者之间的关系。

家长在运用暗示提醒法时，需注意以下两个方面。

### （一）多与孩子沟通

暗示提醒法的使用是有条件的，即暗示者和被暗示者之间关系比较亲密，相互熟悉，在长期的共同生活和接触过程中，形成了双方都很熟悉的传递信息的行为模式。彼此能对对方发出的某种"信号"迅速觉察，心领神会。所以，在家庭教育的过程中，父母要增加与孩子沟通的机会，使双方能够理解对方的心态，看懂对方的动作、手势、表情、眼神所暗藏的含意，明白对方的话外之音。

例如，低龄幼儿一般不懂得察言观色，家长在与孩子交流的时候，可以提醒孩子，说："你看妈妈现在是什么表情？我现在很生气！"也可以边做手势边说："这样不行！"经常这样，以后即使没有言语，幼儿也可以通过父母的表情和手势读懂含意了。

### （二）多种方式暗示

暗示提醒法可以分为多种不同的类别：暗示主要分直接暗示、间接暗示、反暗示和自我暗示四种类型。不同的暗示类型，施授的方式不同，适应的场合和对象也不同。

直接暗示是把家长的意图直接提供给子女。

例如，家长用手势、动作、眼神、表情等方式暗示孩子给客人倒茶；看到孩子不对的行为，家长露出不高兴的表情，引起孩子努力改进的欲望；等等。

间接暗示是借助于人的行为或其他的媒介，将家长对子女的要求、期望，间接地传递给子女，使子女迅速而无意识地加以接受。

例如，为了帮助孩子改正挑食的坏毛病，爸爸、妈妈不仅要津津有味地进餐，而且还可邀请孩子的朋友来家与孩子同吃，并表扬孩子的朋友。此外，还可以通过讨论孩子喜欢的动画片或故事里的角色，向子女传达自己的期望。

反暗示是利用外界刺激物的暗示引起相反的反应的一种暗示。就是说，家长利用孩子争强好胜的心理特点，有意从反面提出意图和对子女的要求、期望，从而激起孩子按照家长的意图、要求和期望行事的愿望。这种暗示方式就是常说的"激将法"。

例如，带孩子到乡村踏青时，要鼓励孩子自己走，而不要父母抱着和背着。当孩子走累了，父亲可与母亲交换一下眼色，故意对孩子说："我知道，走不了多远，你就会觉得又累又苦的，到乡下来一点意思也没有。"随即母亲也附和道："是的，不一会儿，你就要投降了，就会提出要爸爸背着走的，不信，咱们走着瞧。"孩子听了这话，还真下了自己非走不可的决心。

暗示法作用的大小和好坏，不仅受到暗示者本人的地位和威信等因素的制约，而且还受到被暗示者的年龄特征和个性特点等因素的制约。因此，在家庭教育的过程中，父母要综合使用，以获得最佳的教育效果。

例如，三岁的小羽不喜欢吃青菜，她妈妈留了小羽五岁的表哥一起吃午饭，饭桌上妈妈给表哥夹了青菜，说："多吃点青菜！""我喜欢吃青菜！"表哥边说边吃。"好！喜欢吃青菜的孩子是好孩子！"然后，妈妈又对小羽说："小羽，你要吃青菜吗？你好像不会吃青菜，我给你夹点别的吧？"小羽会说："我要吃青菜。"在这个教育孩子的过程中，就综合运用了间接暗示、直接暗示和反暗示几种方法。

除此之外，为使暗示的教育方法收到更好的效果，最好和说服教育结合起来运用。一般情况下，暗示只是要解决做什么、怎么做的问题，不能解决为什么要这样或那样做。结合说服教育进行暗示，摆事实讲道理，使孩子懂得为什么要这样做或那样做的道理，就可以进一步巩固暗示的效果。

### 四、活动探索法

活动探索法指的是在家庭教育中，家长让孩子通过丰富多彩的活动，尝试探索，经受磨难，掌握多种技能，培养顽强意志的一种方法。

"幼儿借助活动学习。他借助爬行的活动学习爬行，借助走路的活动学习走路，借助说话而学习说话。"美国哈佛大学一项历时50年的研究表明，童年时代的活动与其成年后的情况有着十分密切的关系，如适量的劳动可使孩子感到快乐，因为劳动不仅使孩子的身体得到了锻炼，而且还能使孩子意识到自己的社会价值。"儿童有权享有休息和闲暇，从事与儿童年龄相宜的游戏和娱乐活动，以及自由参加文化生活和艺术活动。"因此，家长要给孩子提供进行多种多样活动的机会，以保障儿童的各种权利。

家长在运用这种方法时，需注意以下几个方面的问题。

### （一）家长要适当进行挫折教育

儿童要学会某种技能，要养成某种习惯和品质，吃苦头、受磨难是难免的。家长应对孩子进行适当的挫折教育。小孩子学习走路都还得摔跟头，但从一次次摔跟头中孩子学会了走路。有些家长心疼孩子，孩子刚叫苦喊累，家长就做出让步，半途而废，这不仅不能使孩子学到什么技能，反而会使孩子养成怕苦怕累，做事虎头蛇尾的毛病。孩子小时候，家长舍不得让他们吃一点点苦，受一点点磨难，应该学会的技能不会，应该具备的能力不具备，等孩子长大离开父母独立生活时会吃更大的苦头，会受更大的磨难。

例如，孩子学走路，刚摔了一个跟头，家长就心疼得不得了，把孩子抱在怀里，再也不让孩子下地走路，那会影响孩子尽早学走路。孩子上学了，自己动手洗洗手帕、领巾、袜子，一喊累，家长就接过来替他们洗，不利于培养他们生活自理的能力。

### （二）家长要相信并鼓励孩子

家长要相信孩子。孩子刚开始参加活动，由于缺乏实践经验和能力，难免出现这样或那样的失误。家长应该正确对待，不可能指望孩子学什么会什么，做什么就做得很好，实践了就成功。任何技能的掌握，都要经过由不会到会，由不熟练到熟练的过程。成年人尚且如此，幼儿更是如此。当孩子在活动中出现失误，甚至造成损失时，家长不要过多责怪，应当帮助他们分析失误的原因，从中总结经验教训。

家长应鼓励孩子。幼儿刚开始探索世界时，还未充分地认识到自身的能力，且缺乏毅力，意志不够坚强，受到挫折时往往愿意回到父母身边寻找安全。因此，父母要鼓励他们勇于活动。这对培养孩子形成坚韧不拔、不怕挫折的精神，是很有好处的。

例如，家长在幼儿练习走路之初，应该先拉着幼儿的手；接着，站在旁边，让幼儿扶着栏杆走；然后，让幼儿在空地上，离父母几步之遥的地方独立练习行走。在这个过程中，父母对幼儿的支持是慢慢地由动作的帮助到精神的鼓励，尽管在这个过程中，幼儿会失败，但父母应相信幼儿，因为摔倒是学走路的必然过程，健康的幼儿都具有走路的能力。

## （三）开展符合幼儿特征的活动

从孩子的实际能力出发，实践的内容和任务不要过难，当然也不要过易。过难，容易使孩子产生畏难情绪；过易，又不能引起孩子的兴趣。实际锻炼的难易程度应当是经过孩子的努力可以胜任的。活动应当由易到难，由简单到复杂，量力而行，循序渐进，逐步提高要求，不能操之过急。符合幼儿特征的活动有以下几个。

第一，体育活动。父母每天都要让孩子参加适合其年龄特征和生理发展水平的体育活动，鼓励孩子在安全的环境中自由探究，保证孩子获得所需要的活动，促进身体的发育和心理的发展。

例如，当孩子能行走或奔跑时，父母要启发孩子"像直升机的旋翼一样旋转：伸开手臂保持平衡→尽快旋转，站立→闭眼，别动→再反方向旋转"，依次循环往复，这样既能提高孩子的协调运动能力，又能增强孩子的学习能力。

第二，游戏活动。家长要为孩子开辟游戏的空间，给孩子提供游戏的材料，保证孩子游戏时间，使孩子能按照自己的意愿进行各种活动。

例如，在和孩子玩开"银行"的游戏时，家长先让孩子挑选角色——是扮演"保安""工作人员"，还是"储户"，然后自己再扮演其余的角色，服从孩子对自己的安排，根据孩子的意图进行游戏。

第三，劳动活动。因为当今独生子女十分普遍，父母过分庇护孩子，虽然幼儿大多非常愿意帮助家长做力所能及的事，但目前幼儿普遍缺乏自理能力和克服困难的精神。家长要重视家庭劳动，利用日常生活对孩子进行教育。

例如，购物时，让孩子挑选自己需要的东西，并拿钱给他让其到柜台付款；家里大扫除时，可以让他自己擦玩具和生活用具；吃饭时，让他负责递碗；等等。

第四，探索活动。孩子喜欢冒险和探索，在成功与失败的大量尝试中，积累了丰富的经验，自信心、进取心慢慢都会得到增强。

例如，可以允许孩子独自玩危险系数很小的蹦蹦床。

## 五、榜样示范法

榜样示范法是指在家庭教育中，家长以自己和别人的好思想、好言语、好行为，形象生动地影响孩子的一种方法。

儿童的思维是具体形象思维，也就是说形象对他们有巨大的吸引力、感染力和说服力，易于为他们所理解和模仿，孩子的年龄越小，榜样的感染力越大，而且，儿童的天性爱模仿。自古以来，许多国家都提倡榜样示范，言传身教。我国古代教育家孔子认为："其身正，不令而行；其身不正，虽令不从。"苏联教育家马卡连柯指出："父母对自己的要求，父母对自己家庭的尊敬，父母对自己一举一动的检点，这是首要的和最基本的教育方法。"以身作则，身教重于言教，既是家庭教育的优良传统，又是家庭教育的重要方法，对于思维发展处在具体形象阶段的年幼孩子来讲，这一方法则更为重要。

家长在运用这种方法时,应注意如下几个事项。

(一)父母自身树立榜样

父母是最重要的榜样。孩子来到人间以后,最早接触的对象就是父母,父母是孩子最直接、最经常的模仿对象。亲自给子女树立榜样,是一种重要的教育手段。父母要发挥自身榜样的示范作用,就应严格要求自己,希望孩子做到的,自己首先要做到。

例如,在美国迈阿密市1997年1月8日早晨上班高峰期,一辆装甲运钞车不慎从立交桥上翻落,行人、居民、乘客蜂拥而上争抢美钞,55万美元一抢而空。次日警方宣布一道特别令,要求捡钱的人将所拾美钞如数归还,否则将以偷窃罪论处。只有两人前来交还20.38美元。其中一位有6个子女的母亲交出一把硬币,共计19.53美元。她在一家百货公司上班,工资每小时仅5美元。但她却说:"我有孩子,我要为他们树立一个榜样!"

(二)借助文学作品或卡通榜样

许多优秀的儿童文学作品、动画片等都蕴藏着教育孩子的巨大资源,家长应适时加以开发,利用正面典型形象,感化孩子的思想,引导孩子的行为。

例如,有个孩子怕高,妈妈说:"飞机飞得比这高多了,奥特曼也不害怕,还在上面打怪物呢!"当小孩子不爱洗手时,妈妈说:"蜡笔小新回到家第一件事就是洗手。"

(三)利用孩子同伴榜样的力量

利用孩子同伴做榜样是最有效的方法。孩子与伙伴的年龄、经历、特点、兴趣等都较为相似,同伴的榜样对孩子有较强的吸引力和感染力,易于为孩子接受和模仿,家长如能正确加以利用,定能达到事半功倍的效果,反之,则事与愿违。

例如,女儿不想自己穿衣服,妈妈可以说:"上次我碰见老师,老师说,她可喜欢妞妞(女儿的同学)了,因为妞妞早就会自己穿衣服了,而且穿得很快,她还问我你会不会呢。"

# 第四单元　不同年龄阶段及特殊类型孩子的家庭教育

**学习目标**

- 了解婴儿期的教育方法。
- 掌握幼儿期的教育建议。
- 了解独生女子的家庭教育。

## 模块一　婴儿期的家庭教育

0～1岁婴儿（如图4-1所示）家庭教育方法如下。

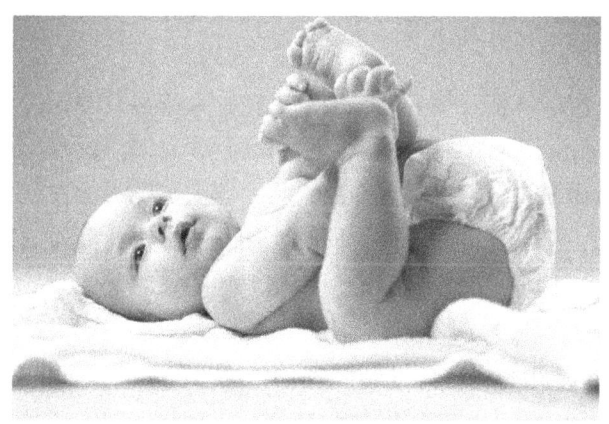

图4-1　婴儿

（一）第一个月

在婴儿出生前将自己调整为为人父母的态度：坚定地使自己具备耐心和持久的关爱态度，无论婴儿怎样，你必须得调整自己，在促使婴儿按照良好的习惯发展时，若不随你意，事情要照规矩做，但态度却不能变，这样婴儿才不至于因受到你的态度的伤害而出现心理问题。

学会细致入微地观察婴儿：通过婴儿的各种反应，发现婴儿的需求，婴儿保持灵敏的感觉是教育的第一步，所以家长要学会判断婴儿的反应，饿了才给吃的，渴了才给水喝，湿了才换尿布，这样婴儿的知觉才能更好地发展。

婴儿环境布置：愉快是健康的关键，首先把婴儿周围的环境布置好，使气氛愉快而温馨，不论婴儿往哪个方向看都有可看的东西。

0~3天：①婴儿睡觉时，在洁白的床上铺上鸭绒褥，便于婴儿的手足自由活动，不能像包布娃娃那样裹紧。②醒来20分钟后将婴儿双手托起，母亲仰卧双腿并支起与婴儿面对面说话，这是对婴儿的知觉与听觉协调的训练，使婴儿熟悉母亲的声音，找到母亲的脸；也可以让婴儿仰卧，母亲俯视与婴儿进行"对话"。

需要注意的是，主动运动能够促进认知的发展，正常婴儿清醒状态下，四肢自由地活动，头和身体也相应自发地运功，这种动作逐渐开始，持续数分钟慢慢停止，看起来流畅、优美、协调。因此，父母要让婴儿穿着宽松的衣裤，如果室内温度适宜，只带尿片就可以。

3~20天：在婴儿清醒状态下，轻声地唱歌，面对婴儿说话、朗读、微笑。

20~30天：在婴儿清醒的状态下，伸出手指让婴儿抓握，并尽可能牵引婴儿的手左右、上下活动，使婴儿的手指得到最佳锻炼。

（二）第二个月

第一周：每天将婴儿竖起40余秒钟，练习竖头，每天2~3次，逐渐增加时间。

注：婴儿运动是从头向脚的方向发展的，即竖头、坐、站立。

第二周：将婴儿背部贴在母亲胸部，一手托住婴儿的臀部，一手扶住婴儿胸部练习视觉和听觉对号。

第三周：用光滑的木棒让婴儿抓握，往上拉，以练习臂力，为下一步练习做好准备，拉手指和拉木棒交替进行，等抓握反应消失（两个月），臂力已练得能够支撑身体。

第四周：继续做拉力练习，换尿布后，将一侧大腿交叉放在另一侧上方，用手轻轻推动婴儿的背部，使他侧卧一会儿；同时，用玩具在婴儿面前逗引他注视，引起婴儿的兴趣，然后慢慢翻身到俯卧位，顺便做俯卧抬头练习。

（三）第三个月

第一周：①在婴儿的视区内安装能挂物体的木架，上面可以挂上一些有体积、色彩、有规律性变化、能发出不同声响的玩具，每种物体都能使婴儿摸得着，以便在他碰到每个物体时都能发出不同的声音。②脚的活动，在婴儿的小床头挂一块悬空的小木板，木板上挂上小铃铛，使婴儿一踢就响。

第二周：换成其他物体结构，多组合能发出声响的物体，挂到婴儿摸不到的地方，用与上次玩具相同颜色的彩条连接，可以拉到婴儿身边，使婴儿触到彩带，物体便发出声音，同时与婴儿俯卧练习交替进行，每次婴儿俯卧时，妈妈在前面拿着东西边摇摆边喊婴儿的名字。

第三周：在婴儿俯卧时用手推他的脚底，训练他爬行。

注：父母应该让婴儿尽早学会爬，因为，俯卧是最适合婴儿的活动姿势，婴儿爬时，其颈部肌肉发育快，头抬得高，可自由地看周围的东西，受到各种刺激的机会也会增多，这就会大大促使大脑发育，使婴儿变得聪明。

第四周：继续做俯卧练习，抱着婴儿认家里的大件物品，反复重复。在婴儿眼前放上一些东西，立体的、多形状组合，不要离手太近，也不要太远，使婴儿伸伸手就可以够着并拿到，练习抓起物体并设法拿到物体的能力，进一步练习抓握和视觉协调能力。

注：在第三个月仍然要训练婴儿的眼睛与视觉的协调以及听觉的协调，所以，跟婴儿说话要从不同的方向，声音要大一些、特别一些、慢一些。交谈主要要使婴儿能够感觉到母亲的眼神，以便进行情感的交流。使他看到妈妈说话时嘴的动作。当婴儿试图与你交流时，要重复他所发出的声音，使其用听觉熟悉自己发出的音，进而自己重复，成为习得行为。每次交流时间不宜过长，婴儿累了要立刻停止；婴儿若被其他事情吸引，不可强行进行练习，必须在婴儿状态好又暂时没找到其他目标时进行。婴儿只要处在清醒状态，便会一刻不停地寻求机会"发展"自己，成人必须把握准机会，进行很必要的输入。

（四）第四个月

第一周：① 继续做俯卧练习，时间不要太长，仔细观察婴儿，产生不悦状态即可抱起，俯卧时用色彩鲜艳的玩具在前面摇动，引起婴儿的注意，然后向上移动这些玩具，使其抬头。看到婴儿抬头困难时不必心疼，由于肌肉力量不够，向上看时会很困难，但要坚持练习。② 在婴儿坐着时放一些轻松优美的音乐，让婴儿安静听。③ 用造型较以前复杂的玩具在婴儿（仰卧）眼前抖动使其注意。当婴儿注意力集中到玩具上后开始一边抖动一边向水平方向180°、垂直方向90°移动，使婴儿的头和眼睛跟着移动。④ 重复几次，发现婴儿不感兴趣时，便用玩具触碰婴儿的手，待手张开后将玩具放在婴儿手中，这个玩具最好能一摇动就发出响声，使婴儿感知物体的声响与自己的手之间的关系。

第二周：除了重复以前的练习外，增加"藏猫猫"活动。在婴儿状态良好的情况下，先和他逗趣，表情夸张地说话、摇头，让婴儿注意你的脸，然后用他习惯的用具，如小枕头、小毛巾，将脸遮挡起来，然后再露出来。开始时婴儿没有反应，这是在认知，当发现妈妈消失后又出现了，他会惊喜地笑起来，如此反复，每天一次，每次练习5~10分钟。

第三周：① 除了做俯卧和听音乐、指认物品外，继续用能发出声音的玩具在婴儿不同的方向发出声响，让婴儿顺着声音寻找物体，一定要在婴儿看到物体后移动，移动时不要让他看到。② 提供与上周不同的玩具，如一捏就会发出响声的物体。边捏边让婴儿注意，然后放在婴儿手中（先触碰婴儿的手，待手张开后再放在手中）。③ 藏猫猫，让婴儿坐在你前面，拿一个色彩鲜艳的玩具在婴儿面前抖动，待婴儿注意后，在他的视线之中慢慢移动，然后用一块布盖起来。在婴儿目光离开之前，（让他愣一下）将布慢慢从一边拉掉，再抖动玩具，在婴儿视线中向反方向移动。然后再用同样的布盖起来，重复3～4次。之后，将玩具用布盖住后放在婴儿能够着的地方，使玩具露出一半，说"宝宝找呀"，反复数次，直到婴儿反应过来。如果婴儿拿掉了布，马上表现出喜悦，亲吻并表扬他，然后再盖住一半。第二天换别的玩具重复进行。

第四周：① 除了每周的保留性练习外，将第三个月使用过的木架拿出来，拉动彩带，使其发出响声，然后将彩带放在婴儿的两边，或身上各处，使婴儿寻找彩带并拉动。② 将彩带换成别的颜色，玩具也换成别的，然后拉动带子使玩具摇动，并发出声音，然后将带子散放在婴儿身边各处。

要警惕以下情况：① 婴儿的自然活动太少或者太多；② 运动总是突然发生，不是流畅的，而是僵硬的；③ 仰卧时头转向一侧并向后伸展；④ 俯卧时头抬不起来，但臀部撅起；⑤ 目光不追随移动物体；⑥ 3个月时逗他不笑，可能是智力低下、脑瘫的早期症状，尽快就医。

## （五）第五个月

第一周：继续听音乐，做俯卧练习，指认人名和物品，朗读，将婴儿放到桌子上，将玩具放在他的手边，成人在桌面上扫动玩具使玩具落到桌面以下，让婴儿看到你从底下拿上来给他看，然后再放到桌面上。如果婴儿不做，只玩玩具，不必急于去做，等待对象落下去的机会。请不断重复这一过程，使婴儿明白不见了的物体还会出现，以建立永久客体的认识。

第二周：① 除保留性练习外，继续上周内容，不管婴儿把东西从什么地方扔出来，都要再拿回来使物体重复出现在婴儿面前。② 拿一个小红球，在婴儿对面朝他滚去，引起兴趣后，再将别的能滚动的物体不断滚向婴儿，每天一次。

第三周：① 继续以前的固定练习。② 将色彩鲜艳的新玩具摇动后，放在一块能拉动的围巾、布或椅套上，将这些载物的一头放在婴儿面前，在另一头摇动那个玩具，在婴儿注视中，将玩具放在载物上面。在婴儿要求拿到物体时，不要给他或离开他的视线，偷偷观察，每天都这样做，直至婴儿自己拉动布，将物体拿到手里，便赶快鼓励，然后用同一块布换不同的玩具，然后换不同的布，用同一个玩具，重复练习，直到婴儿感兴趣，每天重复两次，不可太多，以免使婴儿感觉厌烦。

第四周：① 继续前面的固定项目。② 将婴儿抱起，站在成人腿上，扶着婴儿两侧腋下，对婴儿说"蹬蹬跳跳"，说蹬蹬时将婴儿放下，说跳跳时将婴儿举起，如此重复，一直到婴儿自己蹬跳，成人帮助用力，每天练习两次左右，每次15分钟。③ 先将婴儿放在镜子前，当婴儿看见自己后，成人再出现，一边指认，一边微笑，每次指完真实的婴儿，再指镜子里的婴儿，同样也指成人。

## （六）第六个月

第一周：① 固定练习中加上上周的蹬跳练习。② 让婴儿仰卧在床上，伸出两个拇指使婴儿抓住然后往上拉，使婴儿坐起来，对婴儿说"坐起来"，然后放下，说"躺下去"。婴儿每次坐起来都鼓励并亲吻他。这个练习是为了增强手的握力和臂力，锻炼腹肌和腰背肌肉，为学坐做准备。在这以前，婴儿的坐起都是由家长的抱或有物的依托，现在的练习是让婴儿自己坐起。婴儿不做这样的努力也不必强求，可以把他拉起来，再放下反复练习，每天两次。要在早晚婴儿清醒时，或情绪好时再做。

第二周：① 继续做前面的固定练习，不同的是在婴儿俯卧时用宽布带（如围巾）等从他的腰部提起，在婴儿的前面放上物体引诱婴儿去拿，最好由两人来做。提物品的那个人要随着婴儿的动作往前运行。如果婴儿原地动腿动脚不往前爬行，可慢慢使他移向物体而不是将物体递到他的手中。这样做是为了让婴儿认识他与物体和空间之间的关系。② 将婴儿抱到名画前用手指点上面的对象给婴儿讲述。③ 在婴儿睡前小声朗读。④ 在婴儿睡醒后清醒的状态下，抱起婴儿，使他背靠在成人的前胸，将图画书放在婴儿腿上，边指边讲。婴儿如果撕书，就给他一张纸让他撕，撕够了再讲。

第三周：① 继续做爬行练习，到婴儿想要去的任何地方，将屋里妨碍婴儿视线和可能碰伤婴儿的家具移走。将地上擦干净或铺上地毯。② 继续讲图画书，每天坚持，讲同一本书同一个故事，每天都讲。③ 继续每天跟婴儿脸对脸交流，让婴儿看你的口形。④ 传递玩具：a. 形成对物体和空间、与人的关系的认识。让婴儿坐在童车上，爸爸、妈妈坐在左右两侧，开始先由一方将玩具递给婴儿，婴儿玩一会儿，妈妈再伸手向婴儿要玩具，观察婴儿能否将玩具传递给妈妈，若不给，妈妈就拿另一个玩具给婴儿以调换他手中的玩具，然后爸爸再向婴儿要，如果婴儿不给，也像妈妈一样做。b. 妈妈将一个玩具放在婴儿的右手中，等他拿着玩一会儿后，妈妈再将另一个玩具放在他的右侧，观察他是否将右手上的玩具递给左手，然后再用右手去拿右侧的玩具，反复玩数次后，婴儿才懂得双方可以互相传递。

注：如果婴儿不懂传递而将手中的玩具丢掉时，妈妈应拾起玩具，仍放在他右手中，要求他将右手的玩具传给左手，然后再让他伸出右手取玩具。

第四周：① 继续上周的传递练习，直到发现婴儿会将物品在两手之间传递。② 将方形硬纸板盒前面上方挖洞系上玩具，后面放上方形棉垫，让婴儿坐在方盒中间，背靠棉垫支持上身，可以自由观望，推动纸盒，在房中游玩。每一个角度都让婴儿停下来观察。③ 用大枕头卷成圆柱形，两端用绳子捆紧，放置在床中间，让婴儿俯身于上，双臂放在枕头前面，成人在婴儿对面向前、向左右移动，逗引婴儿大方向转头观望。④ 继续给婴儿讲上一周讲的同一本书同一个故事。

（七）第七个月

婴儿现在趴着时能用单手支撑体重，能不用依靠地坐一会儿，但时间较短，仰躺时能自然地抬起头。

婴儿会连续翻滚，使自己的身体移动。常为抓取远处的玩具而连续翻滚，从床的一头翻到另一头去取。这是本月出现的特殊能力。

婴儿能坐稳了，视野比平时躺着要开阔许多，也有了更多的自由，双手可以更方便地摆弄玩具。

可以一手拿一个东西，并将两个东西对撞到一起，如拿积木对敲，婴儿对能敲响的东西很感兴趣。婴儿的眼手配合更准确了，能看到白纸上的小豆豆，除了盯住外，还可以伸手去拨弄，甚至用手一把抓住。

婴儿又能认识 1～2 种新的物品，会用目光看或伸手指向东西所在的地方。

一口气能说出几个语音，许多声音依稀可辨；能说 MA-MA、DA-DA，但经常无所指。大人念儿歌念到某一句时做一种动作，这样婴儿便能记住，每次背到这句时会配合大人做出相应的动作。

能用手势表示语言了，如拱手"谢谢"，用手摆几下表示"再见"。开始模仿简单的事情并乐此不疲。

懂得大人用语言和表情对他表示的表扬和批评，看到大人的表情能理解"不许"的意义。

察觉正在玩的玩具不见了，会用尖叫、乱动，甚至大哭来表示反抗。

能记住离开 7～10 天的熟人，如奶奶、外婆，见面时会表示亲热，与见到生人时不同。

### （八）第八个月

能用手和膝爬行，腹部能暂时离床。爬行进一步扩大了婴儿的活动范围。

婴儿坐或爬行时，会自己用手扶着别的物体站起来，用手扶婴儿时也会站立，能两只脚一前一后地站。

婴儿开始能够独立地移动自己的身躯了，表现出敢动的独立性。见什么抓什么，抓什么咬什么，不喜欢大人对他的摆布和控制。

喜欢通过敲打玩具来制造声音，手指更加灵活，已经能够撕纸了，能把一样东西用手指紧紧抓住。

对游戏表现出强烈的兴趣，对玩具十分专注，会用各种方法弄响玩具，使劲捏响，用手压，用手摇，甚至用脚踢。

有意识地模仿语言，并以此为乐；对大人说的"不"有停止活动的反应。

会用点头或伸手表示"要"，用摇头或皱眉表示"不要"，开始能真正表达自己，而不是单纯模仿。手势表示是这个阶段发展最快的活动。

认识了家人称呼，能将玩具交给指定的人，有时会不舍得交给他人。

会看大人脸上的表情，知道大人高兴或者生气，有时还能看懂悲伤的表情；自己也会做各种表情，如挤眼、噘嘴等。

看到亲人会展开双手要抱，表示亲近，首先是向妈妈伸手要抱。

### （九）第九个月

在用手和膝爬行时，腹部能完全离床，爬行技巧更加熟练，学会爬行的婴儿会愈来愈兴致勃勃地四处爬动、探索。

有人扶着时，能用双腿支撑全部体重；能坐十分钟，向前、向侧倾过身体并保持平衡。

婴儿的动作进一步完善，用嘴接触东西的次数渐渐减少，开始能用食指朝前指，能很轻松地向前俯身捡起东西。

会用食指指拿东西。有锻炼机会的婴儿还会拿勺子在杯中搅拌、盛食物，会用手抓食物吃，用拇指和其他手指捡起像豌豆一样的东西。

会用食指指东西，操纵多种按钮开关，想把手指伸进小孔或用手指勾东西。爱推物体，会搭一两块积木。

能按大人的吩咐拿玩具，可以将玩具在盒中放进、取出。能较清晰地发声，靠发声来表达自己的意思和感情；能使用有意义的词语，叫"爸爸""妈妈"之类的称呼。婴儿已经知道大人在谈论自己，会表现出害羞——这是婴儿能理解大人谈话的表现。

婴儿能记住熟悉的曲子和游戏，在适当的时候欢笑并跟着动一动。会伸手让你洗，给他穿衣服会配合着伸双手。

（十）第十个月

会用手和足迅速爬行，比手膝爬行速度更快。

对日常生活程序熟悉起来，如在亲人离开的时候会招手表示再见，要东西时伸手，不要时推开，高兴时拍手。

能清楚地记得教过的简单游戏，如拍肩拍腿的游戏；会到角落找玩具，如果问"爸爸在哪儿"，也会跟着找。

特别喜欢和自己年龄相仿的小孩在一起，喜欢去有婴儿玩耍的地方，而且急于模仿。

会抱娃娃表示爱抚，给娃娃盖被，拍它睡觉。这是婴儿懂得关怀别人、拥有同情心的开始。自己能用双手捧杯子喝水，不用大人扶持。

（十一）第十一个月

婴儿坐着的时候已能随意活动，还会到处爬。当他站着的时候会把腿抬起来。

婴儿开始能用手足爬上被垛、斜坡和矮台阶。

婴儿的手现在越来越能干了：能用手指将纸包拆开，取出里面的饼干、糖果、果丹皮等，能把杯盖准确地放在杯子上。

婴儿能很轻松地把东西放开，而且他能把东西从容器中取出来和放进去。向他伸出手时，他能把东西递给你。

能够有意识地称呼爸爸、妈妈，有的婴儿还会称呼第三个人，如奶奶、爷爷，除此以外还能说出两三个词。

能理解大人的话，并用姿势回答。大人问"你几岁啦？"他会竖起食指表示。

婴儿有兴趣听他熟悉的话，听懂后会照一些话去做，如让他坐好，把玩具拿过来等。婴儿可以翻画册或书了，有时并不只翻一页，当画册中有自己熟悉的动物、交通工具等图案时，会很有兴趣地看，但注意力还不会持久。

婴儿的依恋情绪更加迫切，对妈妈有寸步不离的感觉，看到妈妈抱别的婴儿会尖叫，拉扯着要求抱自己。

婴儿的个性越来越明显，会表现出严肃、活泼、敏感、独立、爱社交、易怒、注意力集中、好奇、缺乏耐心等。

（十二）第十二个月

婴儿坐着的时候，转身抓东西身体也不会摇晃；可以扶着家具侧身了，满一岁时，牵一只手就能走路了。这个月是婴儿学走路的重要月份，从自己独走2～3步到完全走稳还要练习2～3个月。

开始会握住蜡笔在纸上扎小点，逐渐发展到自发或模仿乱涂乱画。除了五官外，还能认识手、脚、肚子等3～4处身体部位。

把学习动物叫声当成自己喜欢的游戏，只要有学习模仿的机会，婴儿就能模仿3～4种动物的叫声。

婴儿能有意识地扔东西了，现在他很少把东西放到嘴里，还会试着把两块积木捏在手里。在背儿歌时，能做四种以上的动作。当大人说小白兔时，会用手表演小白兔的耳朵。

对书本上的东西流露出浓厚的兴趣，并希望你叫出它们的名字，可能还会自己认出书中物体并用手指出。

出门时会抓帽子放在头顶上，有时还会拉拉，当然经常不能拉正。到了1岁大的时候，婴儿会通过反抗来表明他多么独立和果断。在这个阶段，他可能会变得缺乏耐心、难缠、易怒、淘气。

# 模块二　幼儿期的家庭教育

## 一、0～3岁婴幼儿早期教育的内容

0～3岁婴幼儿早期教育的内容主要包括语言教育、动作教育、认知教育、社会性教育、营养和喂养、卫生和保健六个方面。必须指出的是，尽管从不同的作用上划分为六个相对独立的方面，但是在具体实施的时候，并不意味着将六个方面完全分割开来实施。事实上，这六个方面是相互联系、密不可分的，在具体实施的时候，经常需要相互渗透、相互支持，这样才能真正达到0～3岁婴幼儿早期教育的预期目标。

（一）语言教育

语言教育主要是指以促进婴幼儿语言能力的提高为目的，在0～3岁婴幼儿的生活环境中，成人应与婴幼儿进行一系列语言交流活动或专门的语言训练等活动。其具体包括提高婴幼儿倾听和辨析语言的能力、理解词义的能力、口头表达能力、欣赏和阅读的能力等,其中,培养的核心是倾听能力和口语能力。

对 0~3 岁婴幼儿进行语言教育,有助于充分利用人类语言关键期所带来的学习效能放大的效应,为个体语言能力的发展奠定良好的基础。此外,遵循语言能力发展的规律,促进婴幼儿语言能力的发展,可以深化婴幼儿与成人的交往行为,从而也将有效促进其认知、情感和社会性等方面的发展。

### (二)动作教育

0~3 岁婴幼儿的动作教育主要指对身体运动技能方面进行的系统训练活动,具体包括大运动技能的训练和精细动作技能的训练等方面。其中,大运动技能的训练主要指头颈部、躯干和四肢等幅度较大的动作,如抬头、翻身、坐、爬、站、走、跳、独脚站立、上下楼梯、四肢活动和姿势反应、躯干平衡等各种运动能力的训练。精细动作技能的训练主要指手指的动作以及随之而来的手眼配合能力,如抓握、摇动、摆弄、拇指与食指对捏、握笔、搭积木、穿扣眼、模仿画线、折纸、使用筷子等技能的训练。动作不仅有助于增强 0~3 岁婴幼儿的体质,保证 0~3 岁婴幼儿身体的正常发育,而且能够促进其脑部神经组织的发展,是大脑成熟的"催化剂"。更重要的是,对于 0~3 岁婴幼儿来说,动作技能也是智能的重要内容和主要外在表现形式。同时,动作技能的发展又能够增强 0~3 岁婴幼儿对周围环境进行探索的能力,并有效扩大其探索范围,从而使其得到更多认知和交往的机会。因而,对 0~3 岁婴幼儿进行动作教育,也能够有效促进其认知能力和社会性的发展。

### (三)认知教育

认知教育主要是指对 0~3 岁婴幼儿的认知能力进行训练(如图 4-2 所示)以及在此过程中帮助 0~3 岁婴幼儿积累一定的知识经验。在认知能力训练方面主要包括感知、记忆、注意、思维和想象等各方面能力。必须注意的是,由于 0~3 岁婴幼儿的典型思维方式是直觉行动思维,其思维过程以动作为核心,尤其在语言能力形成之前,个体的认知能力主要是通过动作来表现的,因而认知教育与动作教育是分不开的。此外,0~3 岁婴幼儿的认知教育还应当以感官教育为基础,注重积累具体直观的认知经验,从而为未来的抽象的认知经验的获得奠定坚实的基础。

图 4-2  0~3 岁婴幼儿认知能力训练

### （四）社会性教育

社会性是指个体在其生物特性的基础上，与社会生活环境相互作用并逐渐掌握社会规范，形成社会技能，学习社会角色，获得社会性需要、态度、价值，发展社会行为，并以独特的个性与人相互交往、相互影响，适应社会环境，由自然人发展为社会人的社会化过程中所形成的心理特征。一般认为，社会性主要包括社会认知、社会情感、社会行为技能、社会适应、道德品质和自我意识六个方面。由于社会性主要涉及个体在与他人交往时表现出来的心理特征，因而0~3岁婴幼儿社会性教育必须通过与其交往和引导其与他人交往进行培养。

### （五）营养和喂养

营养和喂养主要是指日常生活护理中涉及日常饮食方面的工作，主要包括0~3岁婴幼儿食谱编制、膳食制作方法、科学营养理念和喂养方法等内容。这部分内容是0~3岁婴幼儿的主要看护人必须掌握的。因而主要的教育对象必须涵盖0~3岁婴幼儿的家长、早期机构中的专职育婴人员、家庭中负责照料0~3岁婴幼儿的保姆及其他主要看护人。

### （六）卫生和保健

卫生和保健主要指日常生活护理中涉及常见病防治和护理方面的工作，主要包括新生儿护理、计划免疫、生长发育监测、常见疾病的预防和护理，以及婴幼儿饮食、衣着、活动、抚触、沐浴等其他日常生活的保健、护理等。这部分内容也是0~3岁婴幼儿的家长、早期教育机构的专职育婴人员、负责照料0~3岁婴幼儿的保姆以及其他主要看护人都必须掌握的。

## 二、1~3岁幼儿的早期教育建议

### （一）1岁半：幼儿爱唱反调

幼儿到了1岁半左右，总是喜欢和爸妈对着干，"不""我不要"成为他的口头禅。幼儿的唱反调行为表明幼儿开始产生自主意识，建立自己的好恶观念，表达个人的需求。但他们不懂得表达自己，因此他的拒绝行为简单而直接，并不是真的有意违抗、折磨爸妈。

不要跟幼儿"硬碰硬"。幼儿唱反调有时真是把爸妈气得牙痒痒，但是家长不要轻易对幼儿动气，采取疏导、绕道的方式来缓解激烈的对抗。例如，幼儿不肯去洗澡，妈妈若严厉威胁"你去不去洗"！幼儿肯定反抗，但如果妈妈换个说法"你想在澡盆里玩小鸭子还是小水枪"，想必幼儿会更愿意选择。

爸妈在向幼儿提出要求时，不要把指令重复两次以上。如果幼儿在指令重复几次后还是不愿听话，爸妈可以把幼儿转移到别处，分散幼儿的注意力，同时对幼儿"冷处理"，幼儿受到这个"小惩戒"，下次便不敢再随便挑战爸妈的权威了！这是教育幼儿遵守纪律的有效方法。

## （二）2岁：幼儿开始关心他人

幼儿到了2岁左右，你会发现他慢慢会有关心他人的观念、认识到别人的情绪、理解到他人的需要。

用游戏发展幼儿的爱心。在这个阶段，妈妈可以多和幼儿交流双方的情绪与感受，帮助幼儿更好地理解他人的认知和情绪。妈妈还可以通过情景游戏，让幼儿通过不同的场景、扮演不同的角色来让他站在别人的位置上考虑问题，进而体会他人的感受。

另外，妈妈也可以鼓励幼儿多主动关心他人。例如，让幼儿打电话给爷爷奶奶问候一下他们的身体状况；在公园看到别的小朋友摔倒了，鼓励幼儿上前去扶起人家关心问候一下。妈妈在日常生活中多创设这样的机会，培养幼儿的爱心。如果幼儿能够主动去关心帮助他人，妈妈一定要及时称赞他"很棒""很乖"哦！

## （三）2岁半：幼儿开始反叛

幼儿到了2岁半，进入成长阶段的第一个叛逆期，我们惯常称它是"可怕的两岁"。他们通过对大人观点和指令的否定，来强调自己的独立意识；也希望通过"自己做"来向大人展示自己已具备的能力，因为他觉得自己的能力已经很强了。

给他选择权，让他自己来。父母在这阶段把握好管教的"度"，化解幼儿的"反抗"，帮助幼儿顺利度过反抗期，并找到和幼儿和谐相处的良好方式。父母在给幼儿提要求时，也鼓励他说出自己的想法和意见，让他感受到父母的尊重。父母不妨在提要求时，给他2~3个选择，如明天穿红色衣服还是蓝色衣服，这既给了幼儿当家做主的感觉，又避免了幼儿随心所欲地做决定。

如果幼儿坚持要自己穿衣吃饭，那就让他自己来吧！尽管在这个过程中他表现得手忙脚乱，甚至弄坏东西，但是父母多点耐心教导他，让他循序渐进，幼儿就能不断地进步哦！

## （四）3岁：幼儿喜欢与人分享

幼儿的"自我中心"会逐渐向"社会化思维"转化，幼儿到了3岁左右你会发现他似乎开始喜欢与人分享。那么父母不妨强化幼儿的这种意识和行为，让他掌握分享的技巧，享受分享的快乐。

引导幼儿换位思考。在家的时候，爸妈可以适当"当一回孩子"。幼儿在吃雪糕，妈妈可以说"宝宝可以让我吃一点吗"，让幼儿有机会发挥小爱心。如果幼儿下次积极主动地喂你吃他最爱的饼干，妈妈在欣然接受的同时还要对幼儿的这种主动分享行为多加赞许哦！

如果别的小朋友想要玩幼儿的玩具，但幼儿不让，妈妈可以对幼儿多给予指导暗示："宝宝如果想玩那个玩具，别人不让你玩，你会怎么样？"尝试让幼儿去体会别人的感受，让他知道他拒绝别人，别人也会不开心，这样幼儿就能够更容易地体谅理解他人，学会主动分享了。

## 三、3～6岁幼儿的家庭教育指导纲要

### （一）3～6岁幼儿身心发展的特点

3～6岁年龄段的幼儿处于身心发展的黄金时期，具体表现在以下5个方面。

（1）身体发育。身高、体重、营养、神经、动作技能等方面获得长足进步。

（2）语言发展。词汇量迅速增加，逐渐明确词义并有一定的概括性，基本上掌握了各种语法结构，并可自由地与他人交谈。

（3）思维发展。逐步克服直觉行动思维，并初步发展到具体形象思维。

（4）社会交往（如图4-3所示）。喜欢与同伴一起玩，玩伴的数量随着年龄增加，玩伴关系不稳定，经常变化。

图4-3　3～6岁幼儿的社会交往

（5）个性发展。这个阶段是个性形成的关键时期，幼儿在此阶段开始形成自己最初的个性倾向并会在一生中都保留其痕迹，因而这一时期在人的心理发展中具有重要作用。

### （二）3～6岁幼儿家庭教育指导重点

根据这一阶段幼儿身心发展的特点及家庭教育所承担的任务，幼儿园对家长所做的指导内容主要包括：

（1）继续重视幼儿的身体健康发育；

（2）帮助幼儿养成各种良好的行为习惯；

（3）注意保护幼儿的好奇心和求知欲，进行适当的智力开发；

（4）使幼儿初步学会与他人交往，关注幼儿的个性发展；

（5）使幼儿逐步适应幼儿园的集体生活并为进入小学学习做好各方面的准备。

### （三）3～6岁幼儿家庭教育指导专题

（1）3～6岁幼儿家庭教育指导专题一：帮助幼儿度过入园适应期。

离开了熟悉的家庭环境，入园初期多数幼儿会产生不安全感，表现出焦虑、害怕、厌恶，甚至反抗等情绪，严重影响到该阶段幼儿的正常生活。

家长需在幼儿入园前一段时期有意识地减少幼儿对家人的依恋,让幼儿多融入同龄人的活动;入园后,要随时关注幼儿在家中的情绪、胃口、睡眠等情况;当幼儿出现较为强烈的情绪反应时,不采用骂、压、恐吓等方法,需通过不断的情感交流来稳定幼儿的情绪;要经常与幼儿园老师进行沟通,了解幼儿的适应情况,寻找原因并共同商讨和采用恰当对策。

(2)3~6岁幼儿家庭教育指导专题二:开展家庭体育活动,促进幼儿体质发展。

加强幼儿的心肺功能、腿部力量是促进该年龄段幼儿体质健康发展的关键。生动活泼、形式多样、方便易行的家庭体育活动,是十分有效增强幼儿体质的手段。

家长应确保幼儿每天有1~2小时的体育活动时间,让幼儿多在阳光下玩耍、多呼吸新鲜空气;节假日带幼儿外出活动,在自然环境中锻炼幼儿的体质;可利用民间的传统游戏因地制宜地开展体育活动,全家一起参与;定期(如半年)对幼儿的体质发展情况进行检查。

(3)3~6岁幼儿家庭教育指导专题三:重视幼儿良好个人卫生习惯的养成。

幼儿的个人卫生习惯包括用眼卫生、口腔卫生(如图4-4所示)、饮食卫生、个人整洁等多方面的要求。

图4-4 养成良好的卫生习惯

0~6岁幼儿的视力逐年增加,到六七岁时,视觉系统基本发育完全。3岁时的视力达到0.5~0.6,6岁时正常视力已达1.0。所以,幼儿时期的视力保健非常重要,不容忽视。幼儿龋齿如不及时治疗,极有可能造成日后恒牙排列不齐,有些幼儿因此长期用正常的一侧咀嚼,从而造成面部发育不对称,影响了其日后的正常生活。幼儿的视力和牙齿保健与他们的良好个人卫生习惯密切相关。

家长在家中要避免让幼儿连续长时间观看电视、玩电子游戏,要引导其多做户外运动;要保证阅读活动场所有足够的照明;保持正确的阅读姿势,不过近、过远或躺着看书;定期检查幼儿视力并及早做好不良视力的矫正;教育幼儿适当控制甜食,特别是不在临睡前吃糖;坚持饭后漱口,早晚刷牙,并掌握正确的刷牙方法,养成个人良好的口腔卫生习惯。

## 四、3～6岁幼儿的家庭教育策略

### (一)更新家庭教育观念，让素质教育进入家庭

打破以往学前家庭教育观念上的认识偏差，充分认识幼儿家庭教育的重要性，树立一种新的重竞争、重实力的开放的、平等自主的现代科学的幼儿家庭教育观念。

### (二)大力推广科学的家庭教育内容

家庭教育内容的选择，直接影响到家庭教育目的的实现，家庭教育任务的完成情况，合理、科学的教育内容是家庭教育质量的保证。现代社会家庭教育的内容应该向多样化方向发展，家庭教育的内容很广泛，涉及知识、思想、品德、生理、心理、生活、技能等诸多方面，其中最主要的是思想品德和生活技能方面的内容，这是我国家庭教育的优良传统和成功之处。

### (三)坚持爱而不溺、严而有格的幼儿教育方法

"教有法，教无定法。"幼儿家庭教育的方式、方法并没有什么具体的、固定的章法可遵循。在具体的家庭生活中，最终就落在"管"字上。管理的对象是幼儿，所以就体现为"爱中管"，也就是要努力做到爱而不溺、严而有格。具体来讲需要做到以下几点。

(1)学做"律师"。孩子出了问题，父母不要急于去批判、去"定罪"，就如同给犯人判刑一样，要记住我们不是法官，而是孩子成长过程中的"律师"。幼儿与父母之间的关系也就如同当事人与律师一样，"当事人"将自己的命运交给"律师"（即幼儿向父母敞开心扉无所不谈），而"律师"也要遵守职业道德，尊重"当事人"的人格与品质，全心全意真诚地服务于"当事人"，两者相互信任、相互依赖、相互促进。

(2)学做"啦啦队"。在人生竞技场上，孩子只能自己去努力。父母既无法替代孩子，也不能自作主张去当"裁判"，而应该给予孩子一种帮助其保持良好竞技状态的力量，即"啦啦队"的力量。这样更能帮助孩子建立自信心，而这正是家庭教育的核心任务。父母做孩子的"啦啦队"，既要善于发现和赞美孩子，又要引导孩子正确面对失败，在挫折前做孩子的战友。

(3)学做"镜子"。只有让孩子认识自己才能战胜自己、战胜一切，这个时候便需要父母来充当"镜子"及时向幼儿反馈信息，而不需要父母做只会严厉鞭笞的"驯兽师"，只有让孩子看到错对，才能不使孩子恐惧父母的"权威"，慢慢地敢于与父母沟通。家长不可以因为工作繁忙而忽视对孩子的教育，不仅要了解孩子的内心想法，而且还要对孩子的一些好的要求及时做出回应，让孩子体会到亲情的温暖和父母的关爱。当然，对于孩子一些过分的、无理的要求也要及时进行改正，并且说明道理，让孩子懂得那是错误的做法，只要父母选择一个孩子最愿意接受的方式来进行教育，那么就会达到事半功倍的效果。

（4）学做"蜂蜜"。不管是孩子还是成人，都希望获得别人的认可和表扬，家长要在合适的时机对孩子进行鼓励、表扬，肯定孩子好的表现，使他们的道德意识、道德情感和道德行为都有所提高，能唤起孩子内心的积极性。

（5）学做"天秤座"。培养孩子良好的品德，家庭成员必须坚持一致的要求。在现实生活中，人们的思想觉悟、生活习惯各有不同，客观上难以实现一致的教育，但孩子的家长主观上应有意识地重视，家长之间对孩子要求不一致时，不应在孩子面前计较争辩，要私下协商。

（6）学做"游戏王"。游戏对幼儿有特殊教育作用，家长不仅应允许孩子做游戏，而且还要安排一定的时间和孩子一起做游戏，在游戏中引导孩子模仿大人的好思想、好品德、好行为，从而使他们获得一些体验，形成良好的行为习惯。

（7）学做"大海"。家长也应该向大海学习，"海纳百川，有容乃大"，很多家庭里的孩子会出现不听话的情况，但是这听话与否可不能作为衡量孩子好坏的标准！我们要培养幼儿懂道理、明是非，对家长合理的要求能愉快接受，不合理的要求也要提出自己的看法，孩子到了一定年龄有了是非感，不肯屈从家长不正确的要求，也是好事。家长有时候也要放低自己成人的姿态，蹲下身子和孩子沟通，倾听他们"反对的声音"。

**（四）给孩子做榜样，营造良好的幼儿家庭教育软环境**

良好的家庭成员之间的关系是良好家庭教育环境的保障。在现实中，和睦幸福的家庭的孩子积极向上、活泼乐观、人格健康；反之，孩子的性格则常常偏激、仇恨、压抑、人格残缺。家庭成员之间的关系良好，家庭的气氛一定温馨祥和，十分宽松，必然是幼儿健康成长的"温床"。营造这种良好的家庭教育软环境，需要家长做好榜样。家长可以以周围生活中成人和儿童的好人好事为榜样，对孩子进行正面教育，启发诱导。这样最生动、最具体，收效显著。家长是孩子身边可学的榜样，家长可以有意识地给幼儿示范做榜样。幼儿好模仿他们喜欢的人，因此家长应为自己孩子树立良好的榜样，帮助孩子健康成长。

## 五、3～6岁幼儿家庭教育促进幼儿情绪健康发展的策略

情绪是指人对待认知内容的特殊态度，是人对客观事物与人的需要之间关系的反应。良好的正性情绪，如愉快、兴奋等，使人的感知变得敏锐，思维变得活跃；不良的负性情绪，如愤怒、恐惧、悲伤、担忧等，则会干扰和抑制人的认知过程和行为反应，使已有的能力得不到正常发挥。对于幼儿来说，情绪对其发展的影响很大，情绪不仅影响幼儿的认知过程，更重要的是影响幼儿积极健康人格的形成。

总体来说，幼儿的情绪调控能力是比较弱的，主要表现为幼儿情绪的易激动性（易于爆发激情）、易感性（情绪易于为周围事物所左右）和易表现性（内心体验和外部表现的一致性）。

幼儿期是情感教育的黄金期，帮助幼儿形成初步的情绪调控能力是幼儿情感教育的目标之一，也是幼儿情感教育的重要内容。幼儿的情绪发展关系其将来的发展，帮助幼儿认识和理解自己的情绪、恰当地表达自己的情绪、有效地调控自己的情绪，对于幼儿的情绪发展和身心健康有着重要的现实意义。

在"早教热"的背景下，家长在对幼儿的早期教育问题上过多重视智育、强调认知，而忽视了幼儿的情绪体验以及良好情绪的培养。受积极心理学的启示，早期家庭教育应该重视对幼儿积极情绪的培养，早期的情绪教育应该是一种预防性和发展性的教育，而不是在孩子出现情绪问题和障碍之后采取的补偿性措施。家长通过家庭教育有效促进幼儿情绪发展有如下几点策略。

1. 有目的地培养积极情绪

（1）营造宽松和谐的家庭情感氛围，以自身的积极情绪感染幼儿。父母在家中尽可能表现得愉快、喜悦、乐观向上，这不仅能使孩子生活在温馨的家庭氛围中，得到关心爱护，获得爱和尊重的体验，从而心情愉快，产生主动向上的积极情感，而且也为孩子处理消极情绪提供榜样，对孩子学习情绪、理解情绪和处理情绪产生影响，这是培养幼儿初步情绪调控能力的前提。

（2）帮助幼儿建立积极的情绪体验，引导幼儿去完成力所能及的任务。父母不要让幼儿仅仅在满足吃、穿、需要时才产生愉快、喜悦情绪，应同时让幼儿在完成游戏、学习、劳动任务中，体验到"成功"的欢乐。幼儿在与家长的交往中会获得许多情绪体验的经验，这些情感经验有助于提升他们对情绪的理解能力。当遇到相似的情境时，幼儿会利用已有的情绪经验与新的进行对照，如果经验是愉快的情绪体验，幼儿会积极而自信地面对新的情境，并决定自己的行为；反之，如果经验是不愉快的情绪体验，幼儿就会对新的情境产生排斥、厌恶或恐惧心理。

2. 允许并正确对待孩子的消极情绪，帮助孩子发现自己的情绪

日常生活中每个人都会产生愉快或郁闷等情绪，每个人都有积极情绪、消极情绪，孩子也不例外。因此，家长要允许孩子有消极情绪，当孩子向你表达他的消极情绪的时候，不要阻止，也不要紧张慌乱。最重要的是，不管孩子有什么样的情绪，他都是被允许的，他能自己表达，他愿意与家长交流。

父母要教育幼儿认识各种情绪及其特征与后果，特别是要使幼儿对一些过激情绪有初步的认识和看法。在此基础上再通过一些积极的教育方式指导幼儿掌握一些简单的情绪调控的方式。心理学研究表明，积极的情感和态度是个体持续发展的动力。由此可见，情绪在幼儿教育中起着极大的作用，并直接影响到其个性行为的发展。

3. 引导幼儿转移兴趣，学会自我调节情绪

情绪调控能力是情绪智力的重要品质之一，这种能力能帮助人及时摆脱不良情绪，保持积极的心境。幼儿情绪的稳定性很差，常常受外界环境影响而波动、变化。不良的情绪往往直接诱发心理障碍。所以，平时应该把积极暗示作为预防幼儿消极情

绪、培养其优良情绪的重要方法。作为家长和教师，重要的不是压抑幼儿的消极情绪，也不是不加控制地任由其发泄，而是要引导幼儿合理地宣泄情绪，给孩子宣泄的时间和空间。

以下就是家长指导幼儿应对消极情绪的具体方法。

（1）宣泄法：引导孩子合理地宣泄自己的情绪。幼儿处理消极情绪的能力还很弱，如果不加以引导，使消极情绪郁积在心中得不到宣泄，会影响孩子的身心健康。当然，也不能不加控制地宣泄，而是家长要做科学的积极的引导，教给孩子以正确的方式宣泄自己的消极情绪。给孩子宣泄的时间和空间，用心倾听，给予孩子关爱、理解和疏导。

（2）游戏转移法：当孩子产生消极情绪时，鼓励孩子进行游戏，做他感兴趣的事情，转移注意力。在游戏中提高其认知水平和处理问题的能力，产生积极的情绪，并且消除消极情绪的不良影响。

（3）暂时回避法：著名的行为主义心理学家斯金纳认为，成人对儿童某些行为和情绪的关注，会提高这些行为和情绪再次发生的频率。因此，对幼儿的某些消极情绪，家长采取回避的方式更能减少它的发生。例如，当幼儿因某些不合理要求达不到满足而产生消极情绪时，家长可以假装没看见，不予理会。因为此时越理会越会让幼儿觉得这种方法是有效的，成为他日后达到自己目的的手段。

（4）积极引导法：引导幼儿从消极情绪向积极情绪转化，让孩子用积极的心态看问题。例如，笼子里的小鸟飞走了，孩子非常难过，妈妈告诉他小鸟也想自己的妈妈了，它飞出去跟妈妈在一起，会很幸福。这样孩子也为小鸟感到高兴，不再难过了。事物都是有两面的，家长一定要引导孩子积极乐观地面对问题，向好的一面努力。

## 六、3～6岁幼儿家庭教育注意事项

### （一）称赞才是好方法

有技巧的称赞往往较有技巧的责备来得难些，尤其是对5岁的孩子。他们通常将大人的话当成金科玉律，顺从的欲望相当强，所以父母的一句话，就能产生很大的影响。

不能只图父母的方便。平时对子女缺少照顾的父亲往往有种观念，总认为称赞孩子是他最起码要做的事。事实上这种想法是极不负责任的，因为这样会很快让孩子看透父亲想讨他欢心的投机心理。

如果每次在母亲斥责之后，父亲都反过来称赞孩子，这种方法对一两岁的幼儿也许会发生作用，但是3岁以上的幼儿对这种没有理由的称赞已经懂得怀疑了。尤其要注意的是，有些家长无故称赞别人的孩子，目的无非是想巴结对方的父母。因此，提醒各位家长，称赞孩子是好事，但必须要让他了解理由。

5岁幼儿希望被认可、被赞美的心态很强烈，如果大人毫不负责地胡乱赞美一番，只想讨好幼儿，这将使孩子勉强自己去达成目标而发生预料不到的问题。若称赞"你是个勇敢的孩子，一定敢一个人待在黑漆漆的房间里睡觉"时，孩子为了勉强自己，虽然无法克服畏惧，也只好以"肚子痛""窗户自己会打开"等借口乞求大人帮助。

另外，以赞美来达成对孩子的要求，很可能不久就会被孩子识破，甚至反而对其加以利用。如此孩子会反过来向妈妈说："妈妈，既然你知道我是乖孩子，那就帮我买个玩具，我一定比以前更乖。"这时您该怎么办呢？

虽然如此，但也不必因此而不敢赞美孩子，孩子表现得好就要真心赞美他，尤其是5岁幼儿，受到赞美能使他找到更高的目标，而且对自己更有信心，因此诚恳的赞美是必要的。

首先，要使孩子明白被赞美的理由，使他能从被肯定中确立日后努力的目标。"啊！你知道把垃圾从地上捡起来丢进垃圾桶，不但妈妈觉得光荣，连过路的人都会为你做了一件好事而高兴，你真是好孩子！"像这样具体地说明理由和对他的行动加以支持，比盲目的赞美更重要。

其次，有兄弟姐妹或其他朋友在场时，要注意不要使赞美成为他拥有优越感的原因及使别人受挫感的来源。赞美与责备一样，最好都能在一对一的情况下进行。

承认、鼓励、成为支持者。许多父母以为管教孩子就是找出他的缺点来责备。但是责备只能使孩子消极地改掉不良的行为，想要他主动做出理想的行为，则必须对其加以赞美来引起他的意念，这两种分别使用的方法是非常重要的。

对5岁幼儿的赞美内容不能再用像"你是个好孩子""你真聪明"这么简单的理由，而是要动脑筋想出不同的赞美法。例如，"这是你替我做的吗？谢谢你"，即使只是一点儿小的好事也要加以肯定与承认。还有，看到孩子努力想做好一件事时，最好及时对他说出一句勉励的话"再加油！你好棒！好棒！"或者注视着他、对他重重地点头认可。

再次，幼儿的努力必须有大人承认和支持才能持续下去，尤其是对平时不能顺利表达行动的孩子，当他有努力或善良的行为时，一定要加以勉励。例如，告诉他："你是不是觉得那个人很可怜？妈妈认为你这种同情心是对的。"

责怪的原则是孩子的行为呈现错误的时候，赞美的原则是只要有感情的动向就要加以承认。这是两者之间的差别。

最后，看见孩子表现良好而给予赞美，是每个人都做得到的；但是孩子想做好却失败时，就很少有大人会去注意他，父母也不能忽略孩子这种心情。孩子长久的努力有了结果或面对不擅长的事时，大人都应加以鼓励，特别是常被别人忽略的小孩努力做某件事时，大人绝不能忽略赞扬。

切记的是，别拿他人的孩子和自己的孩子做比较，完全要以孩子自己本身的情况来考虑是否该加以赞美。

## （二）和孩子说话时的五大注意事项

注意事项一：语气肯定、直截了当。切忌语气委婉、目的不明。

棠棠5岁，很爱画画。妈妈还在幼儿园里给棠棠报了钢琴班，所以每周一、三、五都有钢琴辅导老师来带他去上30分钟的钢琴课。一次，江老师来领棠棠的时候，赶上棠棠在专心致志地画画。江老师对他说："棠棠，你能把你的画收起来吗？老师在等你上钢琴课呢！"棠棠头也不抬地说："不，我还没画完画。"

另一位有经验的老师听了棠棠的回答后，说道："棠棠，把画收起来，钢琴课的时间到了。"棠棠听后，乖乖地把没画完的画收好，然后高高兴兴地跟江老师去上课了。

显然，使用不同的语气，会产生不同的效果。疑问句会给儿童选择的机会和空间，儿童通常会做出符合自己意愿的选择。例如，对于"能不能把画收起来"的问题，棠棠选择回答"不"。与疑问句相比，陈述句则不给儿童选择的余地，并能让儿童明白他们需要履行的责任，如"把画收起来"。所以，家长和老师在说话之前，应该明确自己是要询问还是要求。如果是要求儿童做某件事，最好使用陈述句；如果是询问儿童是否愿意做某件事，才用疑问句。运用成人间的婉转迂回的方式与儿童交流是不妥的。

注意事项二：用词具体、形象、通俗，清楚地表达期望与要求。切忌用词抽象、笼统、华而不实。

有一次，我听到某个老师这样对一群3岁左右的小朋友说："每一个小朋友都应该爱护图书。"但是没过多久，就发生了书被撕破的事件。当老师责问犯错误的小朋友"为什么不爱护图书"时，小朋友问："老师，爱护是什么意思？"

很多时候，家长和老师都会有这样的体会，明明才给孩子说得清清楚楚，孩子却"明知故犯"。在我们气恼的时候，有没有想过责任可能就在我们自己？笼统、抽象的用词，如"爱护"，会给年幼儿童造成理解上的困难。所以，换一种形象、具体的说法是必要的。

可以这样对孩子说："我希望每一个小朋友都能做到不折书、不撕书、不在书上乱写乱画。"

注意事项三：循序渐进、耐心仔细。切忌"一厢情愿"，高估孩子的记忆容量和接收信息的能力。

在一次半小时的实验课上，一位年轻的实习老师计划教3～5岁的孩子学习播种。她这样说道："小朋友，今天我们要学习播种。请每一个小朋友都去水池边拿一个小纸杯，到门口的蓝桶里盛上大半杯黑土，然后到我这里来领一粒种子。把种子埋进土里，再到水池那儿接一点儿水，最后把纸杯放在水池边的台子上。"听完实习老师的指导后，有的孩子站起身，但不知道要做什么；有的孩子仍然坐在地毯上，看着老师；有的孩子去拿纸杯；有的孩子去捧了些黑土……孩子们的这些不同反应并不是实习老师的本意和初衷，那为什么会出现这样的情况呢？研究表明，对不到5岁的儿童来说，一次接收并记住一个以上的指导信息是有困难的。换句话说,一次给出两个或两个以上的指导信息,只会主观超越儿童有限的记忆范围,影响儿童的理解能力。所以,要使儿童能够执行并完成某样指定的任务,必须要让他们明白要他们做什么。而要让儿童明白,就必须分层次、按步骤地耐心指导和引导儿童。

可以对儿童说:"现在每一个小朋友都去水池边拿一个小纸杯。"等所有小朋友都拿到纸杯之后,接着说:"现在,到门口的蓝桶里盛大半杯黑土。"等他们都盛好黑土后,再接着说:"现在,每人到老师这里来领一粒种子"……

注意事项四:直奔主题、简单明了。切忌话中有话。

3岁的可可经常打人。一次,他又在打另一个小朋友。钱老师看见后,就急忙过去制止,并严厉地对可可说:"今天老师已经告诉你多少次了,不要打人!"可可嘟囔着:"不知道(多少次)。"钱老师加重了语气:"5次了!"说完,却发现可可对钱老师的话并没有所期待的反应,可可没有感到羞愧或内疚。这样的结果让钱老师很失望。

"我告诉你多少次了"是很多人训斥孩子的口头禅。但是,我们是否认真想过,年幼的孩子能从这句口头禅中听出什么呢?成年人自然懂得"我告诉你多少次了"这种强调语气的问句,间接地表达了说话者的失望和生气,并不寻求答案。但是年龄小的儿童却往往不懂得事情的发生频率与严重性之间的逻辑关系,不能理解这话中之话。并且,这样的问句通常把儿童的注意力转移到了对"多少次"的询问上,从而弱化了说话人所想表达的"不要打人"的本意。因此,当教育对象是幼儿时,应该直截了当地说"不要……"

注意事项五:坚持原则,语言积极,切忌"威逼利诱"。

一天,幼儿园组织春游,爸爸、妈妈可以同去,但孩子们必须自己背着午餐。午餐时,4岁的李琪突然号啕大哭起来,妈妈赶紧过来看她,问怎么了,李琪说:"我不喜欢苹果,可是你在我的午餐包里放了苹果。"说着,她就要把苹果扔掉,她妈妈制止了她,她还是哭着说:"我不要苹果放在我的午餐包里,我不要。"妈妈就威胁她说:"如果你还哭,我们就留你一个人在这儿了。"话音未了,李琪哭叫得更大声了,其他小朋友都看着她,她妈妈只好换了一个口气,说:"不要哭了,妈妈帮你把苹果扔掉,行了吧?"这一招看来管用了,不一会儿,李琪停止了哭泣。

其实,李琪妈妈的这种处理方法,是非常不妥的。来自家长或老师的威胁,如果说,"把你一个人留在这里"或者"把你送给捡垃圾的"等话,并不能真正、有效地制止儿童正在进行的不当行为,相反,会使儿童因为感到恐惧和害怕,或者产生逆反心理,而加倍地宣泄情感,放肆行为,如哭闹等。经常性的威胁甚至会危害儿童的心理健康。

另外,一味妥协又会助长儿童讨价还价的习惯。李琪妈妈的处理方法不仅没有从根本上解决问题,还放纵了李琪任性、无理的行为,并且没有给其他儿童树立榜样,造成了不好的影响。所以说,家长和老师只有注意自己的言行,有必要地坚持原则,适时合理地约束和制止儿童的不妥行为,耐心地给儿童讲道理,才能规范儿童的行为举止,有利于儿童的身心健康。

李琪的妈妈这样做也许更好一些:把李琪带到另一个地方单独谈话,然后告诉李琪,她的哭闹影响了老师的工作和其他小朋友的活动,对他们是不公平、不礼貌的,所以不应该再哭闹了。如果李琪继续哭,可以陪着她,但是不理会她的哭闹,让她自己慢慢感觉到哭闹是没有用的,等她停止哭闹后,再给她讲道理:"你可以不吃苹果,但是你不能把苹果扔掉,因为浪费食物是不对的……"

和孩子说话,重要的是根据孩子的特点,说孩子能听懂的话,并坚持要表达的信念。只有这样,教师要传递的信息,才能最顺畅地到达孩子那里。

# 模块三　独生子女的家庭教育

独生子女是社会一个特殊的人口群体。独生子女数量是在 20 世纪 70 年代初我国政府开始大力推行计划生育政策以后开始大幅增长的,对于解决当时的人口与资源矛盾起到了显著作用。据统计,1994 年全国独生子女人数已达到 4676 万人。据相关人口抽查数据和计算机仿真模型估计,2010 年全国独生子女的总量在 1.45 亿左右,2015 年达到 1.76 亿。预计 2050 年将达到 3 亿。如何教育好这一数量庞大的人口群体一直是人们普遍关注的问题。20 年来,学校、社会和家庭都面临着这一全新的挑战,都在探索着一种适宜独生子女健康成长的教育模式。学校和社会所进行的尝试姑且不论,单是每一个独生子女家庭(见图 4-5)为此所做的努力就功不可没。家庭是人生第一课堂,家庭教育是基础教育的重要组成部分,家庭教育的成功与否,直接关系到下一代能否健康成长。

图 4-5　独生子女家庭

## 一、独生子女家庭教育的特点

### （一）从教育观念上来看，家长普遍重视对其子女的教育

父母再忙再累，也要挤出时间和精力来关怀子女的成长，安排好他们的各种活动，如带孩子参观、游览，给他们讲故事，和他们一起做游戏，给他们解答各种问题，教他们唱儿歌，等等。这些都开阔了孩子的视野，增长了他们的知识，培养了孩子多方面的兴趣和爱好，为他们智力的开发、聪慧性的发展打下了一个良好的基础。人们研究也发现，独生子女在智力发展上明显优于非独生子女，这与其早期较好的家庭教育是分不开的。另外，年轻的父母一般都缺乏一定的教育经验和知识，在教育观念上往往失于偏颇，偏重于养育而非教育，以"期望子女身胖体壮"作为育儿的主导动机，导致了对孩子的过分娇惯、宠爱，致使"独生子女的任性、娇惯有发展愈来愈严重的趋势"。几乎所有的独生子女都有一个通病，就是任性、脾气大、偏食、爱吃零食。这些，对独生子女的发展是相当有害的。此外，调查也发现农村独生子女家庭，特别是独生子家庭对孩子的溺爱、娇惯现象更为严重，导致农村独生子女在任性、不合群等方面与非独生子女的差异非常显著。这反映了在广大农村地区独生子女家庭在教育观念上存在的问题更多、更严重，更应引起人们的重视。

### （二）从经济条件上来看，独生子女在经济上有可靠的保证

独生子女在生活营养、玩具、图书、学习用品、服装等方面都比非独生子女优越得多，这为孩子生理和心理的发展都提供了可靠的物质保证。但问题也随之而来，由于家长教育子女的知识不够或者缺乏正确的教育观念和一定的教育技能技巧，在很多家庭，这种良好的经济条件并没有起到它应有的促进作用。例如，有的父母给孩子买的玩具不少，但能启迪孩子心智、促进孩子智力发展的却很少，致使独生子女在智力发展上的优势没有很好地体现出来，导致在部分独生子女中智力有下降的趋势，如四五岁的孩子还分不清自己是男孩还是女孩，星期几还要数指头等。这些都应引起注意。

### （三）从家庭结构上看，独生子女没有兄弟姐妹，是"独苗"一棵

这一方面使父母的关爱集中到了唯一的孩子身上，使孩子在感情上得到充分的满足。这种精神上的满足以及由此引起的由衷的愉快，使得独生子女具有自尊心强、求知欲旺盛等特点。这对于幼儿心理健康发展，激发他们认识事物的积极性、主动性和上进心起着重要的作用。但另一方面父母也很容易溺爱孩子，使孩子成为家庭中的"小皇帝""小太阳""中心人物"，家庭事事都围着他转，养成孩子"以自我为中心"的不良心理，只知道接受爱而不知爱的反馈、回报，养成任性、不尊重父母、爱发脾气、挑吃挑穿等不良习惯。此外，由于只有一个孩子，父母尤其是祖父母保护过度，生怕孩子有什么闪失而事事禁止孩子去做，或者事事代替孩子去做，又使孩子养成另外一些不良习惯，如事事依赖父母，生活自理能力差，遇事退缩、胆怯等。在杨善堂

等人的调查中发现独生幼儿的九种个性品质以敢为性和自制力发展水平最低也说明了这个问题。

另外，独生子女没有兄弟姐妹，虽避免了父母偏爱的出现，有利于孩子生理、心理的发展，但也使得独生子女在上幼儿园之前缺乏玩耍的伙伴，缺乏模仿的榜样，从而也就缺少与伙伴一起玩耍，分享食物、玩具和图书的愉快体验。因而容易形成不合群、爱独占一切、同情心和责任感较薄弱等不良性格。这对于孩子集体主义思想的形成、关心爱护他人观念的建立都是极为不利的。

## 二、独生子女家庭教育中存在的问题

### （一）重智轻德，投资成本大

独生子女的父母在教育孩子时，往往具有片面性，一方面只重视孩子智力的开发，而忽视了品德和行为习惯的培养和教育。父母把向孩子灌输知识当成了幼儿教育的主要内容，而在生活上却不让孩子做任何家务，不注意培养孩子的自理能力和劳动习惯。另一方面，对孩子的要求不加分析地予以满足，对孩子的不合理做法也听之任之，品德教育完全处于放任自流的状态。甚至有些家长对子女进行违背道德的教育，如不允许孩子帮助别人，反对孩子对同伴忍让并欣赏孩子的霸气，放任孩子的非礼行为，使孩子缺少最基本的道德文明习惯，对孩子灌输畸形的金钱观念，让孩子膜拜金钱，等等。很难想象，这种家庭教育培养出的孩子将来怎能成为社会的栋梁之材？过去一般家庭的孩子都比较多，家庭教育有回旋余地，如果第一个孩子的家庭教育不成功，还可以在别的孩子身上得到补救。而独生子女家庭却没有这样的机会，他们只能成功不许失败，否则"望子成龙""望女成凤"的家长们便觉得一辈子的希望全部落空，继而导致家庭的不和，以致破裂。目前独生子女家庭的这种缺乏理性的对子女的高期望值主要表现在以下几个方面。第一，对孩子未来的设计不切实际。有调查表明90%独生子女的家长希望孩子能读大学。第二，对孩子的成绩极其苛求，不顾孩子自身的智力、性格、兴趣、爱好等内在因素，只要求孩子拿出高分，并以此作为衡量孩子的唯一标准。分数不仅是学生的命根更是家长的命根。第三，家长在教育中看不见儿童，他们对儿童的教育以成人为标准，忽视儿童的天性——年幼、注意力转移快等特点。有的家长要求儿童每天弹钢琴不能少于几小时，儿童长时间坐在钢琴旁，他们感受的不是快乐而是痛苦。另外，还有的家长为子女设计未来时完全凭着自身兴趣，选择自以为将来能使子女幸福的职业，忽视子女自身的兴趣与特长，不能实事求是地对待子女的未来，子女只能绝对服从并沿着他们设计好的道路走。否则，稍不如意他们就一味责怪孩子，甚至打骂孩子，很少从自身找原因。

### （二）溺爱现象严重，对孩子干涉过多

过分溺爱孩子是因为不少独生子女家庭存在"四二一综合征"。他们平时不准孩子玩，甚至也不许孩子参加幼儿园组织的春游活动，结果剥夺了孩子一次又一次的锻

炼机会，使孩子变得胆小、孤僻。在学习上，对孩子进行认真、细致的指导，帮助完成作业，甚至陪读，使孩子变得依赖性强，缺乏独立解决问题的能力。在生活上，父母包揽一切，对孩子是有求必应，百依百顺。独生子女几乎都过着衣来伸手、饭来张口的"皇帝""公主"生活。据北京教科院的调查组对 200 名小学一年级学生进行抽样调查，发现有 56.5% 的孩子是父母给挑选衣服，有 49% 的孩子是父母给倒洗脚水，甚至还有 9.8% 的孩子是父母给洗脚。上海也曾对 1500 名中小学生进行调查，结果表明，51.9% 的学生长期由家长整理生活和学习用品，74.4% 的学生在生活和学习上离开父母便束手无策，有 13.4% 的学生偶尔能做些简单家务。苏联教育家马卡连柯曾发出这样的告诫："过分的溺爱，虽然是一种伟大的感情，却使子女遭到毁灭。"对孩子过分的关心、呵护，使孩子没有经历过任何的挫折和困难，实际上不利于孩子的健康成长，甚至会导致严重的人格障碍。近几年报纸上经常报道一些独生子女因为一点琐事或困难，小小年纪就离家出走，甚至自杀的事件，也说明了这个问题的严重性。另外，有项调查结果显示，59.18% 的家长在养育孩子上不惜代价，孩子要什么就给买什么。每月给孩子零花钱的数目在 50 元以上的占 22.02%，其中每月超过百元的占 7.85%。相反，孩子每周从事家务劳动的时间却极少。18.72% 的学生根本不参加任何家务劳动，47.78% 的学生每周只参加 1 小时以下的家务劳动。中小学阶段特别是小学教育阶段，正是养成良好行为习惯的至关重要的时期，家长无微不至的关爱和越俎代庖，不仅造成了孩子任性、懒惰、自我为中心的性格，而且会耽误孩子动手能力的培养，形成奢侈浪费的作风。

### （三）家庭环境不佳

模仿父母行为是儿童社会性发展的重要途径之一，孩子通过观察模仿父母的行为来学习新的行为方式，父母的言行对孩子有着潜移默化的作用。特别是在父母遭遇困境或与他人发生冲突时，儿童会格外关注其言行。因此，不佳的家庭环境会造成儿童的人格缺陷，影响其社会化的进程。

另外，父母不当的教育方式和欠缺的教育内容也会对孩子的健康成长造成不利影响。不当的教育方式造成了孩子不良的心理品格。家庭教育要想取得实效，还要讲求教育方式。良好的教育方式有助于培养孩子的优良心理品格，不当的教育方式只能滋长孩子的不良心理品格。在独生子女家庭中，由于家长教育方式的不当所引起的孩子心理品格下降的现象屡见不鲜。在现实生活中，有些家长对孩子施以溺爱的教育方式。他们视孩子为掌上明珠，一味地娇惯宠爱，过多地满足孩子的各种愿望，包办孩子的一切，对孩子常怀着姑息迁就的心理。由此，便使孩子养成了娇纵的心理品格。具有这种心理品格的孩子往往对家长不尊重，自私任性，挑吃挑穿，缺乏独立生活的能力等，令家长追悔莫及。有些家长则走向了反面，对孩子施以粗暴的教育方式。他们一心希望孩子按自己设计的模式发展，稍有不如意，则予以批评、责怪，甚至进行打骂，真有恨铁不成钢之势。在这种环境中成长，有的孩子不自觉形成了与父母相抵触的心理，有的孩子则形成了遇事不敢锐意开拓的退缩心理。这些心理品格都是不利于孩子健康成长的。有的家长的教育方式虽没有走向极端，却也很不得法，影响了孩子良好心理品格的形成。例如，对于那些长相特别丑或特别美的孩子，家长常会当着他的面而发表议论。这样，无形中使这些"相貌异常"的孩子对自己的相貌产生"自己与众不同"的自卑或自傲的异常心理。对于有特长的孩子，家长常过分地予以肯定、赞扬、鼓励和宣传，有时还让孩子做专门的炫耀性表演。这就极易导致孩子过早地形成"专业化"的心理定式，从而影响以后身心的全面发展。凡此种种，无不说明不当的教育方式导致家庭教育走入误区。对此，家长应有所警惕。

欠缺的教育知识削减了家庭教育的合理性与实效性。家长的教育知识在宏观上应以自己对儿童教育学、心理学等知识的掌握为基础，在微观上应以对自己孩子身心特点的了解为基础。这两方面缺乏任何一项，都会直接影响到家庭教育的合理性与实效性。但在现实生活中，许多独生子女家长对儿童教育学、儿童心理学等知识并不了解。据中国青少年研究中心少年儿童研究所的调查表明，79.2%的父母没学过儿童心理发展方面的知识，52.5%的父母没学过儿童教育知识，88.3%的父母没学过儿童性教育方面的知识，69.5%的父母没学过儿童生理发展方面的知识，45.5%的父母没学过儿童卫生保健知识，51.6%的父母没学过与孩子学习有关的文化知识。与此同时，他们也就不可能从教育学、心理学的高度把握自己孩子的身心发展规律。家长教育知识的欠缺，最终导致了孩子对家庭教育的不满意。据同一项调查表明，11.1%的孩子认为家长经常不尊重自己，17.4%的孩子说家长总是斥责自己，20.8%的孩子认为家长限制自己交朋友，54.8%的孩子说家长喜欢夸奖别人的孩子，认为"我爸爸很理解我""我妈妈很理解我"和"非常符合自己情况"的仅为36.6%和48.2%。孩子对家庭教育不满意，势必会影响家庭教育的实际成效。家长缺乏教育知识所造成的家庭教育失误的现象在生活中并不鲜见。例如，这种心理学认为模仿心理是一种普遍存在、与生俱来的生理现象。它可使一个人力图把自己变得跟他人相似，甚至以他人自居，从而满足内心的某些欲望。一般来说，这种心理在儿童时期表现得最为突出。儿童和他们的父母生活在同一个家庭环境中，因此他们绝大部分的言语和行为都是父母言传身教的再体现。但生活中，有些独生子女家长却不了解其中的奥妙。在教育孩子时，只习惯于单方面要求孩子去干什么，而往往忽略了对自身的要求。这样的家庭教育就很难取得实效。例如，有的家长想让自己的孩子养成诚实的个性和不挑食的好习惯。在他们教育孩子这样做的同时，他们却时有说谎的情况和挑食的坏毛病，如此情况下，孩子就不可能走向他们的反面。因而，做家长的首先应该是"身教"，然后"言教"才有可能奏效。

（四）教育内容枯燥单一

教育内容是教育观念的直接产物，缺少理性的教育观念，很难产生科学的教育内容。大多数家庭教育观只是一种成才观,而这种成才观仅能通过学业成就来体现,所以家庭教育的内容相应就表现出片面性,其表现如下。第一,家庭教育中缺乏德育内容,体现为内容上的唯智化。我国著名教育家陶行知早就说过"千教万教教人求真,千学万学学做真人",可是目前我国的家庭教育却成为学校教育的承包机构,造成家庭教育学校化,不存在家庭教育的本来职能,如尊老爱幼、团结友爱等。据一项调查显示,独生子女家长最关心的是孩子的学习成绩,其次是身体健康,再次才是道德品行。而且,目前家庭成为孩子的"第二课堂"的现象越来越普遍,孩子在家里除了要完成教师布置的作业外,还要学习家长加码要求的新内容。而这种学习对孩子来说已经变成了一种沉重的负担,根本没有任何乐趣可言。据一项调查显示,在接受调查的10~15岁的独生子女中只有33.2%的学生"经常感到学习的乐趣",大多数学生对学习本身不感兴趣,感觉不到快乐。第二,家庭教育中缺乏身体素质的锻炼,体现为一种物质上的唯营养化。当前社会物质丰富,让孩子过得舒服一点儿,本来也无可厚非,然而有很多家长在孩子的消费方面可谓不遗余力,给孩子最好的物质满足,从玩具到电脑,无所不包,特别是饮食上,家长只要听到什么食品或饮料益智健脑,就会千方百计买来给孩子享用,造成孩子在营养上的失衡,以致目前学校的"肥胖儿"越来越多。由于缺乏日常体育锻炼,这些肥胖儿身体并不健康。家长在家里不让孩子干力所能及的家务,甚至连穿衣戴帽都帮助他们,对家长来说,孩子是捧在手里怕摔了,含在嘴里怕化了,更不用说让他们参加劳动,进行艰苦的体育锻炼了。第三,家庭教育中缺乏对孩子能力的培养。或许由于目前的考试压力,或许由于溺爱心理,目前我国独生子女家长对子女学业上一味追求高分,而忽视孩子能力的培养,造成越来越多"高分低能"的所谓"高才生",有的甚至丧失了起码的生活自理能力。第四,家庭教育中缺乏非智力因素的培养。由于家长的教育过分倾斜于孩子的智力开发、应试技能的培养,不少独生子女心理承受能力差,心理脆弱。另外,在有些家长的教育内容中不但没有道德教育,而且有一种反道德教育的倾向,他们让孩子在公共汽车上抢占座位,在和小朋友的交往中欺侮别人、占上风,在孩子偶尔争吵中偏袒自己的孩子、指责别人。久而久之使孩子养成不良道德品质,专横跋扈,蛮横无理,这些都影响孩子以后的成长,不利于孩子的正常发展。

(五)对孩子期望值过高

期望值过高的独生子女的家长往往把孩子看作是自己个人的全部希望所在,于是望子成龙心切。据调查表明,有95%的家长希望孩子将来能上大学、读硕士、攻博士、出国深造等。几乎所有的家长都希望孩子能当科学家、艺术家、医生、律师等,对孩子成才的期望值过高。为了实现自己的意愿,独生子女的父母都特别重视对孩子进行早期智力开发,宁愿自己节衣缩食,也要让孩子学琴学画,带着孩子参加各种"学习班"。据笔者了解,家长陪孩子上各种业余特长班的越来越多,其中有一个小学生一周居然要上6个特长班——书法、绘画、国际象棋、钢琴、作文和英语班。北京师范大学心理系教授郑日昌说:"人一生下来就存在着个体差异,孩子需要按照个体特点的优势发展。别的孩子能达到的目标,你的孩子可能达不到。不承认差异,不尊重科学,不因材施教,就会扼杀孩子的个性。"而独生子女的父母那种不顾孩子的意愿和实际情况,一厢情愿地揠苗助长的做法,只能导致孩子身心疲惫,产生逆反心理和厌学情绪,使其成就感大大降低。

## 三、独生子女家庭教育问题成因

### (一)中国应试教育和竞争激烈的社会环境的影响,同时也是家长教育观念的片面化

导致独生子女家庭教育问题最主要的是教育理念落后,所谓家庭教育理念是指"家长对子女教育的基本认识"。除传统观念之外,也受到学校教育思想、教育观念的影响。虽然现在国家一直在倡导素质教育,但是现在我国家庭教育的特点仍然是"听话教育"和"知识教育",以"乖孩子"和"学习好"为教育目标,不注重儿童心理素质、道德品质的养成,不注重综合素质与创造能力的培养,这必然导致儿童依赖性强,缺乏动手能力,会扼杀儿童的独立人格和创新精神,不利于儿童的全面发展。

### (二)长辈对孩子极端溺爱,一味地迁就

首先,因为孩子少,真的成了家长的掌中宝,溺爱孩子成为时尚。由于中国人口政策的强有力实施,孩子无疑成为家中的重点保护对象,成为小公主、小太阳。有的家长不知该怎样爱孩子,以为给孩子提供优裕的物质条件和学习条件就是爱。因此,对孩子有求必应,尽力满足孩子的物质和身体方面的要求。孩子做错事,舍不得批评,即使批评,也避重就轻。许多家长一切为了孩子,自己节衣缩食,任劳任怨,而孩子却坐享其成,吃好的、穿好的、用好的。

### (三)父母具有不良的人格、双亲关系不良或父母工作忙碌

父母具有不良的人格、双亲关系不良或父母工作忙碌忽视了与子女的交流,造成亲子关系紧张,从而使家庭环境不佳。其主要表现在以下两个方面。

1. 父母具有不良的人格特征

研究表明,父母抑郁程度越高,孩子行为问题产生的可能性就越大。另外,父母酗酒、赌博等不良行为也会引发儿童的行为问题。

2. 双亲关系不良或父母工作忙碌

双亲关系不良或离异对儿童心理有较大的负面影响。一是父母离异后,常常会造成儿童情绪紧张、心理偏常,角色认知也会产生矛盾和冲突。二是有的父母在离异后要么意志消沉,对孩子不管不问;要么把所有的爱和希望都寄托在孩子身上,对孩子过于溺爱;要么因为心情恶化对孩子冷漠粗暴。三是家长因工作忙、压力大或认识不到位,从而忽视了儿童的精神生活,在亲子之间缺乏沟通,造成亲子关系紧张。这些都会使儿童出现自卑、孤僻、怯懦、粗暴等心理缺陷和偷窃、打架、撒谎等不良行为,

不利于儿童社会化的顺利进行。

（四）父母对子女的成才心切，过早确定了发展方向，让孩子专攻某一方面技艺

在中国应试教育、竞争日趋激烈等大环境的影响下，现在的家长大都重智轻德，忽视了人格养成、身心素质养成等原本主要的方面。很多独生子女的父母无视孩子的现有水平、兴趣爱好，只按照自己的意愿和想象培养孩子，送孩子上各种技能培训班。但现实情况却事与愿违，过早的技能训练使儿童产生厌学情绪。在品德培养方面，家长抛弃了中国传统的"温、良、恭、廉、让"，对孩子放任自流，甚至为了自己的孩子不"吃亏"，对孩子进行违背道德的教育。这一切都使儿童在人格养成、品德养成方面存在严重缺陷，导致其社会化失败。有的家长把追求孩子获得高分摆在家庭教育首位而不懂得培养孩子求知、生存、合作、发展的能力。有的家长片面认为只要孩子学习好，将来考上大学，有个好工作就万事大吉。有的家长动辄以学生测验、考试分数高低设奖进行物质鼓励。孩子考好了，沾沾自喜，考砸了，对孩子又打又骂。有的家长对孩子智力的开发倾资沥血，在知识的学习中严格要求，搞题海战术；而在日常生活中，却包办代替、过度保护，结果有的孩子上大学后，自理能力差，连洗衣这一小事也不会，只好等周末带回家让父母代劳。由于没有加强学生思想品德教育，放之任之，少数孩子不懂礼貌，不尊敬长辈，自我意识过强，无远大理想，脾气大，道德观念模糊，是非、善恶、美丑不分，甚至把"天不怕，地不怕，不怕流血和挂花"式的流氓当"英雄"；把"哥们儿义气"做支柱；把偷摸行为做本领。在学校打架、斗殴、破坏学校纪律；在社会上赌博、吸烟、酗酒、偷窃，甚至参加犯罪活动。近年来少年犯的增多就是明证。甚至初中学生杀死父母、教师的恐怖事件也时有发生。

（五）独生子女的家长往往把孩子看作自己的全部希望所在

望子成龙心切，不能准确定位，对子女期望值过高。如果家长对孩子的期望适当，而又被孩子所理解，那么这种期望就会成为孩子成长和发展的内驱力，家长的期望过高或过低都不能达到期待的效果。但现在家长或受传统思想的影响，或在功利心、虚荣心以及攀比心理的驱使下，大多都不能对自己和孩子进行准确定位，往往对孩子抱有不切实际、过高的期望。在这种高期望下，家长往往不顾自身的实际情况，在最大限度地满足孩子的各种需求，为孩子提供最优化的成长环境的同时，也给孩子造成了巨大的心理压力，容易使孩子出现厌倦学习、拒绝接受新事物等现象，摧残了儿童的创造能力和身心健康，使孩子过早地失去了本该享有的幸福童年。

（六）我国计划生育政策实施时间较短，家庭对独生子女进行教育时缺乏经验

在我国，计划生育政策实施时间相对较短，家庭在对独生子女进行教育时不但缺乏经验，心态也发生了很大的变化，一切以孩子为中心，在对孩子抱有过高期望的同时也给予了过多的保护，主要表现在：缺乏教育经验，方式简单盲目。现在的家长尽管对养育子女抱有很大的热情，很高的期望，但由于缺乏养育子女的经验，教育子女

时存在很大的盲目性。不合理的教育方式大致有以下4种。① 溺爱型。溺爱型的家庭对子女的要求不管是否合理，一律有求必应，结果造成孩子蛮横任性、自私自利。② 专制型。专制型的家庭相信"棍棒底下出孝子"，对孩子严加管制，结果不仅伤害孩子的自尊心，使孩子变得自卑、怯懦，而且也使孩子更易说谎、欺骗。③ 放任型。放任型的家庭对孩子是放任自流，不管不问，结果使孩子是非不分、善恶不明，容易出现攻击性行为等不良倾向。④ 攀比型。攀比型的家庭往往看不到自己孩子的优点，习惯和其他的孩子进行攀比，以己之短比人之长，结果压抑了孩子的个性和聪明才智，使孩子更易产生逆反心理。

## 四、解决独生子女家庭教育问题的对策

### （一）要把孩子看成是家庭中的一个普通成员

疼爱孩子并不完全是给孩子买好吃的、买好穿的、花了多少钱，而是在家长心目中孩子是在什么地位。如果把孩子放在所有家庭成员之上，家长的所作所为很可能都是娇惯。把孩子放在全家人之上，他就是一个特等公民，在这样的地位上，孩子必定产生特殊化的思想。家长要把孩子看成家庭中一个普通的成员，让他做一些力所能及的事情，让他知道他有责任、有义务为家庭、为他人做点事情，培养孩子的责任意识。

### （二）尊重孩子的自然发展规律和选择

一个家庭培养一个孩子，固然给予他很高的教育投入和热情，也希望他有个好的未来，但是家长应该明确儿童自然发展观。正如著名教育家蔡元培所言："教育者，与其守成法，毋宁尚自然；与其术划，毋宁展个性。"不能把成年人的意愿强加在儿童身上，应该尊重孩子自己的选择，给孩子充分的自主权。

### （三）家长要把期望合理地传达给孩子

父母的期望只有化为孩子的愿望和兴趣才可能是合理的、有效的。现在孩子都有自己的愿望，做家长的应该理解他们，尊重他们的天性、个性和兴趣、爱好，注重孩子的潜能开发和培养，注重方法的采用和能力的提高，不搞长辈意志控制和硬性灌输，也不搞以分数论英雄，更不搞棍棒教育。

### （四）家长要注意提高自己

现在是知识经济时代，家长要注意提高自己的素质，要有接受新知识、接受新思想的意识。家长要给孩子做榜样，只有不断进取、积极向上的家长才会教育出这样的孩子。长辈特别是爸爸妈妈必须为人师表，用自己的高素质去影响、熏陶和带动子女的进步与发展，在家里营造一种讲学习、求向上、助快乐、促幸福的文化氛围，从而训练、培养孩子具有高智商、高情商，将来成为品学兼优的学生，直至成为对社会有用的人。

### （五）学校与家庭要密切配合

对孩子进行教育活动的场所主要是家庭和学校，因此，家长要和学校密切配合。父母要保持与子女所在学校班级教师的联系，注意了解孩子成长和进步的情况，发现长处给予必要的赏识和鼓励，发现毛病也不能忽视，要及时、稳妥地采取一定的方式、方法加以解决，以免助长短处，也好配合施教机构搞好对子女的各种教育。

### （六）建立民主的家庭

在民主的家庭中，个体间互相尊重，彼此平等，长辈给予晚辈理性的关爱，晚辈要给予长辈尊重和关心；小孩有自己独立自主的空间，遇事互相协商而不是由父母全权决定；孩子作为家庭的组成成员之一，与父母共同经营家庭，共同承担家庭的责任和义务。

### （七）培养孩子的劳动观

从小就让孩子承担力所能及的家务和劳动。有很大一部分家长片面理解了对孩子的爱，总认为让孩子享受最好的物质生活，不让孩子受一点儿委屈和累就是对孩子最大的爱，自然也不让孩子承担任何劳动和责任。殊不知这种爱会把孩子推到无知无用的境地，孩子不仅缺失劳动技能，而且没有责任心，不懂得尊重别人的劳动成果。所以，家长在日常生活中就应该对独生子女进行正确的劳动观的教育，让孩子理解劳动，体验劳动的乐趣，并且让孩子承担力所能及的家务，从点点滴滴的家务劳动中培养孩子良好的劳动习惯。

### （八）放开保护的翅膀，给孩子一个自己的群体

在独生子女家庭中，孩子没有兄弟姐妹的伴随，所以要帮助孩子创设一个集体环境，让孩子在集体环境中成长。例如，在孩子小的时候就应该经常鼓励、支持孩子和邻居家的孩子一起玩，和睦相处，共同进步。在此过程中培养孩子的一种分享意识——好东西是大家的，并且懂得关心他人和习惯礼让，避免其被家庭关爱包围而产生独霸和事事占有的心理；上学接受教育后，要鼓励孩子参加集体活动，建构自己的朋友圈，大胆让孩子走到外面的世界，与他人交往，参加社会实践，获得相关的社交体验。

家长对独生子女的正确态度，应该是爱而不宠、养而不娇。独生子女的父母在教育子女方面更要重视，掌握他们的心理特点，正确运用家庭教育方法，在学习上对他们宽严有度，做到严厉而不失温情，放手而不失引导，教给他们正确的学习方法，在适当劳动中锻炼他们，营造良好的民主和谐的家庭气氛，使这些孩子能在爱的阳光雨露下健康成长。

家庭教育是一门科学，有着内在的规律性和科学的方法；家庭教育也是一门艺术，运用之妙，存乎一心，只有掌握科学的方法，因材施教，独生子女的家庭教育问题才会迎刃而解。

# 模块四　农村留守儿童的家庭教育

## 一、农村留守儿童现状

在中国有这样一个群体：他们的父母为了生计不得不外出打工获得经济收入；他们一般与自己的父亲或母亲，或者与上辈亲人，甚至父母亲的其他亲戚、朋友一起生活。这些本应是父母掌上明珠的儿童集中起来就变成了一个特殊的弱势群体——留守儿童。准确地说，农村留守儿童是指父母双方或其中一方外出到城市打工，而自己留在农村生活的孩子，如图4-6所示。

根据权威调查显示，中国农村目前留守儿童数量超过了5800万人。57.2%的留守儿童是父母一方外出，42.8%的留守儿童是父母同时外出。留守儿童中的79.7%由爷爷、奶奶或外公、外婆抚养，13%的孩子被托付给亲戚、朋友，7.3%的为不确定或无人监护。

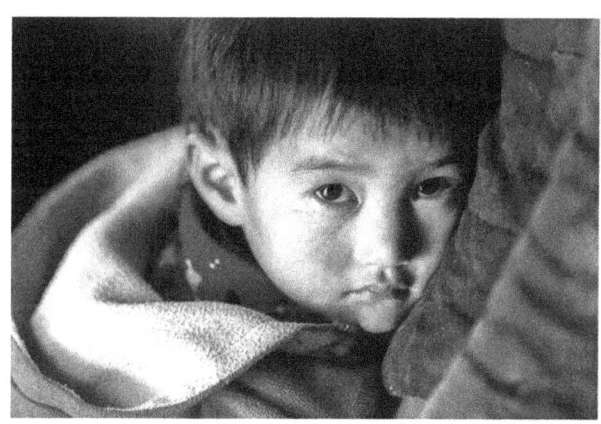

图4-6　农村留守儿童

农村留守儿童问题是近年来一个较为突出的社会问题。留守的少年儿童正处于成长发育的关键时期，他们无法得到父母在思想认识及价值观念上的引导和帮助，成长中缺少了父母情感上的关注和呵护，极易产生认识、价值上的偏离和个性、心理发展的异常，一些人甚至会因此而走上犯罪道路。归纳起来主要有以下几方面问题：一是生活问题，由于没有得到父母很好的照顾，部分留守儿童营养严重不足，身体健康受到很大损害；二是教育问题，父母在外打工，一些留守儿童的农活、家务活增多，学习成绩下降，有些还由于厌学等逃学、辍学；三是心理问题，由于亲情缺失，一些留守儿童不同程度地存在性格缺陷和心理障碍；四是道德行为问题，由于父母对孩子的家庭教育不足或缺失，一些留守儿童没有养成良好的生活习惯和道德品行，缺乏道德约束，违法违纪案件呈上升趋势；五是安全问题，部分留守儿童因父母不在身边，而经常受到同学、邻居的欺负。

## 二、农村留守儿童家庭监护状况及家庭教育类型

### （一）家庭监护状况

1. 隔代监护

隔代监护，外出的父母比较放心，祖辈隔代抚养大多偏于溺爱，以生活照顾为主，知识、精力上承担不了品德培养、学习辅导之职，使家庭道德教育处于真空状态。

祖辈隔代教育的弊端主要体现在以下方面。

（1）祖辈只负责孩子的饱暖，而对于如何给孩子提供良好的家庭教育并不重视。

（2）很多老人过分溺爱孩子，饭来张口，衣来伸手，导致孩子的生活自理能力、自我控制能力差，怕苦怕累，容易使孩子对学习产生畏难情绪。

（3）祖辈中文盲和文化程度低者所占的比重大，根本没有能力辅导、帮助孩子的学习，无从过问孩子的学习，更谈不上对孩子进行素质教育，也从来不与老师联系、沟通，将教育孩子的责任完全推给学校，对于学校组织的家长会，大多数祖辈也只是走个形式而已，起不到教育作用。

（4）留守儿童的学习成绩完全依靠自身的自觉程度。祖辈的文化程度低，无力辅导孩子的学习，或是父母一方外出打工，另一方在家照顾子女，却对子女的学习状况漠不关心，再加上孩子本身的自控能力较差，放任的管理是孩子学习成绩差或持续下降的主要原因，这一点在低年级的留守学生身上体现得更为突出。成绩相对优秀的并不占多数，且优秀的成绩多是靠学生的自觉努力得来的。

（5）随便给孩子零花钱。有的祖辈甚至认为如果"亏待"了孩子会影响到子女将来对自己的孝敬，因而造成很多留守儿童存在乱吃零食、打游戏等坏习惯，发展更甚者编造谎言，更多地索要零花钱。

（6）孩子与祖辈年龄悬殊在43～71岁，代沟很深，无法交流沟通，在对留守儿童的访谈中了解到留守儿童的心事大多愿意和同学、朋友一起分享，在与祖辈的沟通上存在困难。

（7）祖辈的封建思想严重，羞于启齿谈"性"，也不知道如何保护这些孩子。

2. 上代监护

上代监护即把孩子托给亲朋好友、叔婶姑舅。上代监护大多也属于物质型和放任型的管教方式，容易使儿童养成任性的恶习。而对于较为敏感的儿童来说，又容易产生寄人篱下的感觉，从而形成怕事、孤僻、内向的性格。上代监护还容易出现转托情况，即小孩被父母托付给亲戚后，没多久因亲戚打工等外出，就转托给另一个亲戚，几经托付的小孩几乎无所适从。

3. 单亲监护

外出务工的父母收入普遍不高,居无定所,城镇教育费用较高,难以将子女带在身边;留家单亲父(母)普遍知识水平低,农活多,平时与子女缺少沟通,疏于管教,造成亲情淡漠,孩子缺乏安全感;外出单亲父(母)教育方法不得法,存在用钱补偿感情的心理,事实上成为孩子学习、身心发展的旁观者,把孩子的教育丢弃一边。

### (二)留守儿童的家庭教育类型

1. 溺爱型

留守儿童过多地受到祖辈的溺爱,使他们养成了唯我独尊、缺少同情心、骄横任性等"小皇帝"心理。由于缺少约束,在生活上,他们缺少自立、懒惰,衣来伸手,饭来张口,不会料理自己的生活。在学习上,怕吃苦,不努力学习。孩子的自觉性、自律能力很弱。常常因为看电视或是贪玩没有按时完成家庭作业,熬夜而睡觉过头,无法按时到校等情况。祖父母或外祖父母往往都溺爱或偏护这些留守儿童,面对这些情况,长辈们不是如何去教育孩子改正缺点,反而想着孩子还小,一点小事没有什么大不了的,为使孩子逃避老师的处罚还帮着孩子撒谎,长时间会使孩子养成撒谎、逃课、不按时完成作业的坏习惯,教师无法管教。

2. 放任型

留守儿童寄居的亲戚家,虽然有的有能力去管教孩子,但是有很多顾虑,毕竟是别人的孩子不是自己的孩子,管教严了,会怕孩子父母责怪自己没有善待孩子,无法交差,只好采取放任的方式,在生活上尽量满足孩子的要求,只要孩子不做坏事就行,至于孩子的其他教育更谈不上,孩子易养成胡乱花钱、任性的毛病。另外,如果爷爷、奶奶、外公、外婆和亲戚年纪大了,精力有限,无法管教好孩子的行为,只能保证他别冻着饿着就行了。顺其自然,一切都靠孩子的自觉,由于孩子本身的自律能力和自制能力较弱,难免不受到各种影响,从而造成以上的行为出现。

3. 专横型

也有些家庭对留守孩子的管教很严,可是由于缺少方式、方法,在对待孩子的问题上采取的是武力镇压,这类家庭相当信奉古训"不打不骂不成才,棒头下面出好材""棍棒底下出孝子",孩子一旦做错,则棍棒伺候,大声训斥。这样会对孩子的心理造成伤害,从而会让孩子产生逆反心理,走向事情的反面,达不到教育的目的。

## 三、农村留守儿童家庭教育存在的问题

由于留守儿童失去父母的直接监护或只有单亲监护,他们的身心成长会存在突出问题。

1. 生活艰辛

大部分留守儿童的父母寄钱给家里,孩子的饮食和衣着与父母在家时变化不大,但隔代监护对留守儿童的照料相对欠佳,有的孩子营养不足,健康受到损害。尤其突

出的是，在隔代监护家庭的孩子，绝大多数在患病时得到的照料较之其他孩子要差得多。此外，在隔代监护家庭中，老人不仅需要照顾儿女外出抛下的农田，还要照顾孙辈的生活。在这种情况下，很多孩子即使大人不要求，也会主动承担一些力所能及的事，劳动负担增加成为普遍现象。与此同时，他们的学习、休闲、娱乐活动时间受到限制而明显减少。这一切对他们现在和将来的全面成长和发展都是很不利的。如果留守儿童生病了，一般也只会到本村的药店拿点药吃，或者由监护人提供一点土方子，遇到大病，经常就会出现问题，如果经济条件不允许，不敢去大医院，一拖再拖，导致病情越来越严重。

2. 学习较差

父母在外打工，一些留守儿童农活、家务活增多，导致学习成绩下降。相当数量的留守儿童因父母外出而失去了学习上的监督。这些学习缺少监督的孩子，其学习态度逐渐散漫，部分出现了迟到、逃课、不交作业等不良现象。有些还由于厌学等而逃学、辍学。调查中发现，部分外出务工家长潜意识里认为，农村孩子学业有成的概率不高，对孩子的学习总体期望值较低，缺乏硬性约束，将孩子的学业定位在完成九年义务教育上，将孩子的前途定位在外出打工上。同时，监护人对留守儿童学习介入过少。我们知道，几乎全部的留守儿童和外公外婆、爷爷奶奶等祖辈生活在一起。作为一个特殊的监护群体，这些老人普遍年龄大，身体条件差、文盲比例较高，不但在学习上无法给留守儿童切实有效的帮助和辅导，而且由于年龄一般相差近50岁，与留守儿童思想观念差异极大，存在明显的沟通障碍，教育管理上弊端较多。加之祖辈还要承担家务劳动和田间农活，根本没有时间和精力去关注孩子的学习。其实我们深有感受，留守儿童家长及其临时监护人很少主动与学校联系，60%的临时监护人连每年一两次的家长会也不能按时参加，农村学校由于家校距离远，教师登门家访的难度大，对年老的监护人电话家访又很难达到预期效果。因此，较一般儿童而言，这使留守儿童的教育打了不小的折扣。

3. 性格缺陷

由于外出务工的父母打工地以广东等沿海地区为主，常年在外奔波，从事的多是体力活或小生意，收入微薄，生活艰苦，劳动强度高，空闲时间少，因而回家频率极低，一般一年以上回家一次，其中有的家长两年回家一次，个别家长五年以上没有回过家。留守儿童主要是通过书信、电话与父母进行联系，但次数很少，一般要一个月左右才联系一次，有的半年以上联系一次，有的甚至一年到头几乎没有联系。与留守子女联系较少，而联系的内容一般是关于钱物、关于饱暖，谈及学习问题，特别是谈及品德问题的不足20%，对于孩子的成长缺乏足够的关注和指导。而青少年正处于情感、性格变化的转折时期，长期与父母分离，极易使他们的性格变得内向、自卑、悲观、孤僻。另外，通过调查发现，在留守儿童中，放纵溺爱型家长的比例比其他类型家长的比例要高得多。究其原因，主要是监护人管不了、不敢管、不会管，外出父母则舍不得管，留守孩子几乎生活在无限制状态下，无形中助长了其自私任性、霸道蛮横、逆反心理重、以自我为中心等极端性格。而且随着父母外出时间长短而发生变化，一般显示为时间越长，性格变化越快，且年龄越小，变化越大。

4. 缺乏亲情

父母在外打工对留守儿童生活的影响较为复杂，其中情感缺乏是最严重也是最现实的问题。研究表明，亲子抚养比隔代抚养和寄养能更好地促进儿童的身心健康发展。亲情关系直接影响到孩子的行为习惯、心理健康、人格与智力发展。由于父母不在身边，留守儿童长期缺乏亲情的抚慰与关怀，往往焦虑紧张，缺乏安全感，人际交往能力较差。同时，根据调查和座谈的情况显示，大多数留守儿童表现出对家庭经济、父母健康和安全的忧虑，不希望父母常年在外打工，且年龄越大，越表现出对家庭完整和父母关怀的强烈需求，对生活的满意度逐步降低。调查中，在问及对父母外出务工的态度时，80%的孩子表示不希望父母在外务工，渴望和他们生活在一起。

5. 心理障碍

父母外出打工，留守儿童明显感觉到家庭生活的变化。第一，体现在家庭气氛的变化上。很多儿童表示，父母外出打工之后，家庭气氛不像以前那么热闹了。以前经常和父母聊天，如今只能和兄弟姐妹或好朋友说一说，或者干脆就埋在心里。数据显示，留守儿童监护人对他们的心理健康问题介入较少，关注不够。有心事时，留守儿童选择的第一倾诉对象是教师，第二为同伴，第三才是监护人。中小学生正处于身心迅速发展的时期，对自身变化、学业压力、人际交往等方面有独特的理解与认识，也产生了许多烦恼与冲突。这时，他们需要畅通的倾诉渠道，更需要正确的引导。但由于远离父母，缺少了起码的与父母交流的机会，而监护人又无暇顾及他们的情绪、情感变化，这种情况对他们的心理健康极为不利，常引发种种心理病症，如感情脆弱、自暴自弃、焦虑自闭、缺乏自信、悲观消极等心理问题，它们的形成是一个长期的过程，其解决也是一个长期的过程。一旦形成了畸形心理，进行矫正教育则比其形成过程更艰难。第二，体现在日常生活照顾的变化上。很多孩子希望父母能够回来照顾自己，尤其隔代监护的家庭，这些儿童会觉得爷爷奶奶、外公外婆在生活照顾上没有父母细心，很想吃父母做的饭菜，还有的儿童表示"很想晚上和妈妈一起睡，感觉很温暖"。有一些上进的孩子，还希望父母能辅导和监督他们的学习，他们认为监护人对他们的要求没有父母严格，而且还不能在学习上辅导他们，致使他们的学习成绩下降。第三，体现在情感变化上。以前父母在家时，吃住玩乐都有父母陪伴，对父母的感觉既亲密又亲切，如今父母很长时间才能回来一次，孩子非常高兴的同时，对他们又会产生一种陌生感。此外，他们大多处于情感性格的转折时期，长期与父母分离使他们在生理和心理上的需求得不到满足，消极情绪一直在困扰着他们，使其变得自卑、沉默、悲观、孤僻，或者表现出任性、暴躁、极端的性格。大多数孩子思念父母，他们希望经常与父母见面、与父母待在一起。第四，体现在一种心理的不安全感上。父母外出后，儿童明显感觉到家庭的势单力薄，在孩子的感觉中，妈妈毕竟没有爸爸那么坚强有力，年迈的祖辈更不是他们安全的保护伞。他们中有的儿童反映，父母外出后，自己会被其他小朋友欺负。在面对紧急事件时，由于父母不在身边，很多孩子表示他们只能向邻居或亲戚求助。此外，还有的儿童内心深处经常还为外出父母的健康和安全担忧。

6. 行为偏差

处于义务教育阶段的少年儿童，其行为发展在很大程度上还处于他律阶段，自律能力很弱。由于父母不在身边，儿童和监护人之间关系特殊，只要不犯大错，监护人对孩子的行为一般都采取认可态度。由于缺乏及时有效的约束管教，部分留守儿童纪律散漫，行为存在偏差。调查中发现，许多留守孩子在家里不听祖辈教导，在学校道德品行较差，不遵守规章制度，常有迟到、旷课、说谎、打架、欺负同学、向低年级学生索要财物等行为，有的迷恋网吧和游戏厅，甚至与社会上一些有不良习气的成人混在一起。对留守孩子的种种行为问题，监护人、家长、学校等方面都感到难以控制。

7. 价值扭曲

务工经济的蓬勃发展，使农村生活条件明显改善，这是不争的事实，但部分外出务工者急切致富的心态迅速膨胀，平时对子女的伦理道德教育、法制教育关注较少，特别是有的父母因长期在外，无法照顾孩子产生负疚感，于是采取"物质+放任"的方式进行补偿，使得留守孩子拥有零花钱的数量增加，使用自由度提高，极易形成孩子功利主义价值观和享乐主义人生观，养成好逸恶劳、奢侈浪费、乱花钱、摆阔气的陋习，并直接导致"读书无用论""拜金主义"等错误思想。据调查，部分留守孩子产生了厌学情绪，认为读书无用，就是因为看到自己父母也没读什么书，同样天南地北挣钱，甚至部分孩子开始把人生发展方向定位为打工挣钱，热衷于吃喝玩乐。

8. 安全隐患

对于环境适应能力较差、自制力较弱的孩子来说，加强安全防护工作至关重要。但由于学校、家庭之间存在安全衔接上的"真空"，学校不可能面面俱到，监护人又普遍缺乏安全保护意识和防范防护能力，导致留守儿童伤人或被伤害等安全隐患无处不在。在全国各地，留守儿童溺水、触电、打斗等意外伤亡事件屡见不鲜，甚至被拐卖、被侵犯的恶性案件也时有报道。

## 四、学校如何做好留守儿童教育工作

留守儿童作为一个特殊的群体，已经引起全社会的关注。这是社会尤其是学校面临的巨大挑战，也是每一位教育工作者的困惑。但是，作为教师有责任教育好这些学生，为他们创造良好教育和健康成长的环境。学校做好留守儿童的教育工作，应该从以下几个方面着手。

### (一)学校把"留守学生"当作一项课题研究

教育的关键在教师,提高教师综合素质,特别是把教师培养成研究型、学者型教师是目前学校必须加强的一项工作。首先,建立家长联系卡,责任明确到班主任。班主任把本班留守学生的详细资料,包括学生的住址、家长的联系电话、监护人、学习、思想、心理等方面内容整理好建立成家长联系卡。班主任经常与父母联系,介绍学生的平时情况,定期通电话家访,跟踪思想教育。一方面向这些隔代抚养者反映该生在校情况,另一方面指导他们如何配合学校教育管理好孩子。其次,建立心理有偏差学生的档案。此类学生的档案主要包括班级的"心理偏差学生名单"和"偏差学生转化谈话记录"两份表格。班主任把学生分配到任课老师,实行导师制,让任课老师一起做此类学生的思想转化工作,加强学生的思想品德教育。对学校而言,任课老师也是德育的重要资源,也是心理老师,他们对学生品德的发展有重要影响。正如教育家彼得斯所说:"不管你是不是愿意,每一位教师都是道德教师。"

### (二)学校教育应该成为影响留守儿童成长的主渠道

留守儿童是祖国的未来,是未成年队伍的重要组成部分。留守儿童教育管理是建设和谐社会必须解决的重大课题,它直接关系到下一代的健康成长,是一项长期而艰巨的战略性工作,是一项涉及千家万户的社会系统工程,需要全社会来关心、关注。所以,破解留守儿童的教育管理难题,家庭、学校和社会三方面都必须共同努力、通力合作、相互配合,努力使学校教育与社会教育、家庭教育形成合力。这就要求学校教育不仅要完成校内对留守儿童的教育,而且应该有意识地向留守儿童的校外生活延伸,以弥补他们在校外的生活真空,促进他们健康发展。确保留守儿童留而不乱、留而得乐、留而好学、留而有德,这就要做好以下几点。

(1)从心理着手,矫正他们扭曲的心理。留守儿童的根本问题就是心理问题,这得从心理入手。

① 教师要做好学生的心理辅导工作,成为他们的知心朋友。要对本班的留守儿童有充分的了解,知道他们的家庭背景、人际关系、性格特征、行为习惯、道德品质、学习动机和态度。为他们建立起心理健康卡,留意每个学生的心理变化,并做详细记录,对他们不正常的行为表现及时干预,正确引导,并进行有关的心理辅导,给他们更多的心灵关怀。

② 留守儿童因父母的远离,使得他们普遍缺少了和父母沟通的机会,缺少父母的赏识,缺少了来自父母的压力,自律能力相对差,内心孤独。对于留守儿童和父母之间的这种情感空白,教师应更多地从情感入手加以弥补。这就需要教师深入学生当中,到学生的家庭中去,经常和这些学生进行情感和语言上的交流,以填补他们缺少父母呵护的空白。同时,经常开展形式多样的集体活动。例如,给他们过生日,让每一个同学都来关心、关怀他们,消除他们的孤独感和自卑感,让他们感受到集体的温暖。

③ 爱是教育的基石。教师要经常利用休息的时间去家访,了解、关心他们的生活,

对生活困难的学生要及时给予帮助。同时，和他们的监护人互相沟通，使其积极配合学校共同教育：每天要督促孩子完成学习任务，要经常和孩子进行情感、语言上的交流，帮助他们树立远大的理想，建立学习目标，激发学习动机。

④ 教师和监护人是代替不了父母的，要让孩子感到父母无时无刻不在自己的身边，满足他们的安全感。因此，教师要教会学生经常以书信、电话的方式来加强同父母的情感交流，指导他们学会把生活和学习中的苦乐告诉父母，使情感得以抒发。有了父母给予精神上的鼓励和行为上的约束，有了学校的温暖关怀和帮助，孩子一定会对学习和生活产生信心。

（2）教师要引导留守儿童树立起正确的人生观、世界观和价值观。

教师在和他们交流过程中要正确引导他们理解父母外出打工的艰辛，让他们懂得穷人的孩子早当家的道理，珍惜现在难得的学习机会，努力学习；增强他们的是非观、判断力和责任感，使他们对父母的理解转化为学习的动力。事实上，有些孩子除了完成学习任务外还要承担繁重的家务劳动，照顾弟弟妹妹，甚至老人。在长期的生活中，他们的意志变得坚强起来，思想变得成熟起来，学习也很用功，而这些品质是其他孩子所不具备的。每个孩子都希望得到别人的赏识，教师要善于发掘留守孩子身上的优点，对他们吃苦耐劳、自立自强的精神加以表扬，鼓励他们将这些生活事例以作文或者主题班会的形式倾诉出来，号召同学们向他们学习。当这些学生得到老师和同学们的认可后就会增强对学习的信心，有了正确的学习动机后，就能极大地促进学习。教育方法多种多样，对孩子教育时应因材施教、循循善诱，对性格不同、脾气不同的孩子采用不同的方法和手段。教育孩子要多换位思考、多想想，绝不能简单行事，动不动就一顿暴打、臭骂，不给孩子解释的机会。这种粗野、蛮横的方式，让孩子口服心不服，起不到任何的教育效果，甚至形成逆反心理，使孩子产生仇恨、冷漠的情绪。长此以往，会影响孩子与监护人之间的相互沟通，对孩子的心理造成极大的伤害，甚至导致心理疾病的发生。另外，就是对孩子监护不力，即一种监护器式的方式，孩子犯了错误，怕伤孩子感情，就轻描淡写说两句完事，长此以往怂恿孩子的坏毛病，导致无法管教，误入歧途。这是不全面的教育方法，教育孩子应动之以情、晓之以理，既堵又疏，才能水到渠成。

在树立正确的人生观和价值观方面，我们应教育孩子正视现实，理解父母背井离乡、亲情分离的无奈，放下心理包袱，不自卑、不气馁，努力学习，回报社会。

（3）以身为范，教育孩子诚实守信。

电视中有一句广告词——父母是孩子最好的老师。俗话讲"家庭是孩子的第一所学校，父母是孩子的第一位教师"。家长和孩子的监护人要以身为范教育孩子，这样才具有说服力，让孩子在一种良好品德氛围中健康成长。

诚实守信，应是教育孩子的主要内容，孩子诚实不足归根到底是家长或其他监护人做得不好。如果能真正做到言传身教，让整个社会充满和谐关爱的氛围，孩子们在这样一个充满爱心、孝心、诚心、诚信的和谐社会中，一定能健康茁壮成长。

（4）指导孩子慎重交友。

古人云："近朱者赤，近墨者黑。"这是古人警示交友的名言。孩子明辨是非能力差，加之特殊的监管环境，留守儿童容易沾染一系列的不良社会陋习。所以，教师及监护人要引导他们慎重交友，以防孩子与有恶习和品德败坏的人交朋友，被引诱变坏。特别是现在网络文化的泛滥，对孩子的影响特别大，如留守生为上网，竟从家偷钱，甚至抢同学的钱，与社会上一些不三不四的人交往，不思学习，不听老师的教育和劝告，结果走出校园不多久就因打架致人重伤沦为少年犯。同样的事例在留守少年较多的学校不胜枚举。可见，孩子的交友不能忽视，要帮助引导孩子慎重交友，使孩子健康成长。

（5）引导留守儿童培养良好的兴趣爱好。

留守儿童因特殊的环境，很大程度上缺乏父爱、母爱，心理不完善、感情脆弱，再加上儿童的好奇心，在爱好和兴趣方面各有所为。因此，帮助他们建立自信，培养良好的爱好和兴趣尤为重要。同时，这也是监护人和留守儿童进行思想沟通和培养感情的有利机会，还可以弥补留守儿童空虚的心理，同时起到了锻炼身体、陶冶情操，培养良好的道德品德和远大志向的效果。

（6）学校应充分发挥教育优势，特别注意与家长的联系沟通，提高他们对教育的认识。

对于父母常年外出打工的学生，老师要加大家访力度，或通过电话、信件等形式，向家长汇报孩子的学习、生活和思想情况，有的放矢地进行教育疏导。充分利用学校的教育资源，发挥学校的教育功能；作为留守儿童所在地的教育机构，应该尽可能利用各种教育资源，为留守儿童的心理健康发展早尽力、多尽力。

**（三）学校要与当地政府结合，发挥政府的职能作用，创造良好社会氛围**

（1）强化对学校周边教学环境的整治，规定学校周边1千米范围内不得有网吧、游戏厅等娱乐场所。

（2）由政府牵头，部门负责，组织公安、司法、工商、文化、税务、教育等相关职能部门联合执法。强化网吧、桌球室等娱乐场所管理，禁止未成年人进入，否则，对该场所责任人予以警告或处罚。

（3）学校、家长、学生共同签订责任状，不得进入网吧、桌球室等娱乐场所。留守儿童问题，看似是家庭问题，实则是社会问题，家是最小国，国是千万家。儿童更是国家将来的建设者，他们的健康成长，直接影响着国家的未来。但只有党委、政府重视，社会氛围良好，家庭、学校各负其责，留守儿童才能够健康成长，强国富民的目标才能够实现。

总之，留守儿童教育问题是一个越来越突出的社会问题，是构建和谐社会的重要组成部分，更是我们从事教育工作所面临的一个新课题。它需要教师、父母、监护人乃至全社会的共同努力，但主阵地是学校，教师是关键，我们要本着对每一个孩子负责的态度，把更多的关爱和呵护给这些心灵最脆弱的孩子们，使他们同其他儿童一样享受同等的教育，在快乐中茁壮成长！

### 五、留守儿童家庭教育指导要点

（1）对父母进行履行监护职责的教育。我国法律规定未成年人的父母是其监护人，父母应当履行对孩子的抚养教育义务，即使孩子不在身边也不能推卸自身的责任。亲生父母对孩子的教育影响和亲情是任何人也替代不了的。父母应当给孩子提供基本生活费和受教育的费用，尽可能与孩子多见面并以各种方式保持与子女的联系和沟通，委托亲属或其他人照顾孩子。

（2）对委托照顾孩子的成年人的教育。父母双双离乡一般将子女委托给祖辈或其他亲属照料，这些人临时履行对孩子的监护职责。应保障孩子的生活需求和适龄孩子接受义务教育，保护孩子的合法权益不受侵害，并及时将孩子的情况反馈给其父母。

（3）促进学校、社会和相关机构监督留守儿童家庭监护职责的履行，及时弥补留守儿童的监护和教育缺陷。

## 模块五　智障儿童的家庭教育

根据世界精神科分类手册第四册，智障人士是在18岁之前被评估出智力明显低于普通人，即智商在70或以下，并且在生活范畴中沟通、自我照顾、家居生活、社交、使用社区资源、认路、学术、工作、余暇、健康及安全的人群有两项或以上相对于同文化同年龄的人发展得迟缓且适应有困难的人群。

智障是永久的缺陷，既不是疾病，又不是精神病，不是药物可以治愈的。但智障人士可以经过训练而发展其有限的潜能，增强其独立及正常生活的能力。一般包括以下三种情况：其一，因智力发展受到障碍，智力水平较一般人稍低；其二，需要适当教育及训练，使其能独立工作和照顾自己；其三，吸收知识和技能的速度较为缓慢。

18岁以下发生，若依据智商（Intelligence Quotient）程度，智障人士可分为：

（1）轻度智障——智商介于50~69；

（2）中度智障——智商介于25~49；

（3）严重智障——智商在25以下。

## 一、智障的成因

智障的成因很多,主要可分为先天因素及后天因素两大类。

### (一)先天因素

染色体异常,如唐氏综合征,遗传因子结合出现问题;新陈代谢系统出现问题。近亲结婚或高龄产妇较容易产下此类婴儿。

### (二)后天因素

怀孕期间:母亲在怀孕期间受病菌感染(如德国麻疹、糖尿病)、错服药物、跌伤、营养不良、酗酒、吸烟、吸毒或受X光辐射等都可能导致新生婴儿智障。

生产期间:早产、难产、婴儿缺氧、病菌感染或体重不足导致儿童脑部发育不良或受损,造成智障。

婴儿及幼童期间:初生婴儿抽筋、血糖过低、病菌感染(如脑膜炎、黄疸病)、营养不良或意外令脑部受损,会影响智力。

后天培养:后天环境也影响个人智能的发展。

## 二、智障儿童的特质

1. 学习方面

由于能力有限,智障儿童的学习持续性较短,记忆力较差;应用能力较低;学习的动机很少出于自发;欠缺抽象思维,领悟力和理解力薄弱;学习转移能力不足,不能灵活运用所学的知识和技能。尽管如此,只要给他们机会,大部分智障人士都可以学习生活起居技能和职业技能。

2. 情感方面

智障儿童通常思想纯真,性格率直。只要有人愿意与他们谈话、关心他们,他们便会很开心。

3. 沟通方面

智障儿童的表达能力,特别是言语方面比较差,常常不能表达自己心里想说的话。抽象及应变能力较差,未必能独立处理问题。

4. 行为方面

有些智障儿童的行为可能出现问题(如用发脾气来引起他人的注意),通常与管教方法和社会人士对他们的态度与期望有关。

智障人士往往能够胜任一些智力正常的人可能觉得沉闷的工作,如用手进行简单及重复的操作等。

### 三、智障儿童的学习特点

（一）认知

对外界事物的认知、思考模式是影响他们行为发生的因素。

1．缺乏统整能力

无法把一件事完全统整，因此，了解事情都是一部分、一部分的，且每个部分皆独立。

2．短期记忆拙劣

短期记忆是认识事物之后立即记住的能力，短期记忆加强后会转变为长期记忆。短期记忆差的原因是脑部信息处理的速度太慢。

3．后设认知与抽象思维障碍

后设认知就是做完一件事情后，事后自己回忆、监督、检讨、改进。智能障碍的孩子缺乏这方面的能力，缺乏的原因正是孩子短期记忆的拙劣，刚做过的事马上就忘掉了，因此，没有办法把自己刚完成的行为进行事后检讨、改进。

智力障碍的孩子抽象思维能力差。事实上，中重度的智力障碍孩子连抽象思维都没有，因为抽象思维需要脑神经发展至相当高的程度。

4．序列处理优于平行处理

序列处理是按部就班，依时间序列一步一步地处理事物；平行处理是一段时间内同时处理好多事情。有智力障碍的孩子的序列处理优于平行处理。

5．缺乏辨认的能力

有智力障碍的孩子分辨同一事件在不同环境及情景下区别的能力不足，也就是孩子常分不清楚什么时候可以做这件事，什么时候不可以做这件事。

6．注意力的缺陷

我们常认为智力障碍者的注意力过度分散，其实这是以老师、家长的立场来看，就孩子本身而言，他的注意力非常集中，不过是集中在他感兴趣的地方。

（二）人格

1．自我中心倾向

自我中心就是认为别人所想的跟我一样。我认为怎么样，你一定也认为怎么样，以自我为中心在思考，智力障碍的孩子因发展的限制，所以一直处在自我中心里。

2．依赖倾向

智力障碍者常有依赖的倾向，所以家长、教师应避免孩子过分依赖。

（三）行为模式

1．直接行为

例如，一个人要直走，如果前面有障碍物，一般人会绕道，智力障碍的孩子会把障碍物推开，是人就把人推开，是东西就把东西推开。这种直接的行为常会被家人、老师解释为攻击、破坏行为，其实孩子被误解了，他只是想到达他的目的地，而不巧的是通往目的地的路上有障碍物，仅此而已。

2. 非统整的行为

有智力障碍的孩子就像路边草一样，他没有一个主题，找不到中心，他只注意事物的某个部分。例如，走在路上看到哪边有吸引他的东西，他就会走过去，所以在街上常会迷失、走错地方。

（四）环境因素

在孩子的发展阶段中，大人常因不了解而使用错误的教养方法，因而导致孩子问题行为的发生，甚至导致孩子的发展出现了停滞。孩子的能力、智力是可以提升的，问题是从小大人有没有使用正确的方式来教育他。

## 四、智障人士的潜能

如常人一样，智障人士有多方面的潜能，只要有适当的培训，他们的潜能便可得到发挥。

1. 自我照顾

大部分轻度及中度智障人士在日常起居方面可自我照顾；而严重智障人士通过重复的学习，亦可掌握一些日常起居的生活技能，如梳洗、如厕、烹饪等，无须依赖他人。

2. 兴趣

智障人士可发展的兴趣非常广泛，包括音乐、舞蹈、体育和艺术。在兴趣发展的过程中，他们能享受各种活动所带来的乐趣，亦能发挥天赋的才华，丰富个人生活。

3. 工作

轻度和中度智障人士，若通过适当的培训，就能拥有一技之长，贡献社会。以下便是一些智障人士能做的工作：餐厅侍应、信差、超级市场仓务、办公室清洁、擦车、文具店售货及庇护工场加工、包装等。事实上，只要获得机会，智障人士也能自食其力、独立生活，不致成为家庭和社会的负担。

## 五、智障人士的需要

智障人士的需要基本上与一般人无异，整体来说，他们的需要可分为以下三大类。

1. 一般需要

物质上，他们有衣食的基本需要。精神上，智障人士需要别人的关怀和接纳，也需要自我表现的机会，以确立自信心。同时，他们也需要朋友及群体生活。

2. 学习机会

智障人士学习能力较为迟缓，因此他们需要更多的学习机会及稍长时间的学习。

3. 因材施教

个别智障人士的能力差异很大，因此不但需要公平对待，而且要按其个别能力而教导，使他们发挥潜能。

## 六、与智障儿童沟通的注意事项

智障儿童的言语表达能力差，词汇贫乏，语法简单，发音不准，吐字不清，思维发展缓慢，认识水平较低。所以在与他们沟通时要做到以下几点。

（1）注意倾听，及时回应。

与智障儿童交流的时候，应当多留心倾听儿童所有的表达，不但"听"他的话语和声音，也要"看"他的动作和表情，了解他所希望表达的而又表达不清楚的意思和想法，再做出适当的反应，以鼓励儿童产生下一次表达的愿望，让他知道，即使口齿不清，别人仍喜欢与他相处交流。

（2）对着儿童的视线说话。

要常常与智障儿童进行简单的对话，并且注意对着儿童的视线讲话，但也不能使用强制的方法，刻意把脸靠过去，或把他的头转过来对着他说话。只要在不太远的地方，很自然地喊他的名字，等他注意到在叫他时再配合当时的情境与其视线持平说话即可。

（3）及时注意，简化语言。

智障儿童的注意力都很弱，所以在与其交流之前，可以先叫他的名字、轻拍他或用物体吸引他，当他望着你的时候才跟他说话。当双方都专注在同一件事情上时，交流便开始发生。在语言沟通方面，说话要以简单浅白的字句交谈，用正面意思表达，需要时应说慢一些或重复，为了表达更清晰可以用动作或示范具体表达。

明确、具体地沟通，给智障儿童明确的指令。例如，"在餐桌上的黄色杯子，请拿过来"，这样能更具体、更明确地让孩子了解信息。

（4）语言沟通不能离开情境，因此要选择切合情境的话题。

对于智障儿童来讲，眼前看得见、容易了解的，尤其是以儿童感到关心或喜欢的事物作为话题，效果更好。不仅大人对儿童说希望儿童说的话，大人也可以先以儿童的口气说给他听，让他知道这时候他应该怎么说或回答才好。

（5）不必刻意矫正发音。

儿童即使说不好，有表达意思的姿态即可，若刻意矫正发音，说不定反而会抹杀他好不容易培养起来的说话的积极性。只要他肯说话，发音不正确的缺陷久而久之会改善过来。

（6）不刻意矫正重复性语言，而要在日常生活中多配合当时的情境，多制造对他说话的机会。

例如，让他帮老师拿来一个杯子，老师说："谢谢你。"他可能会随声附和地再说一遍"谢谢你"，这时候不要刻意矫正，老师应该再说："不用谢。"他自然会学，有这样的几次重复之后，智障儿童就会在头脑中形成这种情景定势，再有这样的情景他不自觉就会正确对答了。

（7）有耐心地听他说话。

智障儿童表达能力虽然差，但当他想说话时大人要有耐心地听他说话，并适时地做出相应的表情或动作来回应。即便孩子反复地问同样的问题时，大人也要认真地回答。如此，当对智障儿童说话时，他也比较愿意以语言或非语言的姿势、表情、手势等方式来回答。总之，在与智障儿童交流的时候，要以他们的实际语言能力为出发点，矫正他们的发音障碍，同时注意倾听儿童的发音，及时回应他们的问话，并且引起智障儿童说话的动机，通过注意、简化说话、运用手势、创造情景来引导他们参加各种活动，体验生活，增加兴趣，更重要的是通过与他们一起活动、交流，增进感情，从而达到发展语言的目的，让智障儿童在同一片蓝天下健康成长。

## 七、家庭教育对智力障碍儿童心理健康的影响

家庭是智力障碍儿童教育的第一场所，家庭教育是教育的起点，对智力障碍儿童的心理发展起着重要的作用。因为智力障碍儿童在生理、心理上或多或少都有一些缺陷，这使他们在日常生活的各个方面都会受到影响，所以他们比正常儿童更需要家庭教育。

小余从小和爷爷奶奶长大，爷爷奶奶年纪大了，知道她是有缺陷的，没有教她如何与人交流，只培养了她一些基本生活自理能力。刚到校，她只会自己刷牙、洗脸，完全不会说话、与人交流，当时的她就只会一个人坐在楼梯上。可是现在的她已经能够与人交往，进行简单的对话。在智力障碍儿童成长的过程中，家长要注意适时教给他们生活技能。良好的家庭环境与积极的家庭教养方式对智力障碍儿童心理健康发展有很大帮助，反之，则会给智力障碍儿童心理健康带来负面影响。小魏是个开朗、懂事的孩子，见老师总能微笑着说"老师好"；他是老师的小助手，是同学中的小老师，他总是热心地帮助身边每一个需要帮助的人。小魏的懂事与爸爸的教育是分不开的。小魏的爸爸年轻的时候是名代课老师，自身既是老师也是家长，所以他特别能理解教育孩子时，家长的教育是尤为重要的。他清楚地知道自己孩子不比其他人，他不强求小魏能学得多好，但他教小魏，自己的事情自己做，做人要谦和、有礼貌。家里的哥哥姐姐也经常鼓励小魏，凡事不求比别人好多少，只求自己能有所进步。而小田就是个相反的例子。小田家里有好几个小孩，而小田又是有智力障碍的孩子，父母几乎不理他。没有了父母的管教，他与社会上不好的人接触，变得好事没他份，坏事一定有他份。在学校对同学也是拳脚相加，教师给家长反映后，家长也只是说"你们老师多

学前儿童家庭教育

多管教他，我是没办法了"。小魏父母与小田父母两种截然不同的教育方式，使得他们生成两种完全不同的性格。

在家庭教育中影响智力障碍儿童心理健康较大的因素有以下几个方面。

第一，家庭氛围。家庭氛围是指家庭的环境气氛和情调。生活环境的好坏，将直接或间接影响着儿童的心理是否健康。小郑从小与爷爷奶奶一起生活。爷爷奶奶觉得小郑的命好苦，父母离异，都不在身边，身体又有缺陷，所以对他很溺爱，凡事都帮他做，容不得他受半点委屈，这使得小郑性格软弱，生活自理能力极低。

第二，家庭关系。父母关系的好坏将直接影响着智力障碍儿童的心理是否健康。小强父母关系紧张，经常当着他的面吵架、打架，见多了，小强也学会了爆各种粗口，对同学也是挥拳踢腿的。

第三，教养方式。父母得当的教养方式，可以使智力障碍儿童更加容易与人交往，更好地适应社会，融入社会团体活动。小菲是个有智力障碍的女生，但她的父母，对她采取鼓励的教养方式。"你很棒""你很美"，这是小菲父母的口头禅。他们还经常带她去走亲访友，让她学习舞蹈，增强她的自信心，培养她的社会交往能力。现在的小菲可以和同学们愉快地交谈了。

第四，家长的榜样。智力障碍儿童的家长是否能够给儿童提供榜样，会直接影响儿童的行为方式优劣与心理健康与否。小光经常在校说"我会喝酒呢"，当我听到这句话的时候很震惊，他还是个小学生怎么会喝酒？我只能说："你还小，是不能喝酒的。"他的回答，让人感到很荒唐，他说是他爸爸给他喝的。智力障碍儿童的认知也是有缺陷的，他的分辨能力比正常儿童更差，所以家长一定要给儿童树立一个正确的榜样来供他们学习。

第五，家长的文化素质和心理素质。父母的文化素质和心理状态会在无形中影响智力障碍儿童的身心健康。小莉的父母都是知识分子，他们对小莉的教养方式是开明的，他们教给小莉生活自理能力及正确地与人交往的方式，培养她自信、自强的性格。

## 八、家庭教育中促进智力障碍儿童心理健康发展的主要措施

### （一）营造良好的家庭氛围

孩子有缺陷，作为家长就应该理性地接受他们，给他们一个安全、舒适的家庭环境，让他们感受到来自家庭的温暖和安全，并学会选择适合他们的教养方式。家长应该充分认识到智力障碍儿童身心发展的特殊性，从而教给他们基本的生活自理能力以及社会适应能力。小清的奶奶经常问我："我们家小清这么笨，什么都不会，怎么办呢？"这个时候，我就会对她说："其实小清不笨，他会自己刷牙、洗脸，还会帮老师做很多事；还有，你不要老是说他笨，说多了，他会不自信，也觉得自己很笨；你要经常表扬他，让他觉得自己是很棒的。"

## （二）拓展儿童的活动空间，提高其自理能力和社会交往能力

智力障碍儿童由于自身缺陷，不敢与外界进行过多的接触，从而使他们易形成自卑、懦弱的性格。这个时候家长就要有意识地带儿童去走亲访友，与外界交流，培养他们的社会交往能力，提高社会适应能力。有些家长虽然带着孩子到校上课，但他们还是"不放手"，还是事事抓，事事不让孩子参与。家长要相信，在校有老师和同学，老师会教给他们生活自理能力以及正确的与人交往的方式，而同学们会在他需要的时候，给予他一定的帮助。不只是学校，社会上很多爱心人士也同样关心、爱护着他们，所以家长应该多带孩子出去，让他们与外界多接触，学习新技能。

## （三）家长注意言传身教

家长是智力障碍儿童接触时间最长的人，他们会模仿、学习家长的言行举止。智力障碍儿童分辨是非的能力很差，他不会去分辨这是好的行为，他要学；还是说这是不好的行为，自己不能学，他们会照搬全学。所以，家长在说话、做事的时候，一定要注意，应该为儿童树立一个榜样。

家庭教育对孩子一生的成长起着奠基作用，父母是孩子的第一任老师，既有启蒙作用，又有终身影响作用。智力障碍儿童的家长要充分考虑到儿童成长的特殊性，给儿童一个健康、舒适的家庭环境，时刻教育儿童要有一个积极、健康、向上的生活态度，让他们能够自信地生活在社会这个大家庭中。

# 模块六　器官缺陷儿童的家庭教育

目前，人们对正常孩子的家庭教育模式研究较多，对于残疾儿童的家庭教育研究却较少，鉴于家庭教育的重要性，对身体残疾儿童的家庭教育研究同样具有必要性。身体残疾儿童的教育是特殊教育的一部分，也是通常人们所说的狭义的特殊教育，主要包括感官残疾（盲、聋）、肢体障碍、语言障碍、疾病障碍和智力障碍五大类。家有特殊儿童对父母来说，心情是很复杂的，包括罪恶感、焦虑、否定、依赖等。首先，当父母知道自己有个特殊儿童时，会显得悲哀和伤痛，可能会持续一年以上，才能慢慢地接受这个事实。孩子有任何方面的障碍，对父母而言都是震撼的，但是父母是接触身心障碍儿童时间最多、最了解特殊儿童的人。因此，在帮助残障儿童成长的过程中，家长的地位及重要性绝不亚于教师或相关专业人员，父母的角色与任务也不是他人所能取代的。

## 一、有肢体残疾儿童的家庭教育

肢体残疾包括四种情况：第一，上肢或下肢因外伤、病变而截除或先天性残缺；第二，上肢或下肢因外伤、病变或发育异常所致的畸形或功能障碍；第三，脊椎因

外伤、病变或发育异常所致的畸形或功能障碍；第四，中枢、周围神经系统因外伤、病变或发育异常造成的躯干或四肢功能障碍。根据肢体残疾的程度，可以将肢体残疾分为一级、二级、三级、四级残疾四类。

脑瘫儿童的家庭教育指导：正确认识孩子的病情，运动、感觉的训练，交流能力的训练。截肢儿童的家庭教育指导：培养孩子的自信心；注意孩子日常生活能力的培养；克服困难，尽量送肢体残疾的儿童进入普通学校学习；细心观察，关注孩子的特殊需要。

### （一）肢体残疾儿童的早教内容

肢体残疾儿童早期教育的内容和残疾的类别关系密切。但是一般情况下主要有四个方面。

一是早期教育的一般内容，包括知、情、意、行等各种早期教育的内容。

二是功能恢复的内容，主要是针对肢体残疾的类别进行的肢体器官的功能康复训练，如走路功能的恢复等。

三是功能补偿的内容，主要是某种器官的功能丧失后，用另外的器官代替其功能的能力训练，如脚代替手的功能的训练等。

四是精神培养的内容，主要是自幼培养肢体残疾儿童自强不息的精神。

### （二）肢体残疾儿童早期教育的器材

肢体残疾儿童早期教育的过程需要一定的康复器械或器材，包括训练大肌肉活动的器材（如拉力器、步行车等）和训练小肌肉活动的器材（如串珠、小木棒等）。在肢体功能康复或功能代偿阶段，这些器具更为必要。

除这些具体的器材外，各种无障碍设施——社区的、家庭的——对他们的教育作用是很大的。家庭和社会应该为肢体残疾儿童提供最起码的无障碍设施。

### （三）肢体残疾儿童家庭教育的方法

1. 度过困难适应期

对于所有后天致残的肢残人，家庭教育最困难、最主要或者最先碰到的问题是如何教育孩子尽快度过致残后的困难适应期。

对于出生就已经残疾的孩子，在漫长的生活中从无知到有知已看到了自己的真实情况，逐渐适应了这种症状的残酷。可是，对于后天致残的儿童，心理的突变是不可想象的。一个正常的人，怎么会这样了？并且年龄越大，这种反应可能越强烈。这时家长应做到以下几点。

（1）帮孩子度过心理难关。只要在心理上适应了，其余的就容易了。

在这里给家长的建议如下。① 实事求是地告诉孩子病情，包括对生活、对未来、对整个一生的影响。虚假的"明日欢乐论"对孩子是残酷的，也不利于孩子与困难、残疾做斗争。这些影响可能发生在生活上，可能发生在交友上，可能发生在经济收入、社会地位、婚姻等各个方面，但这些影响恰恰是要好好活下去的理由。② 树立起孩子生活的信念。这是最困难的，做到之后效果却是最明显的。因为许多人在致残的早期都有轻生（自杀）的念头，其原因可能是怕给人添麻烦，认为生活失去了色彩。家长可以用多种方法帮孩子树立生活的信念，如：

a. 告诉孩子生命是美丽的，任何人都没有权利结束自己的生命，相反，要让美好的生命更好地延续下去；

b. 用身边残疾人的故事激励孩子；

c. 用电影、电视中残疾人的事迹鼓励孩子；

d. 带孩子和残疾人交流，使孩子亲自从他们那里获得生活的乐趣和信心等。

（2）尽快训练孩子的生活能力，使之适应致残后的生活。新生活能力的掌握对他们平稳地度过困难适应期也具有重要的影响。因此，孩子致残后，病情一稳定父母就要立刻对他进行生活能力的适应训练。

这种训练有时是困难的，但不是不能，连手的功能都可以用脚来代替，还有什么困难可言呢？因此，父母首先要坚定信心，然后指导孩子坚持训练。毕竟熟能生巧。

2. 培养孩子乐观的个性

乐观的个性往往是容易被家长忽略的问题，但对残疾孩子又是非常重要的问题。

当然，个性的形成有多方面的原因，可是父母的影响、指导具有很重要的作用。在这里给出以下建议。

（1）父母不要在孩子面前表现出对他的担忧。

父母的行为，哪怕是表情，都会对孩子乐观个性的形成产生反作用。

（2）父母不要因为孩子的残疾争吵。

这是许多残疾孩子的父母一不小心就犯的毛病，拿孩子当导火索，互相埋怨对方。建议父母放弃争吵。

（3）不减少孩子的户外活动。

肢残后即使用轮椅推也要经常和孩子到户外散步，和小朋友交流、游戏等，并恰当地解答孩子可能提出的有关残疾的问题，如"我怎么和他们不一样""我还能行吗"，这时要恰当地向孩子解释可能的来自别人的异样的眼光。

父母对这些准备得越多，对孩子就会越有利。

（4）教给孩子知识。

知识是力量，教孩子读书、学习，并教育他们自尊、自强、自立。

3. 指导孩子获得代偿技能

获得代偿技能是肢残者必须在一开始就应该掌握的技能之一。

例如，腿没了或脚没了练习用拐杖走路，再严重的练习用轮椅走路，用木棍、轮椅代偿或代替腿的功能。

左手没了，练习用右手代替左手的功能；右手没了，练习用左手代替右手的功能；双手没了，练习用脚代替手的功能（我国已有没有双手的残疾人学会了用脚洗脸、端碗、洗衣服），练习用脚写字、用嘴写字（如图4-7所示），等等。

图4-7 用嘴写字

请家长记住：只有想不到的，没有做不到的。

4．开展生活自理能力训练

开展生活自理能力训练是所有肢残者必须面临的一个问题。除去那些瘫在床上的极重度的肢残者外，绝大多数肢残者是能够掌握最基本的、相应的生活自理能力的。

5．开展功能训练——作业训练

生活能力训练和功能训练实际是联系在一起的。这些功能训练包括各种肌肉训练、协调训练等，大致可以分为以下3种。

（1）小肌肉群活动训练，如拿、捏、握训练，像系纽扣、系鞋带、摆小棒、捡豆粒等，都属于这些训练。

（2）大肌肉群活动训练，如走、弯腰、跳、投掷等。

（3）有关的协调训练，如平衡能力训练，像站立训练、单足站训练等。

功能训练是所有肢残者都要进行的训练，对于刚刚致残的人尤其是脑瘫患者，这种训练更加重要。

6．教育途径

绝大多数肢残儿童能够在普通学校接受教育。因此，在接受上述几个方面的训练，并且孩子具备了初步的能力，如行走能力（或用轮椅行走的能力）、用餐能力之后，一定要把孩子送往正规的学校接受学校教育。

把肢残孩子送往学校是最佳的教育方式。对于瘫在床上或因病弱一时不能上学的孩子，家长也要制订一个学习文化的计划，然后有计划地请家教，或自己或允许义务工作者前来家中给孩子上课，使孩子在家中接受相应的教育。

## 二、视觉障碍儿童的家庭教育

视觉障碍，也称视觉缺陷，其描述性定义是"由于各种原因导致的视力障碍和视野缩小，难以做到一般人所能从事的工作、学习和其他活动"。视觉障碍一般包括盲与低视力两类。对于盲和低视力的分辨，医学上是根据视敏度来区分的。

（一）视觉障碍儿童的认知特点

1. 知觉的特点

听觉：在学习和生活中，听觉被锻炼得非常灵敏。盲童可以通过听觉进行空间定位和辨别方向，也可以通过听觉了解和熟悉生活、学习的环境。

触觉：发达的触觉也是后天努力的结果。盲童与明眼人手指尖两点阈的平均值为1.07mm 和 1.97mm。盲童通过触觉认识物体的形状、大小、温度、硬度、光滑度、重量等。

但是，视觉障碍儿童在依靠视觉形成知觉上，与明眼人有差距，如形状知觉、空间知觉、知觉与动作的整合、距离知觉和深度知觉等。

2. 注意的特点

注意是指对客体的指向和集中，分为有意注意和无意注意两种。有意注意是需要意志努力的注意，而无意注意是不需要意志努力的。

盲童在接受客观信息时，只能依靠听觉、触觉和嗅觉等，需要花费更多的努力，更多的有意注意。加之视觉障碍，来自视觉通道的干扰很少或全无，所以盲童的有意注意表现突出。而低视力儿童，往往过分依赖于自己的残余视力，导致来自其他感觉通道的信息丢失，于是在低年级，低视力儿童的有意注意和学习成绩一般较差。

3. 记忆的特点

视觉障碍导致盲童和低视力儿童在获取信息方面往往不全面、不完整。视觉经验的匮乏会导致视觉表象难以形成。

4. 学习能力方面

（1）视力的伤残并不明显地影响智力，盲童并不一定比正常儿童智力低。

（2）视觉障碍儿童在概念形成方面往往存在较大困难。

（3）盲童的学习成绩一般都低于正常儿童。

5. 语言发展

视觉障碍儿童语言发展的主要问题表现在两个方面：一是指在说话时的姿势、体态等方面跟视力正常的儿童表现出不一样，二是语意不合的表达。

（二）社会适应

说话时，我们不仅通过语音和语调来表达思想，同时也借助身体语言。因为视觉障碍，所以此类儿童无法获得通过身体所表达的思想，因此在与正常人交流时，会出现一些障碍。

视觉障碍限制了盲童的活动和行为，因此年纪小的视觉障碍孩子，其生活自理能力很差；同时，也限制了他们与外界的交往。后期通过学校的训练和培养，大一些的孩子生活完全可以自理。

## （三）训练视觉障碍儿童的日常生活自理能力

1. 训练吃喝

教会儿童每次吃东西之前要洗手；如果他完全看不见，帮助他熟知各种食品的味道；每次都让他坐同一个位子，筷子、碗、勺子都在同一位置，按同一顺序摆放，相同的食品最好放在桌子的同一位置，并放在盘子的不同地方；手把手教他用杯子喝水，把喝水的杯子放在相同的位置，以便使用时容易拿到，杯子最好是不易破碎的塑料或不锈钢制品，以免伤害到视障儿童。

2. 洗澡、洗衣

应在家庭洗澡的地方以相同的方式教儿童学会洗澡，如果是他一个人不能单独去洗澡的地方就要安排家人陪他去，还可以从屋里牵一根绳子到洗澡的地方，帮助他摸着绳子自己去洗澡的地方；告诉视障儿童洗澡时为防止被别人看见，应在没人的地方洗澡或在洗澡时关上门，并拉上窗帘；洗澡后要教他穿干净的衣服，告诉孩子穿的衣服必须经常换洗，也可教他闻闻衣服的味道，以了解自己所穿衣服是否脏了。

3. 上厕所

教会儿童像其他家人一样上厕所；如果他不能单独去厕所，可让家人带他去，也可以牵一根绳子，帮助他通过摸着绳子独自去厕所；告诉儿童便后要用手纸擦干净，教会他自己做；每次便后要冲水，要用肥皂洗手；厕所设计应比较合理，以保障视障儿童的安全。

4. 穿衣服

教会他像别人一样穿衣服；教会他识别衣服的前后面，可以在衣服背面内部缝个标记，以便区分；用不同的形状标记缝在不同颜色的衣服内，让他记住，以便穿衣服时挑选他要穿的颜色。要时刻记住那些对于正常儿童不用教而靠眼睛观察，然后模仿并能自然学会的技能，视障儿童特别是盲童都需要一步一步地教，要牢记他们是丧失部分或全部视觉的儿童。

## （四）视觉障碍儿童家庭教育的注意事项

1. 给儿童安全感

和视觉障碍儿童讲话前要先叫下他的名字，让他听到你的脚步声，不要让他感觉到你来无声去无踪。凡事多点解释，尤其是当陪伴低视力孩子逛街时，请牵着孩子的手，并且向孩子解释周围正在发生的事情；当有惊吓的声音发出时，请及时告诉孩子并紧握着孩子的手，这样会使他们觉得安心。

2. 对视觉障碍儿童进行触觉和其他器官的训练

如果有机会给他们买不同种类的玩具，如积木、塑料玩具、金属玩具，请耐心教他们学会触摸，让他们体会到不同质地材料的不同手感，培养他们的触觉敏感性；还可以让这些孩子参与厨房工作，让他们运用手指和鼻子去学习更多的常识。

随着孩子逐渐长大，要让他们触摸更多生活上的物件，如自己学习穿、脱衣服和鞋袜，自己洗澡和抹干身体。要让孩子知道家中及四周环境，如墙壁、地板、天花板、门、窗和各种家具。但是如果需要移动家具的位置，请事先让孩子知道。

3. 外出注意事项

在不同季节多带孩子外出游玩，但不要用衣物遮盖孩子耳朵，因为他们需要靠耳朵去辨别声音的来源和方向。

4. 阅读书籍

在看图书的时候，应尽量挑选带有较大且图画清晰的图书，并指着书中的图画指导他们阅读，以免孩子看错位置。

5. 佩戴眼镜

如果戴眼镜可以提高视力，应鼓励孩子经常佩戴。如果家庭中超过一个成员需要佩戴眼镜，要教会孩子如何分辨出属于自己的眼镜。为孩子选择一副舒适的眼镜，要经常检查镜框上的螺丝是否松脱，避免眼镜滑落。定期带孩子到医院检查眼睛和验光，这可确保眼镜的度数保持准确，使他们看得更加清楚。

## 三、听觉障碍儿童的家庭教育

听觉障碍又称聋、重听、听力障碍、听力残疾等，是指因听分析器病变或损伤，导致听力减退或丧失的状态。"残疾"一般是医学或生理学上的名词，"障碍"是心理学和教育学领域的名词。但二者在我国现阶段被当作同义词来使用，作为教育工作者，希望大家都使用"听力障碍"这一术语。

儿童期听力障碍是一种常见的出生缺陷，在所有新生儿中，双侧听力障碍的发生率为 0.1% ~ 0.3%，其中重度及极重度听力障碍约占 0.1%。但在经过重症监护病房抢救的新生儿中，听力障碍的发生率可高达 2% ~ 4%。听力障碍发生率的确定，涉及标准、检查技术和仪器设备等问题，同时也与社会、经济、文化、社会福利有关。由于调查的方法、对象、年龄、地区的不同，其结果不完全一致。世界卫生组织认为，听力损失是全球流行最广的感觉器官障碍，最新统计数据显示，全球听力障碍人数已达 3.6 亿，其中成年人约 3.28 亿；65 岁以上的老人约 1/3 为听力障碍患者；男性多于女性；农村多于城市。美国言语语言听力协会（2001）报告：每 1000 人中有 95 人有慢性听力损失，美国大概有 2000 万人在听觉交流的加工和接受上存在困难。第二次全国残疾人抽样调查结果显示，我国有听力障碍患者达 2780 万人。其中，单纯听力障碍 2004 万，约占残疾人总数（8296 万）的 24.2%；多重残疾中有听力障碍的人数为 776 万，即 57.4% 的多重残疾人有听力障碍（多重残疾人总数为 1352 万）。另外，男童多于女童，农村多于城市。

### (一)听力障碍儿童的心理特点

1. 认知特点

(1)知觉特点。

① 知觉信息加工不完整。一是指在综合运用各种感官来加工信息时,由于缺少听觉的参与而使信息变得不完整,如看电影的过程;二是指单独用听觉来加工时,及时佩戴助听设备,所获得的信息也是支离破碎的。因此,运用其他感官(尤其是视觉)进行补偿就变得迫切和必要了。

② 视觉的优势地位。由于听觉上的障碍,眼睛就成为最主动、最活跃、最重要的感觉器官。研究表明,听力障碍儿童观察敏锐,辨别细小物体或远处物体的技能高于听觉健全的同龄幼儿。国外也有研究表明,听力障碍儿童在一年级时,视觉反应速度比正常儿童慢;但到了三年级,听力障碍儿童的视觉反应速度与正常儿童的差距缩小了;到了六年级时,听力障碍儿童的视觉反应速度甚至超过正常儿童。

③ 缺陷补偿。听觉损伤影响儿童的语言发展,而缺陷补偿可以帮助听力障碍儿童发展语言。例如,在早期语言康复训练中,通过眼睛观察说话者发音时口形和舌位的变化,利用触觉和动觉感知发音时是否送气、声带是否振动。在课堂教学中,利用情景教学法,使学生通过观察和活动参与来帮助学生理解语言。但是,视觉等其他感官对听觉缺陷的补偿作用还是有限度的,不能完全取代听觉。因此,在缺陷补偿的同时,不能忽视对听力障碍学生听觉技能的培养。

(2)注意特点。

注意,特别是有意注意是开展一切认识活动的前提。但是在整个学龄期,听力障碍儿童注意的两个方面的发展都比正常儿童缓慢,且无意注意占优势。鲜明的颜色、生动的形象、突然出现的事物和有明显变化的事物都会引起听力障碍儿童的无意注意。为了培养听力障碍儿童的有意注意,使其能更集中地参与到康复、训练和教学中,教师要利用教具和活动场所的新颖性来引起学生的注意,使课堂、学习、活动变成一件有兴趣的事情,使学生产生学习的兴趣,逐渐培养有意注意。

(3)记忆特点。

① 无意记忆占优势,无意记忆是不需要意志努力的记忆。学前期的听力障碍儿童可能对背诵儿歌等需要有意记忆参与的活动会有困难,但是如果活动是他们感兴趣的,那么他们对这个活动的印象会比较深刻,如游览动物园等。语言康复和训练就是要利用他们无意记忆的优势,来发展语言和培养有意记忆。

② 发展有意记忆的方法有以下三个。第一,在活动中培养。以游览动物园为例,学生对动物天生好奇,教师可以在游览之前布置教学任务,即使不会写,也要告知学生认真观察,有意地记忆。在实际教学中,通过图片唤起学生的感知,在这个基础上运用各种教学方法来发展学生的语言,同时有意记忆也可以得到培养。第二,鼓励以激发学生积极的情绪。有意记忆依靠学生的兴趣,而兴趣是积极情绪的反映。在教学

中，教师要肯定学生的进步和成绩，唤起积极的情绪，培养学生学习的兴趣，以达到培养有意记忆的目的。第三，多种感官的参与。有实验表明，多种感官参与的记忆，其记忆效果要好于单凭一种感官的记忆。

③ 形象记忆优于语词记忆。形象记忆是根据具体的形象来识记材料，而语词记忆是通过语言形式记忆。由于听觉损伤，听力障碍儿童主要以形象记忆为主。例如，对"早上，我背书包去上学"，健听儿童可以根据语词来理解和记忆这句话，而听力障碍儿童要理解这句话就要依靠图片的帮助了。培养学生的语词记忆，要依靠其形象记忆，在依靠形象记忆帮助理解的基础上，运用多种手段来促进语词记忆。

（4）思维特点。

语言是思维的工具。主流社会群体使用汉语言作为其思维的工具，但是听觉损伤使听力障碍儿童不能像正常儿童一样发展汉语言，所以其思维有其独特的一面。与正常儿童相比，听力障碍儿童的思维有如下特点。

① 思维内容具体，多以形象性的内容作为对象。听力障碍儿童的思维主要依赖于事物的具体形象，他们能够掌握具体事物的概念，但不易掌握抽象的概念。这与其视觉的优势地位和手语的沟通形式有很大的关系。例如，听力障碍儿童可以理解桌子、书本、花草等概念，但是对于奋斗、巍峨、爱不释手等较抽象概念的掌握存在困难。

② 依赖感知的特点、生活情景或物体功用来分类。分类是一种较复杂的思维活动，它是在比较、分析、综合、推理的基础上进行的。与正常儿童相比，其分类能力发展较慢，常常依赖感知的特点、生活情景或物体功用来分类，而不能抓住事物的本质特征。例如，把被子、床分为一类，把黑板、多媒体、电视机分为一类。但是随着系统教育的开展，听力障碍学生在分类上会缩短与正常儿童的差距。

③ 概念的扩大化和缩小化。概念是在相似或相近事物间不断比较中区分并形成的。在概念形成之间，会出现概念扩大化和缩小化的现象。听力障碍儿童概念的形成过程长，所以其概念扩大化和缩小化的现象较明显。例如，在某个发展阶段，狗的概念在其头脑中可能指代所有体型小的、有4条腿的动物，这是概念的扩大化。当知道了牛、马、羊等哺乳动物是动物后，那么问其苍蝇时，他们可能把苍蝇排除在动物概念之外，这是概念缩小了，这种现象同样可以在教育中慢慢消失。

④ 思维发展达到的水平有局限。由于听力和语言发展的局限性，加之视觉的优势地位和手语的形象性表征，听力障碍儿童的思维水平与正常儿童相比可能较低。20世纪70年代，英海尔德根据皮亚杰的认知发展理论，对听力障碍儿童的思维进行研究后发现，6～10岁的听力障碍儿童，100%的处于前运算阶段；11～13岁的，60%的处于前运算阶段，40%的处于具体运算阶段；14岁以后的，60%的处于具体运算阶段，40%的处于前运算阶段，能进入形式运算阶段。

2. 语言发展特点

听力障碍儿童的有声语言发展存在如下方面的困难：发音不清，发音不好，音节受限制,词汇量少于正常儿童。由此可见,语言训练是听力障碍儿童早期康复教育的中心任务,教师应针对听力障碍儿童语音习得的发展特点,遵循儿童语言发展的规律,采用科学的方法,对听力障碍儿童进行语言康复教育,促进其语言能力的发展。

3. 智力发展特点

截至目前,对听力障碍儿童的智力发展问题仍有两种不同的看法:一种看法认为,听力障碍儿童因语言发展的落后而引起思维发展的落后,从而影响智力的发展;另一种观点认为,思维不一定要靠语言,与语言概念相关的思维发展可能受到一些影响,但与语言关系不大的动作思维、表象思维则不会受到影响。

4. 情绪与个性发展特点

(1) 情绪的发展。

① 冲动性情绪逐渐减少,情绪的稳定性逐渐提高。由于需要并不能及时地被理解和满足,因此听力障碍儿童易冲动。进入学校后,一方面听力障碍儿童学习语言,使其可以表达需要和其需要被理解;另一方面在与同伴交往过程中和老师的教导帮助下,逐渐会抑制自己的冲动情绪。

② 高级的社会情感逐步发展。与正常儿童一样,听力障碍儿童的社会情感(道德感、理智感、美感)也会逐渐发展起来。社会情感是逐渐内化的过程,儿童阶段其社会情感的参照大多依靠其父母和老师。我们经常会从儿童的口中听到,"我妈妈说:撒谎不是好孩子""老师说:要做一个诚实的孩子"等。只是由于听力障碍,听力障碍儿童在获取信息方面与正常儿童相比处于劣势,因此与正常儿童相比,听力障碍儿童的高级情感发展缓慢。

(2) 个性特点。

与正常儿童相比,听力障碍儿童的个性表现在以下两个方面。

① 脾气倔强,好冲动。在分析情绪特点时,我们知道当听力障碍儿童的需要得不到满足时,他们易冲动。面对这种情况,有些父母要么用不恰当的惩罚手段制止,要么采取过分保护的方法。这两种方式只能使冲动愈演愈烈。有研究表明,听力障碍儿童常有固执、以自我为中心、缺乏自我控制力、冲动性强等消极的个性特点。

② 好动、好奇。上文介绍了听力障碍儿童无意注意优于有意注意的注意特点,即他们往往会被外界的新鲜事物吸引。语言训练过程要十分努力和认真,因而相对于其他活动,语言学习对听力障碍儿童来说是枯燥的,因此,听力障碍儿童会经常动动手、踢踢脚,做各种小动作,表现出好动的个性特点。

好奇是儿童的天性,但是听力障碍儿童的好奇心与正常儿童不同,正常儿童的好奇心往往表现为总喜欢问为什么,而听力障碍儿童的好奇心更多地表现在当面对感兴趣的事物时,他们总喜欢去摸一摸、动一动,这种好奇心更外露。

(3) 社会性发展。

① 听力障碍儿童伙伴范围狭窄。由于有声语言发展滞后,听力障碍儿童在选择

玩伴时，更倾向于听力障碍儿童，而不是健听儿童。因此，在学校，教师应当鼓励听力障碍儿童参与到正常儿童的活动中，同时也要指导正常儿童如何接纳听力障碍儿童，使他们在克服自己胆怯和怕被别人歧视的心理的同时，能得到更有利的交往环境的支持。

② 社会交往欠缺，社会常识缺乏。听力障碍儿童的社会交往只限于个别的同样是听力障碍儿童的玩伴和家庭，因此社会交往欠缺。也因为此，听力障碍儿童的社会常识贫乏。方俊明（1998）采用中国儿童发展量表对听力障碍儿童进行测试，结果表明，与同龄健听儿童比较，听力障碍儿童在社会常识方面成绩最差。例如，他们不知道过河需要乘坐何种交通工具；不知道到什么商店去买酱油；不知道应该到什么地方去踢足球；不知道老奶奶病了，应该送到什么地方看病；等等。他们的社会认知能力也很差，除了对解放军和医生略有所知以外，对邮递员、矿工、电工和教师等都不知道。因此，康复教育，应把发展语言和社会常识紧密结合，采用情景教学，在学生增长社会常识的过程中，语言也得到发展。同时，应使听力障碍儿童走出家庭和康复中心的小圈子，接触社区、接触社会，逐步积累社会经验，促进其社会化发展。

（二）听觉训练

1. 听觉训练的意义

（1）听觉训练是口语训练的基础。

（2）听觉训练能促使听力障碍儿童回归主流社会。

（3）听觉训练有助于发展听力障碍儿童的智力。

2. 听觉训练的内容

听觉察觉：听觉系统对听刺激的感觉能力，或称听感受性。

听觉注意：听力障碍儿童在建立了听觉察觉能力之后，能排除来自各方的五官刺激干扰，注意要听的内容，养成聆听的兴趣和习惯。

听觉定位：在感知声音刺激之后，去寻找声源方向的定位能力。

听觉识别：听感知，听力障碍儿童在已经熟悉声音的基础上，认识和识别各种声音所包含的意义和代表的事物。

听觉记忆：接受各种声音信息的刺激后，在大脑皮层的相应中枢形成的一种编码。

听觉选择：在两种以上的声音中或者在环境噪音中选择性听取某种声音的能力。

听觉反馈：在发音或者画画的时候，无意识地通过听觉进行自我调整的过程。

听觉概念：包括听到、听懂、做出正确反应三个层次，必须在听觉发展阶段成熟的基础上产生。

（三）语言训练

1. 语言教育的原则

早期教育；个别教育；多方合作，创造最佳语言环境；最大限度利用残余听力。

2．语音训练

语言是人类为了社会和人体的交际和思维活动的需要而创造并使用的一种符号系统的语音训练。语言训练包括以下几个方面。

（1）呼吸与控制训练：胸腹联合呼吸法，吸气练习、呼气练习。

（2）呼吸与声带配合训练：触觉感知训练，声带松紧训练，长音、短音的练习。

（3）口腔训练：双唇与唇齿训练、舌头训练。

（4）音位训练：元音训练、辅音训练、声调训练。

（5）音节拼读训练：两拼法、三拼法、声介合母拼读法、支架法、直呼音节法。

（6）正音训练：声母辨正、韵母辨正。

3．理解与表达训练

（1）语言理解训练：丰富的语言输入、培养听（看）话的兴趣与习惯、习得语言规则系统、以特定语境中的最小语言成分对比理解训练、转述训练。

（2）语言的表达训练：培养说的习惯、仿说训练、句子训练、看图说话训练、复述训练、叙述训练、依文学语、以语导文、构建声校语言环境。

（3）看话训练：看话又叫看口、唇读、读话、视话，是听力障碍人感知言语的一种特殊方式和技能，即利用言语活动的视觉信息以理解对方的言语和促进交流。

杰弗斯和巴利把看话分为四个步骤：感受运动或动作模式、知觉该模式、用有意义的概念进行联合、调整或补充所未接受的信息。

符符拉乌认为看话心理活动分为以下三种基本活动。

① 视觉活动：视觉对可见的发音动作及相关的视觉线索的感知；

② 言语活动：记忆中词的运动形象的复活，看话者不由自主地完成的或隐或现的模仿动作；

③ 思维活动：对所感知的信息进行思考，以理解说话者的意思。

影响看话的因素有以下两个。

① 说话者：熟悉度、面部表情和手势、面部位置、说话速度、发音清晰度、分散注意力因素；

② 语言特征：音素可见性（元音较好）、音节可见性、连续话语可见性、言语多余。

4．助听器

助听器是一种增大或扩大声音响度的装置，能够帮助听力障碍患者听到原来听不到或听不清的声音。助听器主要由传声器（麦克风）、放大器、接收器（耳机）和电源四个部分组成。

（四）听力障碍儿童教育的发展趋势

1．早期教育的提倡与职业技术教育的重视

听力障碍儿童的早期发现、早期诊断、早期治疗以及早期教育越来越被人们重视，这些适用于所有类型的特殊儿童,这些对培养人才、弥补有障碍儿童的生理缺陷和心理缺陷有着十分重要的意义。

早期语言训练和培养:语言问题影响听力障碍儿童的思维、智力,还影响听力障碍儿童的身心发展。儿童语言学习的关键期是 3~6 岁。因此,建立众多的听力障碍儿童康复中心和进行学前教育,目的是抓住教育与康复的关键时期,使听力障碍儿童得到最大限度的弥补,获得最大的发展。

职业技术教育:听力障碍患者要走上社会,自食其力,并为社会做贡献,成为一个独立的个体,那么必须要掌握一技之长。因此,对听力障碍儿童进行职业技术教育势在必行。在一些聋校,除了文化课以外,还有生活课或是劳动课,从小培养他们的职业技能。在中学结束以后,也有一些高校设立了专门招收听力障碍患者的专业。

目前全国已有部分大学设有听力障碍患者高等教育:
① 北京联合大学特殊教育学院;
② 南京特殊教育学院;
③ 天津理工大学特殊教育学院;
④ 长春大学特殊教育学院;
⑤ 河南中洲聋人学院。

2. 多种教育安置形式的出现

从 1970 年,一些国家提出了回归主流教育和一体化教育。例如,美国的 94-142 公法,提出对有缺陷儿童的教育,使之在最少受限制的环境采取多种教育安置形式。我国根据自己的国情,对听力障碍儿童的安置也提出了多渠道办学、多层次教育。

听力障碍儿童教育安置:聋校、普通学校特殊班、随班就读、听力障碍儿童康复中心和听力障碍患者职业训练学校等。

听力障碍儿童的教育要调动全社会的力量,采取多种教育形式,使听力障碍儿童能接受到最适合他们发展的教育。

3. 现代化教学手段的运用

计算机进入聋校课堂,电子助听器、语言训练器、电脑打字等已经被广泛应用。投影仪、幻灯机比较普及,助听器、语言训练器、听力检测仪器、录像、电影、计算机等,都已经开始运用于教学中,电化教学已经普遍运用。

4. 多学科、多方面的参与

国外一些学校里都配有医生、听力学家、语言学家、心理学家等方面专家和学者,他们会参与对听力障碍儿童的教育。我国也在逐渐开展多学科的参与,在师资培养方面也采取了多学科的培训。

听力障碍儿童的教育不仅是教育部门的重要工作,同时也受到了政府、社会、家庭等多方面的支持和重视。政府为特殊教育设有专门的立法,我国有《中华人民共和国宪法》《中华人民共和国义务教育法》等有关特殊教育的法律条例,还有专门针对有缺陷人的《中华人民共和国残疾人保障法》和《中华人民共和国残疾人教育条例》。

5. 个别化教育计划方案的制订

听力障碍儿童的个体差异较大，必须因材施教，教师、家长、听力学家、语言学家、心理学家和医生等，一起为听力障碍儿童制订个别化教育方案，使听力障碍儿童得到最合适的教育。

### 四、器官缺陷儿童家庭教育注意事项

（一）家长要敢于接受孩子有缺陷的事实，正确地认识自己的孩子

对于一个家庭来说，拥有一个有缺陷的孩子是不幸的，但如果家长不能正确地面对这一现实，则是孩子最大的不幸。有很多有缺陷孩子的家长不愿意承认自己的孩子有缺陷，可能是出于自卑、爱面子、虚荣心等多种原因不能正确面对现实而逃避事实。

日常生活中就有不少这样的家长。例如，有一位家长，孩子在出生的时候由于机械损伤造成智力障碍，医生劝其早日采取措施并进行早期家庭康复教育，但这位家长不愿承认这个事实，对外一直声称自己的孩子正常，未采取任何的早期康复教育措施，等到孩子该入学时也固执地将孩子送入普通学校，不听医生及老师的劝阻，更是没有顾及并考虑孩子的实际情况及接受教育的状况，直至孩子在普通学校混至六年级，实在混不下去了，在学校老师强烈的要求及周围人的劝阻下，家长才将孩子送到特殊教育学校接受教育，但此时已错过了孩子最佳康复教育时期，而且孩子由于长时间在普通学校中，学习、生活的各个方面都得不到认可，也难免会受到其他孩子的嘲笑、戏弄等，导致这个孩子出现了一系列的心理问题，如自卑、孤独、懦弱、恐惧、抵触情绪强烈、智力下降等，给学校的再教育带来了很大的困难，更给孩子的身心留下了巨大的阴影。此时家长才感到十分懊悔，但为时已晚。

其实拥有一个有缺陷的孩子并不可怕，可怕的是家长不敢正视现实的虚荣心。因此，一旦事实发生，家长必须从思想上和心理上完全面对现实，敢于正视问题，正确地对待孩子，从实际出发，采取相应的教育措施，陪伴孩子一起度过他特殊的成长历程。

（二）配合学校，采取行之有效的教育措施

世上没有相同的两片叶子，世上也没有相同的教育，对于有缺陷的孩子的教育更是不同于普通孩子的教育。新课程下特殊教育已不再是缺陷补偿，而是发挥其潜力，家长首先要确认自己的孩子属于哪一类有缺陷儿童，找其优势，扬长补短，才能有的放矢地对孩子进行适合性的教育。

作为家长，由于平时很难接触到有关特殊教育方面的知识，所以就需要翻看书籍、查阅资料、向有关特殊教育的专业人士请教，结合孩子实际制订一个合适的康复教育计划。家长更是要付出巨大的艰辛与努力，与孩子共同来完成对孩子的早期家庭康复教育，这一点是极其重要的。

曾有一部名为《妈妈我爱你》的电影，讲述的就是一位母亲教育自己有听力障碍的孩子的成功事例。故事是这样的，这位母亲的孩子在三岁的时候因为医院误诊致聋，这一事实无疑给这个家庭特别是这位母亲带来了沉重的打击，但她并没有因此而一蹶不振，也没有逃避现实。她先是四处求医，在毫无结果的情况下，她开始自己查阅资料，翻阅了大量的与听力障碍儿童及聋教育有关的书籍，请教专业人士，给自己的孩子制订了康复教育计划，她最终成功了，但期间的艰辛不言而喻。从孩子的不会发声到喊出第一声模糊不清的"妈妈"，从不会看话到看口形与母亲交流，从小学到顺利考入初中，每一次点滴的进步都给这位母亲带来无比的欣慰。在孩子未考入高中时，她依然为孩子报了自考夜校，但由于孩子只看口形学习存在太大的困难，特别是老师陌生的口形，孩子要放弃了，但她想出了另一个办法，那就是替孩子上学，她白天上班，晚上再去夜校听课，回家后再教授给孩子，每每都到半夜以后才睡觉。孩子见她辛苦就说不上学了，她泪流满面，她知道她要同孩子一起与命运抗争到底。就这样，日复一日，三年的努力终于取得了丰硕的成果，孩子顺利地考入大学，她知道以后的路更艰辛，但她充满信心。

这个故事一次次地激荡着人们的心灵，我们感动于这位伟大母亲的同时也看到有缺陷儿童家庭教育的必要性和可行性，所以家长一定要付出努力与拼搏，才能为孩子的未来创设前提，正常孩子如此，有缺陷儿童更是如此。作为有缺陷儿童的家长就要比普通孩子的家长付出更多。事实早已表明，对儿童的肯定性倾向，正是确立正确儿童观的根本原因之一。本着一切为了孩子，为了孩子的一切的教育理念，做一名新时代的家长是每位家长的必修之课。

### （三）蹲下去，与孩子平等对话

前不久，笔者参加了教育系统组织的一个培训班，教授在讲解中国式幼儿教育和美国式幼儿教育的区别时举了一个例子，对笔者影响特别深刻。例子是这样的，教授的朋友夫妻二人是博士，都在国外发展，但身边有一个马上要入幼儿园的孩子，考虑到两人在国外工作紧张无法照顾孩子的情况，就想让国内的父母暂时照料孩子，在国内上幼儿园。在入学前，夫妻二人特地去了父母家庭所在地的几所幼儿园进行考察，以便决定入哪所幼儿园，结果考察下来把两位博士吓跑了，因为他们在中国的幼儿园里看到这样一个情景：孩子们一个个背着小手，端端正正地坐在板凳上，口里还念着"我们都是木头人，不许说话不许动"的儿歌，于是他们决定让孩子在国外上幼儿园。第一天去幼儿园，校门口就站着迎接孩子的老师，在迎接每位孩子时老师总是先蹲下去，然后和孩子亲切地交谈，问每个孩子今天想做什么，然后根据孩子不同的回答，将他们领入不同的教室，有搭积木的、有看连环画的、有唱歌的、有讲故事的等不同教室，而且孩子可以根据自己的兴趣爱好每天选择不同的活动内容。

听了这个事例之后，笔者感受颇深，特别是站在校门口每天迎接学生的老师有一个动作"蹲下去"让笔者感慨万千，学校教育如此，家庭教育又何尝不是呢？

"我是你爸爸""我是你妈妈",这只能是做父母的必须要承担起教育子女义务的依据,而绝不能以此作为向子女施展特权和大耍家长威风的理由。现在的家长,总是在家里指手画脚的,以显示自己的权威性,与孩子交谈时也总是高高在上、命令式的,从不愿意蹲下与孩子进行平等的对话,当孩子昂着头,看着大人高大的身躯并听他们训话时,又是一种什么样的感受呢?蹲下去,拉近与孩子的距离;蹲下去,拉近与孩子的心灵;蹲下去,与孩子平等地对话。对于有缺陷的儿童来说,更需要平等对待,由于他们本身的缺陷,已给其带来了其他方面的影响,所以在家庭教育上更应该关注平等对待有缺陷的儿童的问题。有的家长不会手语也不懂盲文,他们懒得与孩子交流,觉得麻烦。多数有缺陷的儿童都来自农村,由于受各方面条件的限制,家长对孩子的教育更是淡如水,只想着让他们吃饱穿暖就行了,对孩子的未来不抱有任何的希望。从某种程度上说这是对孩子的放弃,这样的观点是极其错误的。事实也已表明,对儿童的否定性倾向,正是扭曲儿童观形成的根本原因之一,这样的家长与之前电影里的那位母亲相比是可悲的。

(四)学会赏识,让孩子与幸福有约

听力障碍患者周婷婷,3岁半开口说话;6岁认识2000多个汉字;8岁背出圆周率小数点后1000位,被载入吉尼斯世界纪录;11岁被评为全国十佳少年;16岁进入辽宁师范大学,成为中国第一位聋人大学生;就读于世界上最好的聋人大学——美国盖特劳大学,这一切都是父爱创造的奇迹。当有人采访其父亲周弘时,他说出了心灵最深的感触"学会赏识孩子"。周弘说:"赏识教育的目标是让孩子将来与幸福有约,与幸福有约的人必然与成功有缘。"让家长和教育工作者建立起一种全新的观念:像对待上帝一样对待孩子,把自己的全部生命都投入教育中,用生命的激情去创造另一个美好的生命!

(五)以身作则,为孩子树立榜样

家庭教育的过程,是父母用品德、知识、情感以及良好的生活习惯长期熏陶孩子的过程,往往从孩子身上能体现出家长的为人。对于有缺陷儿童来说这一点尤为重要,根据缺陷补偿原理,当身体的某一器官受损时,其他器官会得到充分的发展以补偿缺陷的不足。例如,有听力障碍的孩子,由于丧失听力,他们的视觉功能会得到充分的锻炼,他们的观察力很强,有的有听力障碍的人甚至看人的口形分毫不差,模仿能力也极强。再如,丧失视觉的孩子,由于视觉损失使他们的听觉得到了长足发展,他们能在众多的人当中辨别出每一个人的声音和脚步声,对声音极其敏感,等等。由于他们与父母之间的交流存在着一定的障碍,他们学习的过程更多的来自于模仿、听或看等,这就对家长提出了更高的要求,家长首先要努力提高自身的素质,塑造好自己的形象,处处为孩子做出榜样,家庭成员之间和睦相处,民主平等,互相尊重、体贴,充满和谐的气氛,尊重孩子的兴趣爱好,耐心地与孩子沟通,倾听他们的心声,做他们的朋友,从小培养有缺陷孩子自尊、自信、自立、自强的优良品质。

不要说有缺陷的孩子没有希望，更不要说他们没有未来，张海迪、周婷婷、桑兰、海伦·凯勒等，他们身虽残，却过着有意义、丰富多彩的生活，用坚强的意志书写着自己辉煌的人生，向世人证明了有缺陷的人并非废人。他们就是教育孩子的榜样。

有缺陷儿童的家庭教育是一门学问，更是一门艺术。为了这群孩子的明天，我们应该抱着对国家负责，对社会负责，对子女负责的态度，同学校紧密配合，共同来完成教育培养孩子的光荣任务，力争把有缺陷的孩子培养成"残而不废"的对社会有用之人！

# 第五单元　学前儿童家长的素质教育

> **学习目标**
> - 了解家长在家庭教育中的作用。
> - 重视父亲在家庭教育中的重要性。
> - 掌握提高家长素质的方法。

## 模块一　家长在家庭教育中的作用

良好的家庭教育对孩子的健康成长有着深刻的意义，教育孩子是一件烦琐的事情，如果不以爱心、责任心、欣赏的眼光作为动力，是无法坚持下去的。同时，作为家长如何教育好孩子其实也是一门课程。

### 一、家长在家庭教育中的重要作用

在幼儿教育中最初的教育是在学校还是在家庭？最先的教育者是老师还是家长？一些专家认为幼儿最基本的教育是在家庭，显而易见，最先教育者应该是家长而并非老师。家长是家庭教育的实施者，家长参与子女教育是一种权利，也是一项义务。同时，现代的幼儿教育不仅包括幼儿园的教育，而且还包括家庭教育，家长在幼儿教育中所起的重要作用越来越被人们认可。那么，家长在幼儿教育中的作用主要表现在哪里呢？可以从以下几个方面进行论述。

一是家长的表率作用。家长是幼儿的第一任教师，家长的一言一行和思想观念都影响着孩子。因此，家长一定要每时每刻注意自己的言行，许下的诺言和答应孩子的事情一定要兑现，用自己的言行去影响孩子，使他们在思想和道德方面能有所受益。一个孩子是否具备良好的道德情操对他日后能否健康成长起着关键作用。因此，家长一定要发挥榜样作用，使孩子在家长的言谈举止中受到启发。

二是家长是进行幼儿基础教育的管理者和实施者。孩子自身修养和家长的培养、教育息息相关。从古到今，有多少名人的事迹都说明了家长对孩子成长的重要作用。同时，这些事迹也说明在孩子身边对他们影响最大的是他们的父母。可见父母对孩子影响之重要。

三是家长要因材施教。家长在日常生活中，要密切注意孩子的举动，结合孩子的个性，采取合理的教育方法进行教育。在学习和活动中要给孩子信心，不断激发孩子学习的兴趣，使他们从学习中找到快乐，从成功中找到喜悦。家长要教会孩子汲取知识的方法，以免孩子在学习和活动中走弯路，逐步培养孩子适应社会的能力。

四是家长在幼儿劳育和体育中的作用。在劳育中家长要坚持以下两点。

（1）让孩子自己做些力所能及的事情，如收拾玩具、洗脸、洗手绢等。家长不要死板地约束孩子，要给孩子一个活动空间和一个适当展示自己的机会。

（2）鼓励孩子为父母做些力所能及的活，如扫地、整理床铺等。这对培养孩子不怕脏、不怕累、敢于吃苦的品质有良好的作用。家长要鼓励孩子多锻炼、多运动，增强自身体质，使他们健康成长，为以后的学习和生活打下坚实的基础。

五是家长要为孩子提供一个良好、舒适的生活、学习环境。让孩子在良好的环境里安心地去学习，去拼搏。同时，家长要尽职尽责地去保护这个环境，以免影响孩子的生活、学习，避免幼儿教育前功尽弃。家长还要有高尚的品质和良好的心态，尽力去营造良好的家庭氛围。

基于以上几点可以看出家长是幼儿教育的重要资源。作为教师，要让家长成为自己的伙伴，让家长广泛参与幼儿的教育，使幼儿健康、茁壮成长。

家长在家庭教育中的作用体现在方方面面，具体如下。

1. 无微不至地照顾孩子的生活，促进孩子健康成长

（1）科学喂养孩子。

在孩子进食问题上，有的家长生怕孩子吃不够，营养不良，尽量强迫孩子多吃；有的家长又不管孩子的饮食，由着孩子，想吃什么就吃什么。为孩子的健康着想，家长一定要照顾好孩子的饮食，首先要保证食物营养，其次保证食物品种的多样化。每一类食物都有不同的营养素，每一种营养素都是身体需要的，采购食物注意新鲜，烹调要适合孩子的胃口。吃饭要定时定量：定时，饭前孩子就已经有了食欲，孩子必然吃得好；定量，要根据每个孩子的食量给饭菜，要求他们吃完，不能顺着孩子，爱吃多少就吃多少，喜欢吃的就吃得多，不喜欢吃的就不吃，这样会影响消化吸收。吃饭时要养成良好的习惯，不要让孩子养成边吃边玩的习惯，因为边吃边玩，注意力不集中，连食物的味道都不知道，不仅影响食欲也影响了对食物的咀嚼，必然加重肠胃的负担，时间长了会引起消化不良。边吃边玩容易呛食，也容易形成做事不专心的习惯，以后干什么事都不能专心、动作慢。吃饭时也要注意，家长给孩子喂饭时间不能太长，尽快让孩子自己吃，一般2岁的孩子就可以自己吃饭。平时家长要少让孩子吃雪糕、朱古力或喝汽水，避免孩子过于肥胖等。

（2）制定合理的作息制度。

家长要根据孩子的发育情况、年龄制定一个合理的作息时间。吃、睡、玩定时，

孩子容易形成一个有节律的生物钟，形成有规律的生活。这样能促进体内各器官有节奏地活动，防止神经细胞疲劳，提高一日生活各环节的效率，使孩子学习时精力集中，吃饭时食欲旺盛，游戏时精力充沛、愉快，睡觉时能按时入睡，这有利于幼儿的身体健康，也有利于心理健康。

2. 纠正孩子的不良习惯

孩子在成长过程中会有不少坏习惯，如不讲卫生、乱花钱、整天看电视、玩游戏等，做家长的只能细心、耐心地教育。

（1）养成讲卫生的习惯。

有的孩子饭前不洗手，不学刷牙，到处坐、爬，全身脏，不肯换衣服，还啃指甲，吮手指，抠鼻孔，挖耳朵，不愿意洗澡。这些坏习惯怎么纠正呢？首先家长要利用小故事、儿歌向孩子讲述养成好习惯的重要性，然后示范给孩子看怎么洗手、刷牙等，并督促孩子实际练习，多表扬、鼓励孩子。父母也要起到模范带头作用，言传身教，才有利于孩子养成讲究卫生的好习惯。

（2）改掉孩子乱花钱的习惯。

现在大多数家庭的经济条件比较好，其中又有很多是独生子女家庭，所以家长对孩子的用钱要求经常是有求必应，给孩子买高级玩具、时髦衣服、学习用品、零食等。孩子不了解钱的价值，不懂钱来之不易，在大人宠爱下，养成乱花钱的习惯，过度重视物质享受。况且孩子每次要钱，父母每次都能满足，孩子就会以为家里有用不完的钱，这对他将来成长、生活不利。家长从小就要帮助孩子培养正确使用钱的习惯，树立正确使用钱的观念。孩子可以拥有钱的使用权，钱既然已经给了孩子，就让他有自由使用的权利，但父母必须规定一些不能花钱的情况，如乱买零食等。孩子领完钱后一般不再给钱，如果孩子乱花钱买些不应买的东西，再要钱买需要的东西时，先不给他钱，让他知道乱花钱的后果，使孩子养成用钱时认真考虑，做出合理的判断的习惯，有独立自主的精神。不能用钱作为奖励或惩罚的依据，这会影响孩子的价值观念。过年、过生日等孩子会收到较多的钱，孩子年龄大一些时家长可以给孩子到银行开一个储蓄账户，把钱储存起来，以备孩子不时之需，或购买开支大的用品。会不会使用钱，怎样给孩子钱是个大学问，做家长的不可掉以轻心。

（3）改掉迷恋看电视、玩电子游戏机的坏习惯。

有不少孩子一回家就看电视，从动画片、少儿节目到成人电视节目，逢电视必看，影响了学习、休息。有的孩子到外面玩电子游戏机，电子游戏机对小孩影响更大，使他们眼睛疲劳，过度兴奋，上瘾。内容不健康的软件对孩子毒害更深，使孩子荒废学业，没钱去玩就借、偷，长大了有的甚至走上更严重的犯罪道路。孩子迷恋电视、电子游戏机一般有以下原因：无同伴玩；父母关心、照顾、交流少；有的父母本身就是电视迷、游戏机迷；孩子兴趣单一，控制能力差。

改变孩子这些习惯，必须做到以下两点。第一，家长首先要少看电视、少玩游戏机，教育孩子处理好玩与学习的关系。在做好作业、复习好功课的情况下，可以让孩子适度看一些有益的电视，但时间不能太长，以半小时至一小时为宜，注意用眼卫生。第二，培养孩子广泛的兴趣。家长必须想办法转移孩子的注意力，应和孩子开展多种娱乐活动，培养孩子的业余爱好，如集邮、看书、下棋、画画、体育活动。多种多样的活动可以改正孩子看电视、玩电子游戏机的不良习惯，更能促进孩子健康、全面发展。

3. 教育孩子养成良好品德

不少父母认为孩子"树大自然直"，但是须知"三岁看到老""小时偷针，大时偷金"。品德是从小形成的，父母要注意从小培养孩子良好的品德。

（1）从小学学劳动。

孩子做不做家务，责任大多在父母。大多数父母总想让孩子吃好、穿好、学习好，很少让孩子做家务劳动，认为让孩子做，反正又做不好，还不如自己来做，于是孩子养成饭来张口衣来伸手的习惯。有的父母把劳动作为一种惩罚手段也是不对的。与世界其他国家比较，我国小学生参加家务劳动的时间是最少的，才0.2小时，而美国1.2小时，英国0.6小时，法国0.5小时。这证明中国的家长还没有树立正确的劳动观念和态度，劳动习惯也差。那么父母应该怎样做呢？第一，明确劳动目的。让孩子做家务或一些田园劳动，不仅让他们学会做点事，如扫地、擦桌子、择菜、洗鞋袜、煮饭等，而且还能培养他们的自理能力、生活习惯以及责任心。孩子从小参加劳动，可以学会照顾人，帮助别人，学做对社会有贡献的人。劳动还可以使孩子体会到劳动的价值，获得生活和工作技能，培养积极工作的态度、专心致志的品质，增强社会责任感。劳动还能给孩子以欢乐，使他们感到自己是个有用的人。孩子其实是喜欢学本领的，他们对劳动充满热情。第二，根据孩子的能力，布置一些力所能及的劳动，教会他们怎样做，怎样做更好，并对孩子的劳动成果给予充分鼓励、表扬，增强孩子的自信心，提高对劳动的兴趣。

（2）注意孩子的语言美。

有些家长在家会讲粗话，孩子在学校里、市场上、电视节目中也会经常听到一些不雅的话，幼儿模仿能力强，有意无意会学上一些粗话、脏话。

孩子讲粗话是个不好的习惯，会让人觉得他不懂礼貌、品德差。父母要注意在和人谈话时避免使用脏话，和孩子说话，要特别注意说话时要有礼貌，讲礼貌用语。孩子会从父母那里学到礼貌用语，同样会对别人这样说话。对有讲脏话习惯的孩子，父母要不断提示、警告，综合运用表扬、奖励、惩罚的方法改掉孩子的坏毛病。

（3）培养诚实的孩子。

诚实、不说谎是做人的基本要求，亦是做一个好孩子最基本的条件。很小的孩子是不会说谎的，一般来说到了幼儿期才会。幼儿说谎大致有以下几种原因：① 分不清事实与想象的谎话。幼儿容易将想象同现实混淆，把想象的东西当作现实的东西，把渴望得到的东西说成已经得到的东西，把希望发生的事情当作已经出现的事情来描述，如一个小孩说"我有一屋子玩具"，就是这种情况。② 夸耀式的说谎。有的幼儿为了提高自己的自信心，增强在群体中的地位，会说一些极度夸张的事，如有一个小女孩为了表现自己就说"我每次考试都得100分"，而事实上她只是有时得100分。③ 掩盖式的说谎。成人在教育过程不恰当的态度，造成幼儿的不诚实。例如，幼儿无意中做错了事，诚实地告诉大人，受到严厉的批评和惩罚，以后他为了逃避惩罚说了谎话，果然没有受到批评，长此以往，他会心安理得，说谎就成了一种习惯。④ 模仿式的说谎。成人当着幼儿的面无意中说出一些不切合实际的话，幼儿会在不知不觉中学会说谎。例如，妈妈本来在家，有人来找，妈妈告诉孩子说"有人来找，说我不在家"。多次这样做，孩子以为妈妈撒谎是一种应付的技巧，认为撒谎也不是什么大错误，这样，孩子就从妈妈那里学会了撒谎。

对待孩子的有意说谎，家长要认真分析原因，要根据具体情况区别对待。如果是对幼儿过于严厉造成的，家长要纠正自己的做法；如果是孩子的坏习惯，应及时给他讲清道理，帮助、督促他纠正不良行为。总之，家长要根据孩子说谎的原因及时进行处理。第一，不要强迫孩子承认说谎，要调查事实的真相。第二，给孩子讲故事，如"狼来了"，让孩子知道说谎的害处。第三，不要因孩子说真话而惩罚他，否则孩子就会总结经验：上次我做错事说真话受到打骂，而说谎反而没有受打骂。于是，说谎就变成习惯了。如果孩子有了过失或成绩不理想，家长应该耐心地分析原因，帮助孩子。第四，父母要以身作则，不要说谎。

（4）千万不要让孩子养成偷窃的习惯。

对于幼儿来说，有时去小朋友家里，会把别人的东西(特别是喜欢的玩具)拿回家，他们只是喜欢那个玩具，并不知道这样做不对。家长看见孩子拿别人的东西也不过问，时间长了，孩子就会养成爱拿别人东西的坏习惯，将来还可能发展为小偷小摸的不良行为。幼儿最初出现这种行为，是因为喜欢这个物体，他心中没有偷的概念，所以家长应该寻找出现这种现象的原因和幼儿的动机，耐心引导幼儿认识到这种行为是错误的，告诉他应把东西送还给别人，父母再买给他。当东西还了之后，父母应该赞扬、奖赏。

如果孩子不止一次地出现偷窃行为，家长可不能掉以轻心，要分析原因，采取对策。孩子的要求和欲望很多，自我控制能力弱，如果家长引导不得法，又不能满足他的需要，往往会出现偷窃这种行为。小孩偷东西成功后有一种成就感、满足感，再有适当机会时又会控制不住偷东西。

针对这种情况，家长要注意以下几点。① 满足孩子合理的要求，消除偷窃动机。家中的钱物要保存好，不可随便乱放而又心中无数，以减少环境对孩子的诱因，也可及时发现孩子私自拿钱的行为。② 不允许孩子拿别人的物品。如果孩子不小心拿了，家长一定要让孩子送回去并讲明道理，还要落实孩子是否真的送了回去。③ 对孩子进行道德和法制教育，利用法律的威严让孩子懂得违法必究，增强法律、道德意识。

（5）培养孩子的爱心、同情心。

家长要以满腔的爱心爱孩子，还要教孩子爱别人、爱父母、爱长辈、爱老师、爱同伴、爱家庭、爱幼儿园等。如果一个孩子只知道接受别人的爱心，却从不知道要以爱心对待别人，这样的孩子只会给家庭、社会带来不幸，自己也会被家庭、社会所讨厌。父母要培养孩子爱父母和其他人的情感，要给孩子表达这种情感的机会。父母还要教孩子如何表达这种情感，并为他们做一些力所能及的事。例如，给爸爸妈妈或爷爷奶奶拿一双鞋子，递一杯水；在家玩不能吵着别人工作、休息；和同伴一起玩不能互相争抢玩具，要团结友爱；愿意为邻居、同伴做好事；关心照顾弟弟妹妹；教育孩子从小自己的事情自己做，要尽力做些家务，如择菜、擦饭桌、收拾书桌、洗袜子等。

要培养孩子的同情心、爱心，还必须做到以下几点。① 父母本身要富有同情心，肯帮助人，以身作则，如在公共汽车上让座位给有需要的人，给一些伤残人士捐款。父母要给孩子充分的关怀和爱心，孩子只有身心得到平衡发展及成长了，才懂得关怀及体谅别人。② 在家里让孩子饲养一些小动物，可以在日常对动物的照顾中培养孩子的同情心，如养小鸡、小鸭、小兔子、金鱼、小鸟等。③ 鼓励孩子多参与社区活动，帮助社会上需要帮助的群体，学会了解关怀别人，如参观老人院、孤儿院、盲人学校、聋哑学校等，并做一些服务与照顾工作。④ 收看电视、阅读报纸、收听电台的有关残疾人士的生活状况的内容，了解他们的痛苦，也让孩子珍惜自己拥有的一切。

4. 关心孩子的心理健康，培养良好的心理素质

健壮的身体是一个健康孩子的基础，孩子的健康取决于心理与生理的相互作用。心理健康是塑造健全人格、开发智力与潜能、培养个人正常情感的必备条件。婴幼儿心理健康的标志：智力发展正常；情绪稳定，情绪反应适度；乐于与人交流，人际关系融洽；行为统一和协调；性格特征良好；有充沛的精力；心情开朗、愉快、乐观；态度积极主动；能与小朋友和睦相处，在集体中受到欢迎和信任；能较好地适应环境的变化；没有不良行为、不良习惯；注意力能够集中；睡眠好。

婴幼儿心理健康教育的内容有以下两个方面。

（1）学会调整自己的情绪。

儿童发脾气、暴怒，在很大程度上是因为需求未得到满足。父母要教儿童懂得哪些要求是合理的，哪些需求是不能给予满足的。不合理的要求，即使发脾气、哭闹、在地上打滚也无济于事。父母要教会孩子合理发泄不良情绪，如受到挫折、委屈，心里有气，要用合理的方式宣泄，以减轻心理上的压力，不应该通过打人、骂人、毁坏东西等方式发泄心中的怒气。让儿童懂得不高兴的事人人都会遇到，要学会正确处理自己的情绪。

（2）学习社会交往技能。

移情教育是培养社会交往技能的一种很有效的方法。移情，就是设身处地为别人着想。在日常生活中要引导幼儿注意自己的行为给别人带来的影响。例如，打了别的小朋友，要让他知道被打的小朋友在伤心；主动把玩具让给别人玩，要让他体会那个小朋友多么开心。移情教育可以使孩子更具同情心，在与人交往中会更友好、合群、乐群。家长应该多给幼儿创造一些合作的机会，如一起游戏等；同时创造机会让幼儿分享别人的成果，如"六一"节互送礼物。儿童恰当的自我评价，家长或老师对儿童的恰当批评或表扬，都不会使儿童觉得自己什么都不行，产生自卑感；也不会使儿童觉得自己什么都好，处处争第一。

5. 辅导孩子的学习

家长要让孩子努力学习，使之成为聪明的孩子；家长要给孩子创造一种自由、自主、自发、自律的学习氛围，给孩子一个良好的环境。家长要学会运用正确的方式来引导孩子学习，培养孩子学习的兴趣，提高孩子学习的热情。

孩子在学习方面容易出现的问题：缺乏集中的注意力，多次从事与学习无关的其他活动；缺乏良好的学习习惯，准备工作不足；不擅于动脑筋，稍有困难就向家长、老师请教；不热爱学习，没有全身心投入学习。

家长要根据实际情况对孩子施加影响，使孩子能集中注意力。对孩子的学习过分关心，这会助长孩子的依赖心理，使孩子感到学习不是自己的事，而是父母的事情，所以孩子并不着急，尽量拖长时间，认为似乎只要时间推移，任务就会完成。孩子总是要家长催促才去写作业，没有家长的催促，就失去主动做作业的自觉性。父母对孩子过多的关照是可以理解的，因为在父母眼里，再大的孩子也是孩子，所以总是对孩子不放心，总想为孩子事事考虑周全。其结果是事事为孩子操心，事事为孩子包办，孩子自立自主意识的萌芽被家长的事事包办压制下去了，孩子独立自主的能力也就无从形成了。所以，作为家长只要在适当的时候提供适当的帮助就可以了，不必过分关注孩子的学习。只有这样，他们才会懂得学习是自己的事。

6. 培养孩子对学习的兴趣

（1）让孩子感到学到的知识很有用。

把在课堂学到的知识应用在日常生活中。孩子学会做手工，家长可以让他们在节日或爸妈的生日时做一张贺卡，唱生日歌；学到几何图形时，家长跟孩子一起找找家里有什么东西接近几何图形；认识动植物时，可以在家里种些花草树木或饲养些小动物。这些都会使孩子觉得学到的知识很有用，会更喜爱学习。

（2）家长与孩子共同开展学习活动。

家长与孩子开展一些学习和生活活动，在共同的活动中对孩子的学习兴趣进行适当的引导，是培养孩子学习兴趣的重要途径，如共同阅读报纸、杂志，共同种花、养小动物，共同游戏。大自然的故事、英雄人物的事迹、好听的歌曲都可以让孩子对世界有进一步的认识，促进他们的情感反应。家长有空和孩子去公园玩一玩，追追蝴蝶、看看花、听听鸟叫，都可以激发他们对户外活动和大自然的热爱，并从中获得丰富的知识。

（3）让孩子体验到成功的快乐。

如果有一件事很有价值，通过努力后又可以实现，那么我们肯定对它产生兴趣，并愿意为之努力，所以在学习某方面内容时，可以让孩子回答些简单的问题，然后表扬他、鼓励他，孩子有成功的体验，必定会对所学习的内容感兴趣，并不断努力学习下去。家长要积极鼓励孩子从事有兴趣的活动，使其形成一定的特长。如果孩子对某种活动或学科有很强的兴趣，生活会充实愉快，同时也会形成较强的自信心，促进其他科目的进步。因此，父母应尽量让孩子在学习中培养一技之长。当父母发现孩子兴趣广泛并有一定特长时，应积极加以鼓励。

一般情况下，在孩子的成长过程中，母亲的陪伴较多。父亲由于工作、生活压力与孩子相处的时间较短，但是父亲在家庭教育中的地位是不可代替的，父亲的缺位和缺失都会给孩子的成长带来极大伤害。

## 二、父亲在家庭教育中的重要作用

孩子完整人格的形成需要一个完整的家庭，而完整的家庭必须是有父亲和母亲的家庭，刚柔并济，形成教育孩子的最佳合力。父亲在家庭教育中的重要作用主要表现在以下几个方面。

1. 父亲在家庭教育中能起到平衡作用

在家庭中，大部分的母亲都会过分关注孩子的学习成绩，孩子考了98分，母亲会说要是考一百分就更好了，孩子考了一百分，母亲会期望孩子考双百分……过分的要求和期望，致使有的孩子得了儿童成才焦虑症，在这样的家庭里，父亲的平衡作用非常关键。父亲一般不会像母亲那样苛刻关注孩子的成绩，他们总会认为自己的孩子是很聪明的，知识点也掌握了，只是因为不够细心才考得不理想。因此，当孩子因为一次考试不理想而受到母亲暴风雨般的指责后，父亲的一个微笑、一下拍抚或一句宽慰的话，都能迅速使孩子从与母亲的对立情绪中解脱出来，通过缓缓引导，使孩子受挫的羞愧转化为奋起的决心。

2. 父亲帮助幼儿扮演好自己的性别角色，培养良好的性别观念

我国当前的教育现状是托儿所、幼儿园、小学中很少有男性教师，这就减少了儿童与男性接触的机会，这对男孩子的损失尤其重大，因为他完全没有可模仿的榜样，不知道男人应该怎样待人接物和处理问题；女孩子受到的损失是长大成人后在男人面前感到手足无措，容易紧张和羞涩。因此，无论是男孩还是女孩都需要父亲在家庭教育中发挥一定的作用。男孩能模仿、学习男子汉的阳刚之气，从而形成良好的角色心理认同。如果男孩缺乏父爱或与父亲交往过少，容易导致女性化倾向。对女孩来说，

通过对父母性格特征的识别，会更加强化自己的性别意识，掌握性别角色标准。国外一些研究发现，在随单亲母亲长大的女孩中，成年后往往拒绝做母亲或妻子，在取得满意的两性关系上也存在一定的困难。心理学有关性别角色形成的理论都比较一致地强调父亲在孩子性别化过程中的特殊作用。弗洛伊德认为，男孩在发展过程中会有意识无意识地模仿父亲的角色和行为，从而形成具有鲜明性别特征的行为。

社会学习理论则强调榜样的作用，认为父亲为孩子提供了一种男性的榜样和行为模式，男孩往往把父亲看作未来发展的模型而去模仿父亲；女孩则往往从父亲身上的男性品质上找到未来生活的参照，青春期的女孩甚至会把父亲看作未来丈夫的模式。

因此，扮演好父亲的角色，对孩子正确的性别角色的形成具有不可忽略的作用。

3. 父亲可以促进孩子认知的发展

观察和研究表明，母爱与父爱对儿童的智力影响是有差异的。孩子经常从母亲那里学到语言、生活知识或物品用途等方面的知识；而父亲经常通过运动操作，如修理车辆（机械）、使用工具、修整园林等活动，使孩子对动手操作更感兴趣，这就激起孩子的探索精神、想象力、创造性以及求知欲望。有研究发现，父亲与孩子交往的数量与孩子的智商呈正相关（也就是交往数量越多，孩子的智商越高）。通常，父亲影响出现得越早，孩子的智力发展受到的影响就越大。

4. 父亲是孩子发展身体和意志的榜样

父亲更喜欢运动，父亲在和孩子的交流中更倾向于身体语言，更乐于参与孩子的游戏，这对于孩子身体和动作的发展都是有益的。父亲身上所具有的男性独特的果敢、坚强、自信等方面的个性特征对孩子意志品质的形成有着重大的影响。孩子在与父亲的不断交往中，一方面不知不觉感受着父爱，模仿、学习父亲的言谈举止；另一方面，父亲也会自觉不自觉地要求孩子具有以上个性特征，尤其是对男孩要求更为严格。

在家庭教育中，父亲应该成为责任和力量的化身，为孩子健康的身体素质和坚强的意志品质的形成做好榜样，促进儿童良好个性品质的形成。

5. 父亲是孩子心理健康的守护者

研究表明，父爱缺失的孩子通常表现出害羞、少言寡语、情绪沮丧、自暴自弃、不爱集体、厌恶交友、急躁冲动、喜怒无常、害怕失败、感情冷漠等心理特点，严重者还可能出现上学逃课、早恋、离家出走、偷盗，甚至喜好暴力。这是因为父亲在家庭教育中的缺位严重制约了孩子个性的发展。母性的教育沉稳、内向，给孩子安全感的教育；而父性教育则开放、外向，是将孩子引向更宽广世界的教育。自信、乐观、积极进取、勇于探索，这些积极的心理品质无疑是父亲应该传递给孩子的。

6. 父亲是孩子社会性发展的促进者

人的社会性发展是人类生存于社会之中的必然之路，儿童的社会性发展也应当成为家庭教育的重要内容和任务。长期跟随母亲的孩子由于活动范围主要集中于家庭，对于家庭之外的世界认知较少。父亲广泛的社会活动会开阔孩子的眼界，丰富孩子的社会生活。与父亲生活时间长、受父亲影响大的孩子，更容易继承父性的基因品质：大度、开朗、自尊心强、喜欢交往、社会化强，甚至会更诙谐、幽默。因此，在孩子的社会性发展的过程中，父亲承担着义不容辞的责任。

### 三、不恰当父爱产生的消极影响

1. 父亲过度呵护、溺爱孩子，不利于孩子的成长

现在的家庭多是独生子女家庭，有的父母十分溺爱孩子。这在单亲父亲家庭里尤为突出，在丧偶或者离异之后，为了抹平家庭破裂造成的创伤，把全部的情感都施加在孩子身上，凡事都依孩子，一切都任由孩子摆布，宁愿自己受苦受累，也不让孩子受一点委屈，对孩子的疼爱和关怀更是无微不至，在吃、穿、玩、花等各方面无一不予以满足，只要孩子开口，父亲没有不答应的。孩子则衣来伸手，饭来张口，不必为自己的生活安排和学业计划操心，一切自有爸爸替代。长此以往，就养成了孩子的过分依赖心理。在这种环境下成长起来的孩子，脆弱、缺乏主见和独立意识，一旦离开了家长，便茫然不知所措；同时，这样的孩子处处以自我为中心，变得自私、专横，成为任性的"小霸王""小皇帝"，缺乏同情心和责任感，不懂得尊重他人，还往往瞧不起含辛茹苦养育他们的父亲。

为人父母，不患不慈，患于知爱不知教也。在许多的单亲家庭中，家长对孩子的疼爱往往超过一定的限度。这主要表现为溺爱、放任、包庇，甚至纵容，这样的单亲家庭环境，不利于孩子的成长。

2. 父亲过分严厉易导致子女违法犯罪

父爱是一种权威性的爱，父亲应当有适当的权威，这种权威与母亲正当的情感陶冶相结合，就会使子女的个性和谐、健康成长。但是，如果父亲过分严厉（独裁型），对子女管束、干涉太多，子女缺乏与年龄阶段相匹配的自由，就可能造成父亲与子女之间的对抗情绪。子女为了逃避父亲的严厉束缚或继续对抗，或离家出走，以攻击他人与社会、自我受罚来表达对父亲和家庭的反叛，最终导致家庭悲剧。当父亲的严厉与母亲的溺爱相结合时，会更加强儿童、青少年的反抗性，逐渐地"逼迫"他们走上违法犯罪的道路。

3. 父亲的不良行为会导致子女违法犯罪

如果父亲有赌博、酗酒、暴力犯罪、性生活放纵等恶习，不仅会给子女以消极的父亲形象影响，容易引起青少年的情绪、情感障碍，而且也会使子女直接受到感染，从而产生各种行为问题，甚至走上违法犯罪的道路。如果父亲性情粗暴，实施的是粗暴教育。对孩子要么不管，要么毒打。结果，孩子不服教育，形成逆反心理，使孩子整日生活在惊恐不安之中，个性发展受到严重的压抑，易形成胆小、孤僻、倔强、缺乏自信心等不良品质。因害怕惩罚而回避家长，不愿回家，便到外面寻找"归宿""温

暖"与"快乐",容易被坏人拉下水而走上犯罪的道路。有的父亲或因修养欠缺,或是生性粗暴,略有不顺或不满,张口就骂,举手就打,孩子往往具有恐惧感、自卑感、脾气暴躁、无自信心、意志消沉、自控能力差以及忍耐力不强等心理特征。这样,孩子就会把自己的不满、怨恨发泄给他人和社会,对他人进行侵害式报复,产生一种逆反心理和对他人及社会不满的心态,仇视一切,这对孩子的伤害是致命的。这种教育环境,无异于雪上加霜,严重地摧残了孩子的身心健康,极大地阻碍了孩子心理的正常发展,对孩子成长非常不利。幼儿心理学家格塞尔曾指出:"失去父爱是人类感情发展的一种缺陷和不平衡。"一个优秀的父亲所担负的责任,不单纯是负起家庭生活的重担,起到家中精神支柱的作用,更为重要的是,他具有协调家庭、关心培养孩子、热情教育孩子,使孩子深深感受到父爱之神圣,父爱之伟大,父爱之温暖,认识到只有在有父爱的家庭中,才会真正感受到生活之完善,情感之平衡。

### 四、父亲缺失和父爱缺乏对孩子身心发展的不利影响

父亲缺失和父爱缺乏对孩子的影响主要表现在以下几个方面。

1. 对孩子性别角色的发展有很大的影响

心理学认为,父亲在儿童的性别角色认同中起着关键的作用。弗洛伊德将父亲描述为儿童眼中的保护者、教育者和自己未来理想化的形象,儿童的认同作用会使儿童将父亲作为榜样进行模仿,使自己的行为越来越像父亲。儿童性别角色的获得是通过同性别父母的榜样强化而形成的。父亲为男孩提供了一种男性的基本行为模式,使得男孩子往往把父亲看作自己未来发展的模型而去模仿父亲。可以说父亲的很多行为品质和习惯都会在儿子的身上体现出来;而对于女孩,父亲身上的男性品质使她在今后的生活中有了参照,青春期的女孩往往把父亲看作异性伴侣,甚至是未来丈夫的模式。通过对父亲缺失家庭和完整家庭的对比发现,完整家庭的男孩比父亲缺失家庭的男孩在性别角色定位上表现出较多男子气。在学前阶段,如果一个男孩缺少父亲,他与男性交流和模仿男性行为的能力通常严重受限。大量的研究表明,缺少父爱的孩子会产生心理障碍。

2. 与儿童犯罪行为的发生有直接的联系

研究发现,有父亲存在家庭的儿童比父亲离开家庭的儿童表现出更少的反社会症状,家庭中父亲的参与可以减少儿童的反社会行为;同时,父亲缺失家庭儿童的较高的反社会行为并没有因为继父的出现而有所减弱。在父亲缺失的家庭中儿童面临高犯罪的风险,在存在继父或继母的家庭中,特别是母亲—继父的家庭中儿童的犯罪率最高,并且父亲的作用不能被继父代替。这从一个侧面反映了父亲在儿童健康成长中的重要作用。

3. 对儿童人际交往能力的发展有直接的影响

研究表明,父亲缺失家庭的儿童在现实生活中人际交往能力有欠缺,主要原因是

父亲缺失家庭的儿童缺少男性角色的榜样作用。

4. 对儿童认知发展和学业成绩也有影响

父亲缺失对儿童认知发展和学业成绩会产生有害的影响，原因可能是父亲缺失家庭的经济条件往往要逊色于父亲存在家庭的经济条件，儿童受到的教育、所接触的环境相对贫乏。父亲缺失往往导致家庭经济地位相对低下，儿童受到的监护、教育机会也会相应减少。

5. 缺少父爱的孩子常出现心理障碍

缺少父亲的孩子常出现的心理障碍主要是情绪不稳定，常伴有忧郁、恐惧、紧张、焦虑；自卑心理严重，女孩不自信，男孩少阳刚，而导致胆小、怯懦；极易与母亲闹僵，极易偏执任性；意志薄弱，承受不了一点挫折；拙笨无能，生活上的事一窍不通。

男性是力量的象征，但这种力量不仅体现在为家庭提供物质保障上，而且更应体现在父亲对孩子的精神支持和行为引领上。孩子健康成长需要父母配合、优势互补。父亲在外奔波、辛劳工作，有一个重要目标就是"为了孩子"。可是，以男主外、女主内为借口，以工作忙为托词而远离孩子，往往得不偿失。

因此，父亲无论工作多忙，也要多亲近孩子，尽量坚持每天与孩子共享一段时光。与孩子聊聊自己的工作，让孩子加深对父亲的了解和理解；聊聊孩子的学习、生活，说说自己的心里话；以"大朋友"的身份与孩子游戏、带孩子外出办事；等等。通过这种持续有效的亲子互动，孩子能从父亲身上受到无形的影响，为身心发育补充必要的养分。

## 五、家长在家庭教育中如何发挥主体作用

1. 充分认识家庭教育的重要作用和自己的主要教育职责

首先家长应明确，孩子的健康成长，家长实施的教育起着关键的作用。因为家长才是孩子真正的启蒙教师——从胎儿起就伴随孩子成长；对孩子一生健康成长起重要作用的习惯养成和人格塑造，要靠家长的用心教育，融入生活细节；孩子的健康成长离不开家长的模范作用。家长的教育职责主要是抓习惯培养和人格塑造。

家长不但要充分认识家庭教育的重要性，而且要认清自己的教育职责，找准自己的教育位置，才能为发挥主体性打下良好基础。

2. 发挥主体性，家长要树立正确的教育观念，了解家庭教育的基本知识

家长不是教育专家，不能强求其像家庭教育的专业人员一样，精通家庭教育这门学问。所以，没有必要掌握全面、系统、非常正规的家庭教育专业知识，但应该掌握一些基本知识。这些知识应该是比较全面而不是零散的，是正确的而不是谬误的，是一般教育规律而不是教育的特例，如家庭教育的基本理念、基本特点、基本的施教方式、家长的角色位置、与孩子相处的基本原则等。例如，唠叨、指责孩子，是

家长的情绪发泄,而不是教育;反复说教,不让孩子进行情景体验,会使孩子产生逆反心理(教育,应该是力求一句话将孩子眼说亮、心说动);凡是孩子自己能做的,家长决不要帮忙,否则就等于剥夺了孩子的成长机会,打击了他们的自尊和自信;遇到任何问题,都要调动孩子的积极情绪,而不是扑灭他们心中的火焰,使他们失望;孩子向家长求助,家长应积极回应,但要求孩子要懂礼貌——家长不是他们随叫随到的仆人,更重要的是启发孩子思考,家长不要很快给孩子答案,因为给答案的做法就是培养思维上的懒汉,孩子就会变成依赖性强、不会独立思考的人。这些基本的家庭教育常识应该掌握,家长才能正确发挥在家庭教育中的主体作用。

3. 家长要相信自己的教育能力,不依赖、指望他人

孩子的习惯培养、人格塑造要靠家长自己。因为孩子从小跟父母一起生活,良好习惯应从小培养。要从生活的方方面面培养孩子的习惯与人格,同时,家长的榜样力量在孩子习惯培养与人格塑造中起着至关重要的作用。

教育是艺术,不是技术,家长要针对孩子的特点进行研究。孩子从小和家长生活在一起,家长应多用眼观察孩子的行为表现,用耳认真听孩子讲话,看看符合孩子年龄特点的书籍和相关信息,动脑分析应采取什么样的教育对策,在研究中理智地施教。

相信自己能行。有信心才能有动力进行学习和思考。不要觉得自己文化水平低,不是教育工作者,就放弃对孩子教育的主动权。没文化收废品的家长,照样培养出德、智、体全面发展的合格人才,也有大学教授竟然把孩子养成残杀自己的凶犯……这说明,决定家庭教育成功的关键是榜样作用和正确的教育理念,而不是文化水平。虽说家长不是教育的内行,但经过研究性学习,摆正观念,注重提高个人素质,探究施教方法,成为家庭教育的成功人士,也不是不可能的。无数文化水平较低的工人、农民、下岗职工成功的育子案例都说明,只要有主体性思维,肯于研究性学习,就能体验到育子成功的快乐。

巧妙与学校配合。在配合学校教育时,家长要理解、体谅学校和教师工作的难处,尽量予以支持和配合,但不要过度依赖——认为孩子教育就是学校的事。中外大量调查显示,一个孩子取得成功,70%左右是家庭教育的结果。孩子学习情况,也不完全取决于学校。因为在习惯培养、情绪调控、意志力养成等方面,家长都起着重要的作用。另外,家长配合学校教育,也不要充当"二老师"——跟老师一样在家庭中施教,那样会引起孩子的反感。要清楚地认识到,孩子的教育还靠家长自己。对教师相信而不依赖;配合而不照搬;提建设性意见,而不吹毛求疵、到处告状;商讨、探究恰当的施教方法,而不要盛气凌人;贡献教育资源,而不请客、送礼以求私利;等等。

家长要进行家庭教育研究性学习。学习家教知识和国外的先进教育理念和方法,请教他人,听专家报告,要采取针对个体的实际情况,探究性学习,千万不可生搬硬套。把学习他人育子的招数,变为学习掌握正确的教育理念,提高分析自己孩子问题产生原因的能力;把只学别人的经验、做法,变为探讨教育规律,抓住时代特色,

使自我的家庭教育符合教育规律和时代要求。那种脱离实际、套用他人的理论和经验的做法是极为有害的，也是无主体性的表现。

4. 加强学习，经常反思自己的教育行为

要想发挥主体性，取得预期的教育效果，家长还要经常反思自己的教育行为。埋怨客观环境或指责他人的施教不当，只能耗费精力，形成教育分立的局面。有主体性思维的聪明家长，当孩子出现问题时，不会和客观环境或其他施教者及孩子较劲，而是分析自己的教育理念和方法是否正确；在配合他人施教和对孩子进行教育时，是否有不当之处。随时矫正自己不正确的教育行为，是提高施教能力的简便易行的好方法，也是发挥主体性的具体体现。

总之，家长在实施家庭教育时，注意更新观念，发挥主体作用，家庭教育就会少走弯路，家长就会更快地体验到做成功父母的快乐。

# 模块二　家长的素质教育

## 一、家长在家庭教育中应具备的素质

对于生养了子女的年轻夫妇来说，有了孩子自然就成了父母，成了家长。但自己是否真正具备了做父母的资格、能否教育好子女却是另外一回事。现代社会，对年轻一代的身心素质要求不断提高，家庭教育的作用日益突显，家长不仅要关心孩子的身体健康、安全和正常发育，而且还要向他传授生活技能与科学知识，培养高尚品德和审美情趣，解答孩子的疑难问题，为其全面发展和走向社会奠定良好基础。如果说以往做一个合格的家长不容易，那么当今做一个合格的家长就更难了，必须具备相当的素质条件才能胜任家长的角色。下面，从五个方面来给家长提出建议。

（一）家长必须有很强的责任心

具体地说，家长的责任心应当体现在以下几个方面。

（1）树立"为国教子"的观念。孩子不仅仅是自己的孩子，也是祖国的未来，教育好自己的子女是父母应尽的责任。

（2）积极学习家庭教育知识。家长要主动购买家庭教育方面的书报，参加家庭教育讲习班，了解家庭教育的内容、方法、原则，并用科学的家教理论指导自己的家教实践。勤于思考家教中的为什么，不断总结家教中的经验教训，注意同他人交流教育子女的心得体会，而不是盲目地教育子女。

（3）认真做好教育子女的每一件事。教育子女是一个长期的艰苦的过程，无论家长自己多忙或者有多不顺心的事情，都不能放松对子女的教育，要根据子女身心发展的需要和实际情况，用心地对其进行指导、帮助、训练、检查，发现教育上的失误要及时纠正和补充。

### （二）家长必须有一定的科学文化知识

一般来说，家长的知识水平越高，越有利于科学地实施家庭教育，培养优秀的子女。具体地说，家长尤其应当掌握以下几方面的知识。

（1）语文、数学、自然、历史和政治基础知识。

（2）体育、音乐、美术、舞蹈、戏剧和影视常识。这些是人们不可缺少的娱乐知识，也是人们交流思想感情的重要内容。幼儿时期和青少年时代孩子们天性活泼，喜爱体、音、美，但又不懂或不甚懂，会经常在这几方面向家长求助，家长如果一无所知就会使子女大失所望，减少了共同语言。

（3）饮食、着装、居住、旅行、医药常识。家长只有掌握这些知识才能保证家庭生活的质量，以促进子女的健康成长。此外，这些知识也是子女将来独立生活不可缺少的，且主要通过家庭途径才能掌握的知识。

### （三）家长必须具备一定的科学儿童知识

家长如果不懂教育子女的科学知识，就有可能花了力气不讨好，甚至对孩子成长起副作用。所以，家长在掌握科学文化知识的同时，还必须学习和掌握专门的教育知识，这包括以下几方面。

（1）心理知识。家长通过学习青少年儿童心理学，了解孩子心理发展的年龄特征、个性特征，掌握孩子心理变化的规律，为教育提供依据。

（2）生理学知识。家长通过学习青少年儿童生理学知识，了解孩子身体发育、器官成熟、体质增强等方面的知识，指导孩子按生理运动规律饮食、睡眠、运动、保健，积极锻炼身体，讲究卫生，提高身体素质。

（3）教育学知识。家长应懂得孩子的身体和心理、智力和品德都是互相依存的，绝不能为了一方面的发展而忽视另一方面的发展。另外，要懂得用说服教育的方式帮助孩子认识问题，绝不用打骂或给钱的方式来让孩子接受大人的意见。

（4）人才知识。家长通过人才学知识，要了解人才的时代特征，人才成长的规律，为子女成才提供合适的家庭条件，指导子女通过自身的勤奋努力争取成才，成才后还要根据社会需要与个人实际需要向前迈进。

### （四）家长必须具备一定的教育能力

家长必备的教育能力主要包括以下几方面。

（1）语言表达能力。

（2）了解子女的能力。

（3）分析和处理问题的能力。家长应当在全面了解情况的基础上，对问题的原因、性质、程度、后果做出恰如其分、客观及时的判断，并提出切实可行、简单易行的解决办法。例如，分析孩子学习退步的原因，帮助他迅速赶上去。

（4）教育要机智。这是处理子女成长中突发事件、疑难问题的能力。例如，孩子无端地顶撞教师怎么办，孩子突然被车撞伤怎么办，家里受灾无力支付孩子学费怎么办，等等。这对家长来说，都需要智慧和勇气。

**（五）家长必须有良好的心理素质**

为了做好家庭教育，家长尤其应在以下几方面提高自己。

（1）信心和勇气。家长要在客观地评价自身素质、家庭条件和子女表现的基础上，对自己教育子女的能力充满信心，相信子女一定能够成才，一定能够不断取得进步。即使遇到困难也不灰心丧气，而要有战胜困难的勇气，有些家境极差的孩子在家长指导、支持下，最终考上名牌大学就是榜样。

（2）爱心和热情。

（3）理智和宽容。家长要保持稳定的情绪，不急不躁，客观公正地看待孩子，冷静地处理棘手问题。家长既要用成人的观点看问题，又要站在孩子的角度想因果，谅解孩子的无知、过失，鼓励困难中的孩子，安慰受到伤害的孩子。

（4）恒心和耐心。教育子女是一项长期而艰苦的事情，要有长期的计划和短期的安排，持之以恒、循序渐进；还要耐心细致，具体周到，不能马虎，如有遗漏，要及时补上。当然，良好的道德品质也是家长必备的素质之一，家长只有以身作则，才能教育和影响子女进步。如果家长自身品德不端，教育子女就难以奏效。愿家长从加强自己的道德修养做起，以高度的教育责任感为动力，全面提高自身的素质，为新时代培养优秀的新人。

## 二、做合格的家长

**（一）家长素质的高低直接关系到家庭教育的成败**

1. 努力提高自身素质，胜任幼儿的第一任老师

所谓家长素质，一般指两个方面，其一指家长本人，作为社会成员，具有国家公民应具备的素质，如文化水平、道德修养、身体健康状况等；其二指作为家长对孩子进行教育所应具备的素质，包括养育幼儿的基本知识和教育规律、方法。这里家长应着重加强道德修养和家庭教育水平的提高，给幼儿树立一个良好的形象，家长的一言一行都刻在孩子的心上，要做好幼儿的榜样。

榜样的力量是无穷的，它具有很强的说服力和感染力，所以家长必须在思想、情感、工作、学习、生活等方面严格要求自己，对事业、对社会、对同志、对家人要言行一致，表里如一，要有稳定的思想、情绪，开朗、乐观，要敬老爱幼、邻里互助，对人对事要是非分明等，这都是需要家长自觉或不自觉地接受的教育。

2. 努力学习有关的育儿知识，提高教育幼儿的水平

家庭教育学涉及面广，它包括幼儿教育学、心理学、卫生学等方面的知识，家长还应自觉地参阅一下有关这方面的书籍、刊物，以便掌握家庭教育的目的和任务、原则与方法，提高家庭教育的质量，有必要时还要参加家长学校的学习，使自己直接掌

握教育幼儿的方法和经验。

### （二）端正成长观念，明确培养方向，使幼儿全面发展

将幼儿培养成为一个什么样的人，这是每个家庭都关注的问题。现实中大多数家长有望子成龙的思想，教育中重智轻德，对幼儿的为人、品德行为不闻不问，有的望子成龙心切，恨不得让孩子一下子变成"超常儿童"，出类拔萃；有的过早定向培养，不惜工本，强制孩子学这学那，根本不尊重幼儿的兴趣，使个别孩子害怕学习，讨厌学习，凡此种种，都是当前家庭教育中的误区，不但不利于幼儿的全面发展，有时甚至适得其反，严重影响幼儿的身心健康，把幼儿视为私有财产与当代社会要求相差甚远。作为家长必须与时俱进地了解新的教育观念，树立为国教子的思想，为国培养各个领域多层次的建设人才，培养具有远大理想、热爱祖国、公而忘私、忠诚正直、团结互助、文明礼貌等一代新人，只有这样，家长才能为国家培养人才发挥作用。

### （三）创造良好的家庭环境

家庭是幼儿接触最早同时也是最重要的生活环境，因为从出生到入学前幼儿的绝大部分时间是在家庭中度过的，父母和其他家庭成员构成了他交往的主要对象，孩子年龄越小，家庭对他的影响就越大。

1. 家庭成员要有良好的家庭情感气氛

良好的家庭环境对幼儿有着强烈的情感影响，如果情感上受到冷遇，幼儿不但动作发展欠佳，智力活动表现迟缓，而且缺乏安全感，容易产生畏惧和焦虑，好奇心和求知欲淡；相反，在慈爱热情的父母关心下生活的幼儿，能愉快、健康地成长。因此，必须为幼儿创造一个良好的家庭情感氛围。

2. 培养良好的家风

家风是家庭中长期形成的相对稳定的思想、道德观念、行为习惯以及生活、学习等作风的综合表现。良好家风应该是家庭和睦融洽、稳定、有安全感，成员之间关系融洽、尊老爱幼、互相关心，民主地处理家庭事务。如果夫妻之间经常吵架，婆媳关系紧张，家庭动荡不安，幼儿不仅会在生活上遇到困难，在心理上更容易受到伤害。在这种家庭生活的孩子，大多数性格孤僻、冷漠、暴躁、凶狠。因此，良好的家庭美德和良好的家风是促进幼儿身心健康发展的重要保证。

### （四）家长应尊重幼儿、了解幼儿

作为家长应克服家长作风，应把幼儿视为家庭成员，尊重幼儿的爱好和兴趣。不把成人的意见强加在幼儿身上，民主的教育态度，能使幼儿形成亲切温和、稳定的性格；过分苛求幼儿，限制幼儿去做一些正当的属于自己的事情都会使幼儿变得懦弱，无自主能力；而过分溺爱，有求必应，又会使幼儿唯我独尊，为所欲为。家长必须从家庭教育中把握幼儿的心理世界，根据幼儿成长的年龄特征用不同的教育方式去关心幼儿，教育幼儿，成为幼儿的知心朋友。

### (五)积极配合幼儿园,做好家园工作

幼儿入园后,不是交给老师就万事大吉了,家长要与幼儿园紧密配合,要加强与幼儿园的联系,互通家园情况,及时向老师介绍幼儿的个性特点及在家的表现,以便老师及时掌握,并有针对性地进行教育。家长应鼓励和支持幼儿积极参加幼儿园组织的各种集体活动,幼儿园也应通过家长学校为家长提供家庭教育咨询和指导。只要广大家长坚持在教育实践中加强自身修养,就一定能够逐渐地把握家庭教育的真谛,做一名合格的幼儿家长。

# 第六单元　家庭教育与学校教育及社区教育的关系

**学习目标**

➢ 了解社区与家庭、学校的共育关系。
➢ 掌握家庭与幼儿园合作的方式，包括家庭访问、亲子活动、家长开放日的组织策略。
➢ 具有将理论运用于实践的初步能力，具有交谈、家访、召开家长会的初步技能。
➢ 学会设计参观当地某个场所的活动方案。

## 模块一　学前儿童社区教育

### 一、社区概述

#### （一）社区的含义

"社区"一词源于拉丁语 communis，意为伴侣或共同的关系和感情。德国社会学家腾尼斯将其译成了德语 gemeinschaft，意为社区、团体、共同体、公社。美国社会学家罗密斯将其译成了英语 community，拥有了更多的地域含义。我国社会学家费孝通将 community 译成了"社区"。

许多社会学家都对社区这一概念进行了解析。例如，德国社会学家腾尼斯认为，社区是由具有共同的习俗和价值观念的同质人口所组成的关系密切的社会团体或共同体。美国社会学家帕克认为，社区是占据在一块被或多或少明确地限定了的地域上的人群汇集，一个社区不仅仅是人的汇集，也是组织制度的汇集。美国社会学家波普认为，社区是在一个地理区域里围绕着日常交往方式组织起来的一群人。英国社会学家麦基文认为，社区是人们共同生活的任何领域。英国社会学家巴克雷认为，社区是在某一地区内生活的人，无论其社会地位如何，政治态度怎样，他总会与周围人建立某种社会关系。日本社会学家横山宁夫认为，社区具有一定的空间地区，它是一种综合性的生活共同体。我国社会学家费孝通认为,社区是某一社会群体或社会组织聚集在某一地域里形成的在生活上互相关联的大集体。

一些教育学家也对社区这一概念做出了解释。例如,美国教育学家爱泼斯坦认为,社区不仅指儿童的学校和家庭所在的地区,而且指影响儿童学习和发展的邻近地区;社区指的是对教育质量感兴趣并受其影响的各种人,而并不只是指有孩子在学校上学的那些人。从上文可知,中外不同的学者对社区概念的界定虽然有所不同,但都认为社区是一个空间单位,有一个特定的地域。社区是一个小社会,兼有人群和地域两大因素。

(二)社区的结构

每一个社区基本上都是由一定范围的地域、一定规模的设施、一定数量的人口、一定特征的文化、一定类型的组织所构成的。

1. 地域

地域也叫区域,指的是地区范围。地域具有一定的界限、特色和功能,地域内部具有鲜明的相似性和连续性,地域之间具有明显的差异性和制约性。

2. 设施

设施也叫公共服务设施,分为基础设施和附属设施。基础设施包括交通、邮电、供水供电、商业服务、科研与技术服务、园林绿化、环境保护、文化教育、卫生事业等市政公用工程设施和公共生活服务设施等。附属设施是配套设施,是使基础设施能得到更好的服务、发挥更大的作用、实现保值和增值功能的设施。

公共服务设施一般由"五个一"组成,即一个服务中心、一家小公园、一处活动场所、一所医疗服务机构、一个视频监控中心。

3. 人口

人口指的是社区内以一定的社会关系为基础聚居的人口群体,包括人口的数量、质量、结构、密度、流动和迁移。它既是衡量社区规模的重要标志,又是确定社区层次的重要依据。

4. 文化

文化指的是在一定的区域范围内,在一定的社会条件下,社区成员在实践中共同创造的精神财富及其物质形态。社区文化包括社区内的人们的信仰、价值观、行为规范、生活方式、风俗习惯、历史传统、地方语言和特定象征等。社区文化实质上是一种地方文化,不同社区的人们具有不同的文化,而城乡社区的文化差异则更为突出。社区文化本质上是一种家园文化,具有社会性、开放性和群众性等特点。因此,弘扬社区文化,有助于萌发社区居民的主人翁意识,增强社区居民的归属感,提升社区居民的生活质量。

5. 组织

组织指的是在社区内,有目的、有计划地建立起来的各种团体和机构,是社会组织在社区中的表现形式。社区内的各种团体和机构相互联系、相互影响，形成了社区的组织体系。社区内的一些团体和机构可能还会和社区外的其他组织保持联系，形成外部关系结构。社区组织内各种横向和纵向的关系构成了社区组织的庞大网络。社区组织介入社区生活的程度是衡量社区组织化水平和效率的重要标准。

（三）社区的功能

社区的功能多种多样，主要有以下几种。

1. 管理功能

社区（特别是管理机构）要管理社区人群的各种社会生活事务，以维持社区的正常运转，使居民能有序地生活。例如，社区对每户人家的电视、电脑进行网络管理。社区要注意激发"社区人"的自我管理意识，鼓励"人人参与，户户献策"，以形成共住共管的民主协商机制。

2. 服务功能

社区（特别是服务机构）要为社区成员提供各项社会化服务，以促进社区的不断发展，提高居民的满意度。例如，社区为居民提供家电维修、洗熨衣物等服务。社区要重视实施"以居民为本"的原则，提高社区服务水平。

3. 保障功能

社区（特别是救助机构）要保护社区的弱势群体，给予他们及时的救助和必要的帮助，以保证社区的均衡发展，使每个成员都不会被遗忘。例如，社区为病人设置家庭病床，为婴儿免疫接种，为老人打扫卫生，等等。社区要特别关爱老年人，形成志愿服务和邻里互助的良好风气。

4. 安全功能

社区（特别是安全机构）要保证社区全体成员的人身安全和财产安全，以维护社区的和谐稳定，使居民能放心、安心地生活。例如，社区为居民守楼、护院、看门，调解邻里纠纷。社区要注意"大事化小"，形成和睦相融的心理环境。

5. 教育功能

社区（特别是教育机构）要提高社区成员的文明素质和文化修养，以促进社区的可持续发展，使每个居民都能热爱学习。例如，社区可为下岗无业人员和外来民工举办各种技能培训班（如开设家电维修班、家政服务培训班），以增强他们的就业竞争能力；社区可为老年人开办各种兴趣培训班（如书法班、绘画班、摄影班、太极拳班），使老年人老有所学，老有所乐；社区也可为少年儿童创设各种社会实践教育活动（如夏令营、祭奠烈士墓），以提高少年儿童认识社会的能力；社区还可为家庭举办各种生动有趣的活动（如亲子读书报告会、亲子才艺大比拼、亲子游戏活动），以密切亲子关系，增进邻里的了解。这些寓教于学、寓教于情、寓教于乐的活动能体现社区教育的生命力，促使每个成员都获得学习的权利和发展的机遇，形成共住、共生、共发展的崭新局面。

### （四）社区的建设

1. 社区建设的基本原则

（1）以人为本、服务居民的原则。

要坚持以不断满足社区居民的社会需求、提高居民生活质量和文明程度为宗旨，把服务社区居民作为社区建设的根本出发点和归宿点。

（2）资源共享、共筑共建的原则。

要充分调动社区内各机关、团体、部队、企业事业组织等一切力量广泛参与社区建设，最大限度地实现社区资源的共有、共享，营造共筑社区、共建社区的良好氛围。

（3）责权统一、管理有序的原则。

要改革城市基层社会管理体制，建立健全社区组织，明确社区组织的职责和权利，改进社区的管理与服务，寓管理于服务之中，增强社区的凝聚力。

（4）扩大民主、居民自治的原则。

要坚持按地域性、认同感等社区构成要素，科学合理地划分社区；在社区内实行民主选举、民主决策、民主管理、民主监督，逐步实现社区居民自我管理、自我教育、自我服务、自我监督。

（5）因地制宜、循序渐进的原则。

要坚持实事求是，一切从实际出发，突出地方特色，从居民群众迫切要求解决和热切关注的问题入手，有计划、有步骤地实现社区建设的发展目标。

2. 社区建设的主要目标

（1）完善社区组织体系。

适应城市现代化的要求，加强社区党组织和社区居民自治组织建设，建立起以地域性为特征、以认同感为纽带的新型社区，构建新的社区组织体系。

（2）丰富社区建设内容。

以拓展社区服务为龙头，不断丰富社区建设的内容，增加服务的发展项目，促进社区服务网络化和产业化，努力提高居民的生活质量，不断满足人民群众日益增长的物质文化需求。

（3）改革社区管理体制。

加强社区管理，理顺社区关系，完善社区功能，改革城市基层管理体制，建立与社会主义市场经济体制相适应的社区管理体制和运行机制。

（4）合理配置社区资源。

坚持政府指导和社会共同参与相结合，充分发挥社区力量，合理配置社区资源，大力发展社区事业，不断提高居民的素质和整个社区的文明程度，努力建设管理有序、服务完善、环境优美、治安良好、生活便利、人际关系和谐的新型现代化社区。

3．社区建设的各项工作

（1）拓展社区服务。

社区服务主要是开展面向老年人、儿童、残疾人、社会贫困户、优抚对象的社会救助和福利服务，面向社区居民的便民利民服务，面向社区单位的社会化服务，面向下岗职工的再就业服务和社会保障服务。

（2）发展社区卫生。

加强社区卫生服务站点的建设，积极开展以疾病预防、医疗、保健、康复、健康教育和计划生育技术服务等为主要内容的社区卫生服务，方便群众就医，不断改善社区居民的卫生条件。

（3）繁荣社区文化。

积极发展社区文化事业，加强思想文化阵地建设，不断完善公益性群众文化设施。充分利用街道文化站、社区服务活动室、社区广场等现有文化活动设施，组织开展丰富多彩、健康有益的文化、科普、教育、娱乐等活动；利用社区内的各种专栏、板报宣传社会主义精神文明，倡导科学、文明、健康的生活方式；加强对社区成员的社会主义教育、政治思想教育和科学文化教育，形成健康向上、文明和谐的社区文化氛围。

（4）美化社区环境。

要大力整治社区环境，净化、绿化、美化社区。要提高社区居民的环境保护意识，赋予社区居民对社区环境的知情权。要努力搞好社区环境卫生，建设干净、整洁的美好社区。

（5）加强社区治安。

建立社会治安综合治理网络，有条件的地方，要根据社区规模调整，按照"一区（社区）一警"的模式调整民警责任区，设立社区警务室，健全社会治安防范体系，实行群防群治；组织开展经常性、群众性的法制教育和法律咨询、民事调解工作，加强对刑满释放人员的安置帮教工作和流动人口的管理，消除各种社会不稳定因素。

（五）社区的发展

1．进一步健全以基层群众自治为基础的新型社区管理体制机制，不断提高基层治理水平

加快城中村、工矿企业所在地、新建住宅区、流动人口聚居地的社区党组织和自治组织的组建工作，健全以基层党组织为核心的城乡社区组织体系。落实社会治安综合治理责任制，加强对吸毒人员、流浪儿童、服刑人员的未成年子女、农村"留守儿童"的管理、监督和教育，加强和改进对流动人口的服务管理以及对非公有制经济组织和新社会组织的管理，实现城乡社区的"无缝隙"管理。积极推广、运用现代信息技术，有条件的地方可实行社区网格化管理，提升社区管理的现代化水平。

2. 进一步完善以民生需求为导向的新型社区服务体系，不断提高社区居民的生活水平

充分发挥行政机制、互助机制、志愿机制、市场机制的作用，进一步完善覆盖城乡社区居民的社区服务体系，满足居民群众多样化、多层次、多方面的服务需求。依托社区服务中心和社区服务站，积极推进以就业、社会保险、社会救助、社会治安、医疗卫生、计划生育、文化、教育、体育为主要内容的政府公共服务，促进实现城乡基本公共服务均等化。规范、整合社区公共服务设施的功能作用，提倡"开放式办公、一站式服务"，合理设置服务窗口，优化工作流程，规范服务标准，鼓励开展全程委托代理、全年无休假等便民服务。鼓励社区内或周边单位向社区居民开放内部食堂、浴室、文体和科教设施，支持驻社区单位和社区居民开展邻里互助等群众性自我服务活动，为低收入人群、老年人、残疾人、优抚对象、城市流浪儿童和农村"留守儿童"等提供各种服务，发展慈善事业。进一步完善社区便民服务设施，加快发展家政服务业，深入实施以"便利消费进社区、便民服务进家庭"为主题的"双进工程"。引导社区居民树立节能环保观念，积极推动社区再生资源的回收利用、剩余物资的调剂互换。鼓励通过社区网站、呼叫热线、短信平台和有线数字电视平台、电子阅览室、信息服务自助终端，为社区居民提供"一网式""一线式"的综合服务。

3. 进一步繁荣以增强社区凝聚力为宗旨的城乡社区文化，不断提高社区居民的文明素质

广泛开展社会主义核心价值体系的宣传普及工作，从城乡社区存在的具体问题入手，深入开展社会公德、职业道德、家庭美德、个人品德教育，推进廉政文化教育进社区，推动形成良好的社会风尚与和谐的人际关系、邻里关系。加强社区文化基础设施建设，在社区建设方便居民读书、阅报、上网、娱乐、健身等的活动场所。充分挖掘社区文化资源，广泛开展各具特色的群众性文化活动，着力丰富居民群众的精神文化生活。利用春节、清明节、端午节、中秋节等民族传统节日，广泛开展节日民俗活动和文化娱乐活动，弘扬中华民族优秀文化传统。积极发展社区教育，倡导终身学习理念。加强未成年人思想道德建设，利用社区资源为社区内中小学开展素质教育和社会实践活动提供方便，不断优化青少年成长环境。大力开展全民健身活动，不断增强社区居民体质。重视社区物质文化遗产和非物质文化遗产的保护。建立健全社区心理咨询网络，加强对居民的人文关怀和心理疏导。要从看得见、摸得着、见效快的问题入手，对社区人居环境进行整治，实施乡村清洁工程，建设资源节约型、环境友好型社区。健全社区环境保护管理制度，广泛发动社区居民积极参与环保活动，普及社区防灾减灾知识，积极倡导义务植树护草、文明饲养家禽和宠物，自觉养成节约能源资源、爱护环境、讲究卫生的习惯。做好人口和计划生育工作，推行计划生育居（村）民自治，搞好计划生育技术服务，提高出生人口素质。

## 二、学前儿童社区教育的含义与特征

### （一）社区教育的含义

什么是社区教育？国外许多学者都提出了自己的观点。例如，弗莱彻认为，社区教育就是在教育领域内的社区参与，把各种学校教育机构转变为适合一切人的教育中心和娱乐中心。哈格雷斯认为，社区教育是发展社会和教育再分配策略，以创造更公正、更公平的社会；鼓励更开放、更民主地获得教育系统的人力和物力资源。马丁认为，社区教育就是提供教育机会给每个人，以便达成更充实、更有益的生活，修正现存的教育系统，以益于一些不利者或被剥夺者。

我国许多学者也提出了自己的看法。例如，袁方指出，社区教育是一种教育工作形式，跨出学校或学院的范围，请社区其他人参加，既可作为学生又可作为教师，或兼任两者；教育意图完全是为整个社区的利益服务。梁春涛认为，社区教育是在一定地域内，在党和政府的指导下，组织协调学校和社会各个方面，双向服务，实现教育社会化和社会教育化，以促进地区经济、社会和教育协调发展的教育社会一体化组织体制。叶忠海指出，社区教育是指以社区为范围，以社区全体成员为对象，同社区民众利益和社区发展需要紧密相连，以建设和发展社区，消除社区的社会问题，全面提高社会成员的素质和生活质量为目的的教育活动综合体。厉以贤指出，社区教育是实现社区全体成员素质和生活质量的提高以及社区发展的一种社区性的教育活动和过程。黄云龙指出，社区教育是以社区学校为主体的一种形式化、组织化的教育形态。

由此可见，社区教育这一概念已被广泛认可，但由于不同国家和地区在政治制度、经济发展、文化传统等方面有所不同，所以，对社区教育认识也就有所不同。

### （二）学前儿童社区教育的含义

什么是学前儿童社区教育？梁志燊指出，社区教育是指社区内为全体居民设置的教育设施和教育活动，是多层次的、多内容的、多种类的社会教育。对儿童则为校外教育，它肩负着促进学校、社会、家庭共同承担教育下一代的责任。我们认为，学前儿童的社区教育是面向学前儿童的，以社区资源为基础所开展的各种各样的教育活动，旨在促进每个儿童健康、快乐地成长、发展。

### （三）学前儿童社区教育的特征

学前儿童社区教育主要具有以下几个特征。

1. 长远性

从目标上来看，学前儿童社区教育具有长远性。学前儿童社区教育的目标是持久的、终身的，主要是满足社区学前儿童的各种需要，通过生动有趣的形式，培养儿童的社区意识和归属感，提高社区家庭成员的生活质量，促进社区的可持续发展。

2. 全员性

从对象上来看，学前儿童社区教育具有全员性。学前儿童社区教育的对象是全体的、平等的，主要是指居住在本社区的从出生到入小学前的所有儿童，即零至六七岁的全体儿童。学前儿童社区教育的对象可能会涉及儿童家长，也可能会表现出教师与学生、家长与孩子的相对性。

3. 灵活性

从时间上来看，学前儿童社区教育具有灵活性。学前儿童社区教育的时间是灵活的、机动的，既可以是白天，又可以是晚上；既可以是工作日，又可以是双休日、节假日。教育的总时间已由短向长转化，逐渐形成了全程化的育人方式，使儿童可以在生活中学习，也可以在学习中生活，有助于实现时时有学习机会、时时有发展希望的梦想。

4. 广泛性

从空间上来看，学前儿童社区教育具有广泛性。学前儿童社区教育的空间是无限的、宽广的，可以发生在社区的任何一个空间地带、活动场所（如邮政局等服务场所、公交车站等运输场所、图书馆等文化场所、超市等商业场所）。学前儿童社区教育的空间已由幼儿园向社会扩展，创造了全方位的育人环境，使儿童处处有学习场所，处处有发展平台。

5. 丰富性

从内容上来看，学前儿童社区教育具有丰富性。学前儿童社区教育的内容是全面的、多元的，涉及儿童体力、认知、语言、情感、社会性、审美等方面的全面发展。它既可以从儿童的年龄特征出发来筛选具体的内容，又可以从儿童的发展水平出发来选择恰当的内容；既可以从儿童的性别特征出发来筛选具体的内容，又可以从儿童的个性特征出发来选择适宜的内容。

6. 多样性

从形式上来看，学前儿童社区教育具有多样性。学前儿童社区教育的形式是开放的、多样的，既可以是政府主导的，又可以是居民发起的；既可以是大规模的，又可以是小范围的；既可以是个体的，又可以是群体的；既可以是传统的，又可以是新创的；既可以是以幼儿园为中心的，又可以是以家庭或社区为中心的。

7. 整合性

从实质上来看，学前儿童社区教育具有整合性。学前儿童社区教育的实质是融合的、互补的，旨在把社区的各种机构集合起来，加深彼此的了解，增进彼此的互动，架起教育与社区的桥梁，协调教育与社区的共同发展，走向学习型的社会。

### 三、学前儿童社区教育的原则

#### （一）科学性原则

为了保证学前儿童社区教育的高度，就必须遵循科学性原则。要以科学的观念为指导，来制订学前儿童社区教育的计划；要以科学的态度为基础，来推动学前儿童社区教育的进程；要以科学的标准为依据，来评价学前儿童社区教育的成效。

### （二）全面性原则

为了保证学前儿童社区教育的广度，就必须遵循全面性原则。首先，要做到全员化，面向所有儿童，体现公平、公正。其次，要做到全程化，涵盖整个活动（如包括活动的设计、活动的组织、活动的评价），强调合作分享。最后，要做到全方位，涉及各个方面（如包括体育、智育、德育、美育），重视全面发展。例如，既要适时组织亲子体育活动，又要及时开展亲子智力大赛；既要适时组织亲子游戏活动，又要及时开展亲子才艺表演。

### （三）针对性原则

为了保证学前儿童社区教育的效度，就必须遵循针对性原则。一方面，要了解儿童身心发展的特点，开展适宜的社区教育活动。例如，在双休日，社区早教中心免费向0~3岁幼儿开放，可组织"大带小"的活动，鼓励3岁的小哥哥、小姐姐带着2岁的小妹妹、小弟弟做游戏，以培养儿童的合作性，发展儿童的社会性。另一方面，还要了解家长教养孩子的方式，给予相应的指导和帮助。例如，在晚上，可邀请社区妇幼保健院的医护人员，给家长做儿童营养讲座，帮助家长矫正孩子挑食的坏毛病，学会给孩子制定营养均衡的食谱，以保证孩子获得充足的营养。

### （四）发展性原则

为了保证学前儿童社区教育的长度，就必须遵循发展性原则。首先，要不断改革教育的目标和任务，使之能跟上时代发展的脉搏。其次，要不断更新教育的内容和形式，使之能与儿童的进步相适应。例如，随着儿童年龄的增长，所开展的体育游戏活动的难度就应该逐渐加大，使儿童必须付出更多的努力，才能够取得成功。最后，要不断创新教育的指导和评价的形式，使之能与家长的发展相适宜。例如，要根据家长学历层次不断提升的现状，采用灵活多样的指导形式，既可以使用班级授课制，对家长进行现代教育理论的集中培训，又可以开设讲座、论坛，组织家长讨论科学育儿的方法，引导家长分享教子的经验。此外，还要进行现场指导，入户上门，与家长个别交流，以不断提高家庭教育的质量。

## 四、学前儿童社区教育的实施

### （一）重视社区教育资源

#### 1. 了解社区教育资源的特殊性

要认识到社区里的不同资源具有不同的教育作用，社区的不同结构对儿童的发展有着不同的价值：社区的物质和精神环境会影响儿童学习的效率和心境，社区的组织结构会影响儿童学习的内容和形式，社区的人际网络会影响儿童学习的质量。例如，社区中的公园有利于发展儿童的空间知觉，提高儿童的审美能力；而社区中的科技馆则有利于丰富儿童的科学知识，扩大儿童的知识面。

2. 理解社区教育资源的优越性

要认识到社区资源与幼儿园资源相比，具有许多优势，更能增进儿童的感性知识，丰富儿童的探索体验。例如，在进行"理发店"的主题教育时，教师如果能把儿童带到幼儿园旁边的理发店去，让儿童看一看理发店的环境（如有沙发、椅子、镜子、洗头设备、理发工具）、理发师的工作（如给客人剪发、染发、洗发、吹发、烫发），那么就能丰富儿童对理发店的感性知识，加深儿童对理发店的理解。

### （二）发现社区教育资源

1. 身体力行

要身体力行，到社区中去寻找各种教育资源。首先，要"耳听八方"，要仔细用耳朵去倾听。每天可通过按时收听当地广播，或利用家长接送孩子的时间，听听家长们的闲聊或和家长进行交谈，及时了解社区的最新信息和活动事件。例如，通过家长的谈话了解将在哪个居委会由谁来讲解儿童家庭食谱的制作。其次，要"眼观六路"，要认真用眼睛去观察。每天可通过广泛阅读地方报纸、收看电视和手机新闻、上网浏览，迅速了解社区正在发生和将要发生的事情。例如，附近的哪一所小学将要招收一年级新生，招生的条件有哪些。最后，要"始于足下"，要勤于用双脚去勘测。可通过经常走出园门，进行实地考察，来全面了解社区活动的时间、地点和内容。例如，什么时候将在社区绿地举办"全家都来秀一秀"的娱乐活动。

2. 整理分类

要把通过上述多种途径获得的信息进行记录、整理、分类，建立资源库，以全面把握自然资源、人力资源、物质资源和材料资源的表现形式和内容容量。

### （三）整合社区教育资源

1. 系统设计

在拟订社区教育计划时，不论是学年计划、学期计划，还是月计划、周计划、日计划，都要深入思考，把社区的各种教育资源巧妙地渗透进去。

例如，在设计"参观××市图书馆"的活动方案时，要注意激发儿童参观图书馆的兴趣，给儿童提供与人和书打交道的机会，引导儿童观察读者是怎样在安静地看书、学习，鼓励儿童挑选一本自己喜欢的图书进行阅读；指导儿童轻声地和馆员交谈问询，学习办理借阅图书的手续，以萌发儿童的阅读兴趣，提高儿童的学习能力。

2. 全面设计

在制定社区教育方案时，既要重视发挥正规的公开课程的作用，又要注意彰显非正规的隐蔽的课程的功能，使儿童在亲密接触社区的特殊建筑、亲身体验社区的重要活动的同时，还能耳闻目睹社区的关键事件，受到社区环境的熏陶，以加深对人类文化的相似性和差异性的理解。

3. 合作设计

在设计社区教育活动时，不仅要"独家经营"，自己制订教育计划和活动方案，而且还要"合作经营",调动家长和社区人士的积极性,和他们一起设计,鼓励他们为活动献计献策。

4. 生动设计

在设计社区教育活动时,不仅要考虑教育性,而且还要考虑娱乐性、趣味性,此外还要能激发儿童参与的积极性、主动性和创造性。例如,儿童喜欢小动物,教师就可设计带领儿童去参观动物园的活动,使儿童在观看小动物、给小动物拍照、画小动物的过程中,了解动物的所属种类、身体特征和主要习性,萌生关爱小动物的情感。

### (四)开发社区教育资源

1. 欢迎社区人士来观看

要布置好幼儿园环境,打开园门,热情欢迎家长和社区居民前来参观访问,定期向他们开放幼儿园的各项活动,以帮助他们深入了解幼儿园教育,使他们能通过"身临其境",把"耳听为虚"转化为"眼见为实",形成对幼儿园的良好印象,萌发要参与其中的美好愿望。

2. 鼓励社区人士来参与

要在全面了解家长、社区志愿者、商业伙伴、地方艺术家和当地居民的职业特征、生活方式和风俗习惯的基础上,热心向他们介绍幼儿园所需要的各种帮助,鼓励他们投入幼儿园的教育中,与儿童分享他们的知识、经验、智慧和才华,以增加儿童与成人交往的机会,帮助儿童从"自然的人"发展成为"社会的人",加速儿童社会化的进程。

3. 指导社区人士来奉献

要经常邀请家长和社区居民来做志愿者,向他们讲解适宜幼儿的教育理念和作息制度、儿童的年龄特征和个性特点,向他们传授成为儿童良师益友的"锦囊妙计",指导他们从实际情况出发,通过不同的方式奉献自己的才能:既可以在班级日常生活中做点小事,如指导儿童收拾玩具、整理图书,又可以在幼儿园特殊活动中大显身手。例如,在"国庆节"的庆祝活动中,让儿童观看家乡的风景,给儿童品尝家乡的特产,以使儿童萌发爱家乡、爱祖国的情感。

### (五)运用社区教育资源

1. 巧妙运用服务场所的资源

可结合"国际护士节""国际警察日""消防宣传日""中国记者节"等节日,带领儿童到社区中的服务场所(如医院、公安局、消防站、邮政局、广播站、电视台、报社和杂志社)去参观、去体验,指导儿童仔细观察这些场所的主要建筑、外表特征和重要标志,指导儿童深入了解自己的亲人以及和自己生活有关的各行各业人们的劳动,培养儿童对劳动者的热爱和对劳动成果的尊重。

2. 选择运用运输场所的资源

可准备好当地的地图和某种交通工具运行的时刻表,带领儿童到社区中的运输场所(如公交车站、出租车站、地铁站、汽车站、火车站、轮船码头、机场、停车场、加油站、修车场)去观察、去乘坐,以帮助儿童了解不同的交通工具,这将促使儿童感受科技的巨大力量,提高儿童的空间认知能力。

3. 恰当运用文化场所的资源

可根据儿童的年龄特征,组织儿童到社区中的文化场所(如图书馆、博物馆、动物园、公园、剧院、电影院)去观赏、去游逛。例如,教师可带儿童到公园游玩,看看花草树木、小桥流水、亭台楼阁,以帮助儿童了解人与自然的关系,促使儿童萌生爱护环境的意识;还可带儿童到博物馆观光,看看各种雕塑、绘画、钱币、家具、陶瓷、青铜器,以帮助儿童了解中国传统文化,促使儿童萌生热爱祖国的情感。

4. 适时运用商业场所的资源

可根据季节的特点,组织儿童到社区中的商业场所和农业场所(如商店、药店、杂货店、果园、渔场、农场、奶牛场、工厂)去采购、去实践。例如,在夏天,教师可带儿童到附近的农田去采摘西红柿,指导儿童用眼睛去看,用手去摸,用鼻子去闻,通过多种感官与西红柿亲密接触,以加深对西红柿的认识,萌发热爱劳动的情感。

(六)展示社区教育资源

1. 与同行分享学前教育成果

幼儿园教师一方面要主动参加园内各种教研活动,让社区中的同行了解自己,分享自己幼儿园的教改成果,同时也向社区中的同行学习,吸取他们办园的成功经验;另一方面还要积极参加园外各项科研工作,交流、分享科研成果,把教研活动和科研工作有机地结合起来,使自己从教学型教师发展为研究型教师。

2. 向居民传递科学育儿理念

幼儿园教师不仅可以为社区家长举办儿童家庭教育系列讲座,深入浅出地向他们介绍儿童家庭教育的目标、内容、途径和策略,以提高儿童家庭教育的科学性;而且还可以为他们开设儿童家庭教育咨询活动,及时认真地为他们解答在教养孩子的过程中所碰到的各种问题,以提高儿童家庭教育的针对性。此外,还可以为他们举办儿童家庭教育亲子活动,生动形象地向他们传授亲子游戏、亲子制作、亲子共读的秘诀,以提高儿童家庭教育的效果。

3. 带领儿童参加有益的活动

学前教育工作者应组织儿童参加有利于其身心健康发展的各种社区活动,使儿童的文化、娱乐、休闲生活变得更加丰富多彩。例如,在社区举办"敬老节"活动时,教师可以带领儿童到敬老院去,给老爷爷、老奶奶送长寿糕,帮他们捶捶背;也可以带领儿童到居委会去,为老爷爷、老奶奶唱歌、讲故事等。

4. 指导家长参加亲子活动

学前教育工作者要充分发挥自己在家庭与社区互动中的桥梁作用，把对儿童的教育与为儿童及家庭的服务有机地结合起来，适时与家长分享社区为儿童举办活动的各种信息，鼓励家长多带孩子走进社区场所，指导家长从孩子身心发展水平出发，有针对性地参加一些活动，以培养孩子的兴趣爱好，促进孩子的个性发展。例如，孩子不喜欢开口说话，教师可提醒家长多带领孩子到公园去玩，鼓励孩子主动与其他小朋友打招呼，指导孩子和其他小朋友一起玩游戏等。

### （七）评价社区教育资源

1. 在评价主体上要注意协作性

学前教育工作者在评价社区教育资源的效能时，要注意评价主体的协作性，努力打造以教师自评为主，其他人（如儿童、家长和社区居民）评价为辅的格局，以增强平等友好的评价关系，实现儿童社区教育的民主化。

2. 在评价客体上要注意多元性

学前教育工作者在评价社区教育资源的效能时，要注意评价客体的多元性，这样不仅要评价社区教育资源对儿童、家长、社区所产生的良好影响，而且还要评价社区教育资源对自己所产生的重要作用。只有这样，才能做到公平、公正。

3. 在评价内容上要注意全面性

学前教育工作者在评价社区教育资源的效能时，要注意评价内容的全面性，不仅要评估幼儿园使用社区教育资源的情况，而且还要评估幼儿园服务社区的情况，只有这样，才能做到全面客观。

4. 在评价方法上要注意多样性

学前教育工作者在评价社区教育资源的效能时，要注意评价方法的多样性，把定性评价和定量评价有机地结合起来，通过采用问卷法、访谈法、观察法等多种多样的评价方法，来保证评价的科学性和合理性。

进入 21 世纪以来，世界各国都更加重视学前儿童的社区教育，我国也在加快学前教育社区化、社区生活教育化的进程，并逐渐走向学前教育与社区生活的一体化。学前教育工作者要从幼儿园型教师发展成为社区型教师，巩固幼儿园与社区的和谐关系，促进儿童健康成长。

# 模块二　幼儿园与家庭合作共育的主要形式

## 一、《家长手册》

### （一）《家长手册》的地位和作用

《家长手册》是一本汇集幼儿园各种信息的参考书，是一种便于家长浏览、翻阅的工具书，是幼儿园通过书面形式与每位家长进行沟通的一种重要形式。

《家长手册》可以是电子版，上传到幼儿园的网站上，以便现在的家长和未来的家长随时查阅，了解自己所需要的各种信息；也可以是纸质版，幼儿园在每学年招生时，分发给家长，使家长有充足的时间去阅读，了解幼儿园的各种情况，为今后配合幼儿园的教育打下良好的基础；还可以在每学期报名时，发给家长，提醒家长去阅读。此外，还可以在每个学期里，告诉家长，遇到问题时及时阅读，以便找到解决问题的良策。

《家长手册》样本如图 6-1 所示。

图 6-1　某幼儿园《家长手册》

### （二）《家长手册》的目录

《家长手册》应像图书、杂志一样，设立目录，以便家长迅速查找自己想看的信息。

《家长手册》的目录可以包括以下内容。

1. 真诚欢迎

向家长表示热烈的欢迎，使家长感到温暖和幼儿园的热情。

2. 办园理念

向家长说明幼儿园的办园理念，使家长知道科学的儿童观和教育观。

3. 规章制度

向家长说明幼儿园的各项规章制度，如收费制度、晨检制度、接送制度、安全制度、卫生制度、作息制度等。

4. 各项活动

向家长介绍孩子在幼儿园的各项活动，使家长知道不同年龄班的孩子的区角活动、游戏活动、体育活动、教学活动、点心活动、午餐活动、午睡活动、如厕活动、娱乐活动都有所不同，可在班级看到一日活动时间安排表。

5. 营养膳食

向家长介绍孩子在幼儿园的营养膳食，使家长知道不同年龄班的孩子，每天的食谱不同，可在大厅看到实物样品。

6. 师资队伍

向家长介绍幼儿园的保教人员，使家长知道园长、保教老师、班级教师和保育员都是经过培训才能上岗的，都能够胜任自己的工作。

7. 家长工作

向家长介绍幼儿园与家庭联系的多种形式，使家长知道应参加家长会、家长学校、家长开放日，做家长志愿者。

### （三）《家长手册》的形式和内容

《家长手册》制作好以后，幼儿园不能把它当成摆设，而要发挥其应有的作用。为此，需要注意如下几点。

1. 把好封面设计关

《家长手册》的封面应尽可能做到图文并茂，可通过幼儿园的标志图案或儿童的图画和照片，来吸引家长的注意力，提高家长的阅读兴趣；《家长手册》的厚薄要适中，使家长能有时间去阅读，能提升阅读的质量。

2. 把好内容安排关

《家长手册》的内容，首先，讲究普遍性，做到全面、丰富，以满足多数家长了解幼儿园的需要；其次，讲究通俗性，做到深入浅出，以适合不同文化程度家长的需要；最后，讲究可能性，做到短小精悍，以符合拥有不同业余时间的家长的需要。

3. 把好写作风格关

《家长手册》的呈现，一方面要考虑家长的阅读心理，用自然、生动、有趣的笔调来书写各项内容，以减轻家长的心理压力，增强家长的亲切感、轻松感和愉悦感；另一方面还要考虑家长的理解水平，用通俗易懂的语言加以表达，而不能使用大量的教育术语和专业词汇，以便家长理解各项内容和具体要求。

## 美国《家长手册》的特点和启示

一、美国《家长手册》的特点

（一）美国学前教育工作者对《家长手册》价值的认识

当园长或园长助理把他们制作的《家长手册》递给笔者时，笔者就"你园为什么要制作《家长手册》？《家长手册》有什么用处？"等问题，对其进行了访谈。从这10位学前教育工作者的回答来看，美国学前教育机构倾向于在开学前或开学初就把《家长手册》发给或寄给新生家长，让家长有充足的时间阅读、理解其中的信息，较早地全方位了解学前教育机构，从而通过《家长手册》在学前教育机构与家庭之间架起沟通、分享和合作的第一座桥梁，这也是学前教育机构与家庭之间搭起的第一个互信、互动与互惠的平台。

（二）《家长手册》外表设计的特点

从笔者获得的10本《家长手册》来看，其在外表设计上体现了如下特征。首先，从《家长手册》的封面来看，以彩色为主，并且图文并茂。例如，有8个学前教育机构使用了黄色、蓝色、紫色、绿色等颜色的纸张、字体作为封面；有9个学前教育机构在封面上除了打印文字以外，还插入了多张儿童图画或儿童照片、儿童图案、机构标志图案等进行装饰，以激发家长阅读的兴趣。其次，从《家长手册》的大小上看，以A4纸大小为主。有7个学前教育机构采用了A4纸，3个学前教育机构采用了A4纸的一半。这显示出《家长手册》的规范性，提示家长很有必要阅读此手册。再次，从《家长手册》的页码上看，以20页以下为主，有6个学前教育机构的《家长手册》在20页及以下，31页及以上的只有2个，这凸显了《家长手册》的简略性，便于家长认真阅读。最后，从《家长手册》的装订上看，无主次之分。有5个学前教育机构使用的是订书针装订，5个学前教育机构使用的是螺旋链组装，体现了《家长手册》的便捷性，利于家长阅读后收藏。

（三）《家长手册》目录设置的特点

在10本《家长手册》中，有7本设立了"目录"页，并表现出如下显著特点。首先，从是否安排有目录来看，以拥有居多。大多数学前教育机构的《家长手册》都有"目录"页，这就使《家长手册》看上去像图书一样完整。其次，从目录的层次、级别来看，以一级为主。半数学前教育机构只设置了一级目录，只有2个学前教育机构设置了二级目录。这使《家长手册》便于快速检索。再次，从目录的栏目数量来看，差异悬殊。数量从最少的7个到最多的62个不等，这就使《家长手册》看起来详略大不相同。最后，从目录的栏目名称来看，大同小异。美国的《家长手册》一般都设有如下主要栏目：欢迎家长、基本政策（有的通过"各项政策"全面阐述其一系列政策，有的则通过"健康政策""入园政策""付费政策和假期政策"及"反虐待儿童政策""终止政策"等来具体论述某一项政策）、各种方案（或概述方案的一般特征，或专论方案的"年龄"特性）、入学费用（包括"入学程序"和"费用支付"等）、健康营养（有的对"药物""食物""餐点"或"体检"等进行了全面解释）、家园互动（多数开设了"家庭与学校"沟通交流的栏目）、教育理念（包括办园宗旨和目的等）、保教人员情况等。

（四）《家长手册》内容呈现的特点

第一，在欢迎家长上，表现出热情周到的显著特点，并积极地帮助家长了解机构的教师、环境、课程等主要信息，鼓励家长主动与教师交往，自由参与各项活动。例如，有的《家长手册》明确写明："家长，请你自由提问，你在每天的任何时候来访都是受欢迎的，我们鼓励你参与我们机构的活动。"

第二，在教育宗旨上突出促进儿童发展的根本目的。例如，有的学前教育机构在手册中写道："我们的办园宗旨是为儿童提供一个安全的、丰富的教育环境，充分运用发展的、适当的活动和操作材料去鼓励儿童积极、主动地学习；促进儿童在社会性、情感、体力和认知上的发展。"

第三，对保教人员明确提出不断成长的要求。学前教育机构一般会在说明遴选保教队伍价值的基础上，从学历、专业、经验、证书、记录等方面向家长讲明本机构教师的任职情况与要求，如有的学前教育机构在《家长手册》上写道"所有教师至少受过大学四年的教育，所学的专业是早期教育、小学教育，此外，他们还有教育经验；所有的全日工作人员都有急救证书"等。与此同时，还会从内容、频率、学时、形式等方面向家长介绍本机构教师在职培训的情况。例如，有的会在《家长手册》中说明本机构"每个星期五下午都有教师会议，设计、创建和评价活动方案"，或指出本机构要求"保教人员每年要接受24小时的职业发展教育，他们可以通过在职培训、园本培训或参加地方、州、国家的会议来更新自己的知识结构，遵守职业规范"等。

第四，对餐点活动的介绍体现出灵活多样的特点，如强调家园共同为儿童提供营养均衡的食物，帮助儿童养成良好的饮食习惯；强调将为儿童创设家庭式的进餐环境，并鼓励家长适时融入餐点活动，如鼓励家长轮流为全班儿童带来早点或午点等。

第五，强调家长参与，合作分享。利用《家长手册》使家长知道他们是教师的合作伙伴，教师会通过多种形式与他们交流；使家长知晓他们参与教育的重要性，并邀请他们以不同的方式参与进来。例如，有的《家长手册》写道："我们相信家长是儿童生活中最重要的成人，我们竭尽全力做好每项工作以确保家长能参与到我们的教育中来；保持与你的交往是我们每个保教人员的职责；你的参与对我们来讲至关重要；我们期盼你的主动参与，我们鼓励你积极参加家长之夜、家长—教师会议、开放活动、家长支持小组，主动查看便条、活动计划、保教人员简介，并经常光顾家长图书馆。"

总之，美国的《家长手册》在写作风格上较为关注家长的阅读心理。在使用词语时较为重视家长的理解水平，没有使用大量的教育术语和专业词汇，方便家长理解各项内容和具体要求。此外，《家长手册》在传递信息时，还能考虑家长的视觉效应，注意激发家长的阅读兴趣。

二、美国《家长手册》的启示

美国学前教育机构设计和运用《家长手册》的上述策略，值得我们深思和借鉴。

第一，要开辟《家长手册》这一通道。我国幼儿园与家庭交流的形式多种多样，但截至目前《家长手册》还没有很好地加以开发和利用。我们应该学习美国幼教同行的做法，研制中国化的《家长手册》，并注意发挥其独特的作用，以拓展家园联系的通道，更好地与家长沟通、合作和分享。

第二，要重视《家长手册》的外表形式。我们在设计《家长手册》时，要注意做到色彩鲜艳、图文并茂、厚薄适宜，以吸引家长的注意力，提高家长的阅读兴趣。如果幼儿园同时还服务于来自其他文化的儿童和家长，那么还有必要使用不同的语言来加以表述。

第三，要注重完善《家长手册》的各项内容。我们在安排《家长手册》的内容时，要把握普遍性，做到全面丰富，以满足众多家长了解幼儿园概况的基本需求；要把握通俗性，做到深入浅出，以适合文化程度不高的家长的需求；还要把握可能性，做到短小精悍，以符合拥有不同业余时间家长的阅读需求。

第四，要提高《家长手册》的使用效率。《家长手册》编制好以后，我们不能把它当摆设，而应充分发挥其作用。可在每学期招生时，发给家长，使家长有充分的时间去阅读；也可在新学期开始时，提醒家长去阅读，使家长能从理论和实践两个不同的层面对幼儿园进行观察和考察；还可在整个学期里，引导家长遇到问题时，及时打开阅读，使家长自己能找到处理事情的良方和对策。

华东师范大学学前教育与特殊教育学院<br>李生兰

## 二、家访

家访是家园共育工作中一种典型的交流活动，充分连接了园所与家庭的关系，可以有效促进教师与家长、幼儿的交流与互动，如图6-2所示。家访的类型包括：新生家访、常规家访、重点对象家访三种，其中新生家访最为普遍。家访过程中普遍存在的问题是教师更多地关注与家长之间的交流及感受，家长也急于将孩子各方面情况告诉教师，完全忽略了与孩子之间感情的建立。

图 6-2　幼儿园家访

### （一）家访在幼儿园教育中的作用

（1）家访有利于更详细地了解幼儿的家庭状况及幼儿各方面的表现，通过家访，老师可以详细地了解孩子的家庭状况以及孩子的智力水平、生活习惯、兴趣爱好等，还可以了解家长对孩子的教育态度和方法，从而进行恰当的引导。

（2）家访有利于增进老师与家长的交流。家访是老师与家长情感交流的好方式。因为老师深入幼儿家庭是关心幼儿、认真对待工作的具体表现，家长一般都能以诚相待。在交谈中，教师诚恳的态度、亲切的话语能使整个家访的过程充满友好的气氛，拉近彼此的距离，使家长对教师更加理解、尊重和信任，有些平时在幼儿园不便谈论的话题，在家访过程中可以尽情交流，以便达到家园一致。

（3）家访是检阅教师工作成效的一种独特方式。在幼儿园工作实践中，检阅教师工作成效的方式多种多样，家访是其中一种较为独特的方式。家访时，家长的态度从一定程度上反映出家长对于教师工作的满意程度。如果家长对教师的来访表示欢迎，说明家长对其工作比较满意，反之则说明教师的工作有不足之处，需虚心接受家长的意见，认真分析研究，改进工作方法。

### （二）家访的注意事项

首先，家访前要明确家访的目的，做好充分的准备工作，对被家访的学生要有很深的了解，不至于在家访的过程中手足无措，使家长产生教师对自己的孩子关心太少，家访只是形式而已的想法。另外，还要有充分的思想准备，谈什么，怎样谈，如何针对心态、层次不同的家长进行交谈。并且要预约，让家长在家等候。千万不要到了学生家门口才打电话通知，这样会让家长措手不及，来不及收拾房间而尴尬。同时，家长如若上班，请假是个问题，急急忙忙往家赶，路上的安全更是问题。建议提前半天或者一天给家长打电话，让他们提前做好准备。

其次，要尊重学生。特别是那些有多种缺点且学习成绩差的学生，要从关心出发，不要以偏概全：一好百好，一差皆差。应该从表扬其优点开始，打开家访局面，使家长体会到严是爱、松是害，不管不教要变坏；向家长汇报时要挖掘幼儿在学校的点滴进步，不要当面告状，不能把家访当作告状的机会，特别不能当着学生的面向家长数落学生，要告诉学生犯了错误并不可怕，可怕的是不改正，改正了就是好学生。

再次，家访中的语气要亲切，不要语调生硬。少说多听，多问多看。少说学生的缺点，只挑最重要的说，多说学生在校的优点，多听家长说，多问家长孩子在家的学习、交往、休闲的表现，多看看学生卧室的摆设、书橱等，了解学生的学习是否受到家庭的影响。

家访中偶尔会遇到极个别素质较低的家长，他们娇惯子女，放任自流，甚至对老师蛮不讲理。教师去家访，首先是客人的身份，不可针锋相对，发生口角，使自己陷入进退两难的境地。谈话要言简意赅，话不投机就适时告辞。对待家长要不卑不亢，尊重家长的意见和看法，更要维护学校和老师的声誉。多介绍学校和老师们在管理和教学方面好的做法，不要和家长产生正面冲突，态度诚恳，请家长多给自己、给学校提意见。

最后，教师是人类灵魂的工程师，应处处为人师表，家访过程中，老师的衣着、言谈举止都要体现一个老师的身份。有的家长出于感激之情，送些礼物给教师，对此要婉言谢绝，不要接受家长馈赠的任何礼物；家访时选择恰当的时间，切不可在饭点上门，并且不要在学生家中用餐。上午 8:00～11:00 和下午 2:00～5:00 是家访的最佳时间，每次 30 分钟左右最为合适。问题解决了，及时告辞，切莫没话找话说。可以告知家长教师的 QQ 和电话号码，有事可以及时沟通。

### （三）家访的准备工作

1. 确定家访的目的

不论教师什么时候进行家访，都要把目的定位在促进幼儿的发展上。教师如果想在开学前进行家访，可通过电话向家长提出家访的请求，告诉家长家访的目的是增进彼此的了解，帮助幼儿更快更好地适应班级的生活。教师如果想在学期中进行家访，可通过电子邮件、短信等方式向家长提出家访的请求，告诉家长家访是为了了解孩子最近的情况，使孩子知道班级发生的大事。

2. 协商家访的时间

教师要用民主的态度，和家长协商家访合适的时间。教师可以向家长提出几个日期和时段，请家长从中加以选择；也可以请家长提出几个日期和时段，由教师从中进行选择。这样，就能使家访在双方都认为是合适的时间里顺利进行并有效完成。

3. 商量家访的地点

家访本该是在幼儿的家庭中进行的，但如果家长不同意，那么教师就要灵活处理，让家长选择见面、讨论和交流的地点，是在家长的工作单位，还是在家庭附近的公园、茶馆、咖啡馆等。

4．带上家访的物品

教师去家访时，可带上一些物品，如幼儿园简介、班级相册、儿童图画书、儿童玩具，这样，教师在和家长交谈时，幼儿可在旁边看相册、看图书、玩玩具。

（四）家访的过程推进

1．开始环节

教师的穿戴要大方得体；要按照约定的时间，准时到达；要彬彬有礼，向家长和幼儿问好；要把自己看成客人，服从家长的安排；要尊重家长，认可家长的价值观，不评头论足。

2．中间环节

教师可以把幼儿园简介递给家长，先向家长说明幼儿园的办事规章制度；再向家长描述孩子在班级的常规活动和特色活动中的表现；最后向家长提出想看看孩子、和孩子一起玩耍的要求。

教师可以把玩具拿出来，给幼儿玩；也可以把图画书拿出来，和幼儿一起看看，并告诉幼儿，等他到班级来时，就请他给全班小朋友讲讲这个图画书。

教师可以邀请家长一起来玩玩具，看图书；向家长说明游戏和图书在幼儿成长中的重要性，并推介一些好玩具和好绘本，鼓励家长多开展亲子游戏、亲子共读的活动。

3．结束环节

教师要向家长和幼儿表示感谢，邀请家长来园参观访问，欢迎幼儿来班参加活动。

（五）家访的后续工作

做好家访所有相关记录；填写家访记录，最好采用白描式的语言进行记录，能够更加直观体现出入园前家庭的教养状况；记录时要回避家长，回园后追忆，不然会影响谈话效果及注意力。

最后教师附上对于本次家访的个人心得体会，为本班级的整体情况归纳提供参考，这样"家长沙龙"等活动可以有依据地开展，"对症下药"的活动才能做实做精。

## 三、接送交流

（一）接送交流的主要作用

接送交流是家长早晨把孩子送到幼儿园、傍晚来园把孩子接回家的时候，教师与其进行的一种面对面的极其频繁的交流，有助于教师和家长及时沟通信息，全面了解幼儿的状况，准确把握教育的契机，以促进幼儿更好地成长、发展。

### （二）接送交流的真诚态度

在家长接送孩子时，教师对家长要热情友好、真诚大方；对幼儿，要面带微笑，主动打招呼，并蹲下身子来，搂抱一下幼儿；使家长放心，幼儿开心。

### （三）接送交流应聚焦于幼儿

接送者不同交流重点也不同。在幼儿园工作多年的王老师每天都要接触许多来接送孩子的家长，她对于孩子的接送深有体会。她说，一般爸爸妈妈接送孩子的，会与老师热情交流，主要关心的是孩子在性格上和学习上的一些问题。老人来接送孩子的，往往就是问孩子吃得好不好、有没有感冒等，大多是与生活和健康有关的问题，对于学习很少有老人会认真询问。王老师还提到，现在许多家庭因为没有人接送孩子，而把这个任务交给保姆和专职接送孩子的钟点工，这类接送者基本就不会和老师有什么交流，每次都是接了就往回赶。

### （四）给教师的建议

教师在和家长交谈时，一定要意识到，时间有限，必须采取"短平快"的策略，抓住要点，长话短说，"速战速决"；一定要多讲讲幼儿的成长和进步，针对幼儿的缺点和不足，向家长提出几条改进的建议。此外，还要善于倾听家长的心声，鼓励家长多说说孩子在家里的表现，使教师能全面地了解幼儿。

总之，教师在与家长接送交流时，要多站在家长的角度考虑问题，教师的"良苦用心"必将能赢得家长的"百般放心"，这样，大家就会觉得"话很投机""心心相印"，越谈越欢，携手共进。

### （五）给家长的建议

教育专家表示，在接送过程中，家长与老师的交流是非常必要的，这对于家庭教育与学校教育的配合是很有益的，假如没有做好这方面的衔接工作，孩子就很容易形成"两面派"的性格。

此外，上学和放学路上也是家长与孩子交流的好时机，借此了解孩子在学校的生活，促进亲子沟通。不过，有一个现象值得注意，有的家长出于"补偿"心理会买大堆零食来"犒劳"孩子，岂不知这样会给孩子一种暗示，认为上学是一件很辛苦的事，从而助长厌学情绪。

加强沟通，弥补接送缺憾。家长与学校缺少沟通，不仅会对家庭教育有影响，而且家长与孩子缺乏交流互动，更会导致孩子一些心理上的不健康发展。教育专家建议，作为年轻的父母，如果无法利用接送孩子的时间与老师、孩子沟通，一定要找其他方式进行弥补。

与孩子的沟通方式可以更加灵活多样。例如，利用每天的晚饭时间，和孩子聊聊一天的生活；利用孩子睡前的时间和孩子谈心、聊天；建立家庭沟通簿或者家庭博客，孩子和家长以平等的身份畅谈每天的经历和感受，与孩子平等对话。

## 四、家长园地

### （一）家长园地的主要作用

家长园地也叫家园之窗、家园之桥、家园快递、家园在线、你我牵手、家园联系栏、家园碰碰车、家园一线牵、家园同心树、亲亲一家人、家长总动员、宝贝总动员、幼儿连着我和你等。

家长园地是教师在自己班级门外边的墙壁上，专门开辟出一块空间，在这里可以通过张贴班级的教育计划和活动安排、教师的教案和玩具制作、家长的育儿经验、儿童的美术作品，向家长介绍教育的目标、内容和方法，帮助家长理解幼儿园的教育，掌握科学育儿的策略，配合教师做好班级工作。

某幼儿园家长园地，如图 6-3 所示。

图 6-3　家长园地

### （二）家长园地的丰富栏目

教师可以根据班级教育工作的需要，来设置几个栏目。例如，"每月教育计划""本周活动安排""一日作息制度""主题教育方案"，以帮助家长了解班级的重大事件；也可以根据班级家长工作的需要，来设立几个栏目，如"请您关注""请您配合""向您致谢""请您告诉我""家教有方""成长聊吧"，以帮助家长获取科学的育儿经验。此外，还可以根据班级幼儿的成长进步设计栏目，如"精彩瞬间""明星宝宝""晒晒宝贝""我很棒""我学会了""我进步了"，以帮助家长了解孩子的最新情况。

### （三）家长园地的实用内容

教师在家长园地上所呈现的内容，要考虑到幼儿的年龄特点，不同的年龄班应有所不同，做到重点突出，具体实用。例如，在小班的家长园地上，教师可以多张贴一些"玩具制作和亲子游戏"的信息；在中班的家长园地上，可多张贴一些"优秀绘本和亲子共读"的信息；在大班的家长园地上，则可多张贴一些"毕业长大和入学准备"

的信息。这样,就能吸引更多的家长前来观看。

### (四)家长园地的独特形式

教师在布置家长园地的时候,要注意形式上的新颖独特:一要做到色彩鲜艳,以引起家长阅读的兴趣;二要做到图文并茂,以提高家长阅读的效率;三要做到文字简洁,以增强家长阅读的信心;四要做到造型别致,以强化家长阅读的毅力;五要做到立体构造,以缓解家长阅读的疲劳;六要做到不断更新,以维系家长阅读的动力;七要做到双向互动,以捍卫家长参与的权利。

总之,教师在提升家长园地的质量时,要注意处理好传统与现代的关系、稳定与变化的关系、内容与形式的关系、观看与参与的关系,以真正实现家园合作共育。

## 五、家长开放日

### (一)家长开放日的重要作用

家长开放日是指教师在特定的日子里,向全班家长开放班级内外的各种教育教学活动,这是一种生动、形象、直观的家园联系形式,使家长身临其境,耳闻目睹幼儿园一日或半日活动,来加深对幼儿园及幼儿特点的了解,对教师工作的认识,以便更好地实现家园合作共育。某幼儿园小小班家长开放日,如图6-4所示。

图6-4 小小班家长开放日

### (二)家长开放日的准备工作

1. 确立开放日的时间

教师每学期至少应安排一次家长开放日活动,既可以放在学期中间进行,又可以放在学期结束时举行;既可以放在上午进行,又可以放在下午进行。

2. 发出开放日的邀请

教师要提前写好邀请信,欢迎家长来参与;可以把邀请信放在班级的家长园地上或QQ聊天室里,让家长看;也可让幼儿把邀请信带回家,给家长看,使家长知道开放日的具体时间、地点和活动安排。

3. 布置开放日的环境

教师要尽可能地把教室装扮得漂亮一些、温馨一些。教师可在班级门口挂上"欢迎家长来参加开放日活动"的条幅；也可在空中、墙壁上悬挂一些彩带和气球，彰显喜气洋洋的景象，营造轻松愉快的气氛。

### （三）家长开放日的实施过程

1. 热情接待每位家长

教师要注意自己的穿着打扮和言谈举止，热情接待每位家长，使家长感到自然、舒适，而无任何压力。

2. 指导家长观看孩子活动

首先，教师要指导家长全面观看孩子的各种活动，从室内的桌面游戏活动，到室外的体育活动、早操活动，再到室内的如厕活动、点心活动、学习活动、游戏活动、午餐活动、午睡活动，帮助家长认识到幼儿园的教育内容是丰富多彩的，活动形式是多种多样的，既要注意室内活动与室外活动的相互交替，又要注意动态活动与静态活动的相互结合，还要注意生活活动与游戏活动、学习活动的相互融合，以促进幼儿身心的和谐发展。其次，教师要提醒家长，适时参与孩子的某项活动，成为孩子的玩伴。最后，教师要告诫家长，不能包办孩子的活动，使孩子失去动脑、动口、动手的机会。

### （四）家长开放日的总结评价

1. 感谢家长全程参与

教师要真诚地感谢每位家长的到来和参与，并希望家长今后能继续支持班级工作，共同促进孩子的发展。

2. 鼓励家长讨论、交流

教师可指导家长针对所看到的各项活动进行讨论和交流，鼓励家长大胆地说出自己的观感，和大家分享孩子的进步和不足，对班级工作提出改进的建议。

总之，教师要提升家长开放日的质量要做到以下几点。首先，要注意全面性，既应面向全体幼儿，又应面向全体家长；其次，要注意参与性，鼓励家长适时参与到某项活动或某个环节中去，和孩子亲密接触，以提高参与的效率；最后，要注意实效性，使家长能"高兴而来，满意而归"，今后还想再来、多来。

## 六、家长会议

### （一）家长会议的重要作用

家长会议是由园长或教师发起、组织的，面向全园或全年级、全班家长，向他们介绍幼儿园或年级、班级的具体情况，并与他们进行交流与互动的会议。这是园长或教师通过口头语言，面对面地对家长进行集体指导的一种重要形式，有助于提高家长的教育素养，增强家长的合作意识，共同为幼儿的成长与发展贡献力量。

## （二）家长会议的多种类型

家长会议的类型多种多样，可以从规模、时间、年龄、幼儿发展、成员辈分、家长性别、地域等方面进一步划分。例如，从规模上来看，有全园家长会议和班级家长会议；从时间上来看，有学期初期的家长会议、学期中间的家长会议、学期末期的家长会议；从年龄上来看，有大班幼儿家长会议、中班幼儿家长会议、小班幼儿家长会议；从发展上来看，有优秀幼儿家长会议、中等幼儿家长会议、迟缓幼儿家长会议；从辈分上来看，有祖辈家长会议、父辈家长会议；从父母上来看，有双亲家长会议、父亲会议、母亲会议；从性别上来看，有男性家长会议、女性家长会议；从地域上来看，有本地家长会议、外地家长会议；等等。

## （三）家长会议的准备工作

家长会议的准备工作主要包括以下几个方面。

1. 思考并确定会议的议题

学期初期的全园家长会议，主要是由园长向全园家长介绍幼儿园的基本情况、教育目标、教育内容、教育方法、办园特色等。

学期中间的班级家长会议，主要是由带班教师向全班幼儿家长介绍班级的主要情况、幼儿已取得的进步、今后的努力方向、请家长协助的事宜等。

2. 撰写并发放会议邀请函

要提前撰写好邀请函，放在幼儿园的网站上，或打印出来，张贴在家长园地上，或让幼儿带回家去，使家长知道家长会议的具体时间、地点和事件，提前安排好自己的工作，抽空前来参加。

3. 安排并布置会议的环境

不论是在多功能厅举行的全园家长会议，还是在教室进行的全班家长会议，都需要布置一下环境，如"欢迎家长来开会"的横幅能使家长感受到幼儿园和教师的热情友好；可以调试好多媒体设备，在屏幕上打出"家长，欢迎您来开会"的字样，缓解家长的心理压力；也可以将桌椅摆放成一个大圆圈，使大家都能平等地围坐在一起，彼此能看到对方，以利于更好地交流和分享。

## （四）家长会议的主要环节

（1）主持人欢迎家长的到来，感谢家长的参与；

（2）主持人向家长介绍今天做主题发言的嘉宾园长或教师、家长；

（3）主持人邀请嘉宾园长或教师、家长进行主题发言；

（4）主持人鼓励家长自由发言、提出问题、共同研讨；

（5）主持人感谢嘉宾园长或教师及家长，并感谢全体家长的参与和分享。

总之，家长会议应该重视儿童性，所有的议题都应紧紧地围绕着幼儿的发展来确定，以促进家园双方的理解，达成共识；还应该重视双向性，不要使家长会议成为园长、教师的一言堂，而要鼓励各位家长畅所欲言，以促进家园双方的互动，形成合力。

## 幼儿园小班家长会家长需配合的工作

（一）接送安全

早上按时送幼儿来园，为了增强幼儿的安全意识，家长尽量固定接送人，按规定时间带好接送卡接送孩子，并将孩子交到老师手中；晚上接孩子如果确实有事来不了，一定要提前给班上老师打招呼，没有通知，教师不能让孩子离园。

（二）作息时间

1. 早上起床的时间：幼儿园入园是在 7:40～8:30。
2. 坚持午睡：幼儿园午睡时间为 12:00～14:30，家里的午休时间要尽量与幼儿园同步。

（三）生活习惯

1. 坚持让孩子独立进餐：家长总是担心孩子吃不饱或吃得满桌都是或吃的时间太长，这些习惯产生的源头就在于家长的"种种顾虑"。其实孩子都能做到的，关键在于家园一致的"坚持"。
2. 坚持进餐有序：过于随意地用餐或点心是造成孩子正餐时习惯不好的主要原因，傍晚接孩子离园时分尽量不要带点心来园，以免影响孩子的晚餐进餐，同时也不利于孩子离园活动时的安全！

（四）帮助幼儿适应新学期

1. 每天早晨来园之前要排便（由于很多幼儿来幼儿园不习惯排便，就忍着，所以尽量让幼儿养成早晨来幼儿园之前排便的习惯）。
2. 学习能自己独立地穿脱衣服和鞋子。
3. 能自己独立地在 30 分钟内吃完饭。
4. 放学后尽量及时离园，最好不要在大型玩具等区域逗留。
5. 孩子穿的衣服要宽松、简单，便于穿脱，鞋子要便于运动，防止意外事故的发生。
6. 孩子回家后，请家长多问孩子在园的学习及生活情况，多和孩子交谈，发现问题及时反馈给老师。
7. 幼儿来园时应保持仪表整洁，衣服清洁，做到每周剪一次指甲。
8. 幼儿来园时身体不适，请主动与老师和保健老师联系，说明病情。幼儿需在园服药，请家长签字确认后方可在园服药。
9. 送孩子来园前要检查孩子口袋，幼儿不得将刀片、药片、铁钉、玻璃球等危险物品带入园内。
10. 幼儿所带衣物和物品都要写上姓名，以免丢失。
11. 一般情况下，不要养成幼儿无故缺课、迟到等习惯。如家中有事请家长要提前到两位老师那里请假，或发短信告知。

12. 有情况及时与班上老师联系,让我们共同做好家园共育工作。希望您密切配合班内工作,对我们的工作多提宝贵意见和建议。

13. 您的电话如有变更请及时通知我们。

### 七、家长志愿者

#### (一)家长志愿者的重要价值

家长志愿者是义务为幼儿园提供服务而不获取报酬的家长。家长志愿者是家园合作共育的一种独特形式,越来越受到家园双方的认可。家长志愿者不仅能使教师更好地了解儿童及其家庭,对儿童进行个别化的教育,而且还能使家长更好地认识自己,了解孩子,配合教师的工作。此外,还能增强幼儿的自信心,发展幼儿的社会性,促进幼儿快乐成长。如图 6-5 所示为某幼儿园家长志愿者送学生进教室。

图 6-5 某幼儿园家长志愿者

#### (二)家长志愿者的邀请招聘

1. 每学年邀请招聘

每学年报名时,幼儿园可以通过《家长手册》来邀请招聘家长志愿者,使家长认识到他们的贡献是很有价值的,他们志愿服务的形式是多种多样的,他们既可以给教师当帮手,辅助节日活动,又可以帮助教师联络其他家长。幼儿园还可以在大厅设立邀请招聘台,摆放志愿者登记表,请家长自愿填写,以此来了解家庭成员的业余时间、兴趣爱好及特长。

2. 每学期邀请招聘

每学期开学时,教师可以通过班级家长会议来邀请招聘家长志愿者,帮助他们了解志愿服务的必要性和可能性,促使他们满怀信心地参与其中,为幼儿的发展献计献策,贡献力量。

3. 每月邀请招聘

每个月开始时,教师可以通过家长开放日来邀请招聘家长志愿者,因为这一天会有很多家长来观看孩子的活动，有的家长在无意识间已经成为教师的帮手，主动帮助教师组织活动，积极参与孩子的活动。教师如果能及时地向家长发出邀请，那么就能强化家长参与教育的意识。

4. 每周邀请招聘

每周开始时，教师可以通过家长园地来邀请招聘家长志愿者，请求家长给予支持和帮助，参与到相应的活动中。例如，在开展"我是环保小卫士"的主题教育时，教师可在家长园地上张贴求助信，请求家长给班级捐赠一些可循环使用的废旧物品，或来班级和孩子们一起利用废旧物品制作玩具等。

5. 每天邀请招聘

每天入园、离园时，教师可以通过送接交流来邀请招聘家长志愿者，鼓励他们定期或不定期地来班级做志愿者，为幼儿的成长奉献爱心。

（三）家长志愿者的岗前培训

1. 园级培训指导

为了充分发挥全园家长志愿者的作用，园长要对他们进行上岗前的入园教育，通过集中培训和分层指导，使他们能了解幼儿园的公共环境、基础设施、教育目标、教育途径、规章制度、保教人员、家长工作、志愿者章程，以便日后能胜任志愿者工作。

2. 班级培训指导

为了更好地发挥全班家长志愿者的作用，教师还要对他们进行上岗前的入班教育，通过详细说明和具体指导，使他们能认识到个人与集体的关系，了解班级的日常规范和活动安排，掌握观察孩子的知识和技能，学会选择适合自己的志愿者工作。

（四）家长志愿者的工作安排

1. 以心愿为本位

教师要尊重家长志愿者的需要和愿望，给他们提供多种参与的机会，鼓励他们自由选择。例如，教师既要认同他们为全班幼儿阅读图书，又要认可他们和小组幼儿一起做游戏，此外还要支持他们教个别幼儿制作玩具。

2. 以时间为基础

教师要考虑到家长志愿者的业余时间，为他们安排灵活多样的时间表，促使他们的奉献成为可能。例如，教师既要欢迎他们在早晨送孩子来园时，参与桌面游戏活动；又要欢迎他们在中午时分，旁观孩子的进餐活动和午睡活动。此外，也要欢迎他们在傍晚接孩子回家时，参与户外游戏活动。

3. 以兴趣为中心

教师要考虑到家长志愿者的兴趣爱好，为他们设计趣味盎然的活动，吸引他们参与其中。例如，许多家长志愿者都喜欢"秀一秀"的娱乐活动，教师就可以在下午安排"全家都来秀"的活动，鼓励家长在接孩子时，和孩子一起秀一把。

4. 以经验为平台

教师要关注家长志愿者的职业经验，邀请他们参与班级的独特活动，为他们施展才华提供舞台。例如，在进行"地铁"交通工具的主题教育时，教师就邀请身为地铁安检员的幼儿妈妈来到班级做志愿者，和大家一起分享她在地铁上工作的职业经验。

### （五）家长志愿者的表彰奖励

幼儿园要表彰奖励家长志愿者的工作，强化他们志愿服务的精神，以带动更多的家长来做志愿者。园长可以在幼儿园的网站上、家园小报上，张榜公布家长志愿者的名单，感谢他们的努力，使他们获得成就感；教师可以在班级的聊天室里、家长园地里张贴感谢信，宣传家长志愿者的事迹，鼓励他们再来奉献。

总之，教师在提高家长志愿者队伍的质量时要注意以下几点。首先，要注意全面性，广招"达人"和"能人"，使更多的家长能成为志愿者；其次，要注意独特性，因人而异，充分发挥每位家长志愿者的才华和潜能；最后，要注意鼓励，多从正面表彰家长志愿者，使他们拥有作为志愿服务者的自豪感、成功感和光荣感。

## 八、家长沙龙

家长沙龙（如图6-6所示）是由幼儿园教师发起、组织家长参与的一种家庭教育研讨活动，教师提出问题，鼓励家长畅所欲言，分享彼此的看法和做法，达成教育共识。这种活动能在轻松自由的氛围中提高家长的参与能力，增进家长之间的了解和互动，促进家长相互学习，共同提高。

图6-6　家长沙龙

家长沙龙的类型多种多样，如按家长的称谓来分，有爸爸沙龙、妈妈沙龙、爷爷和外公沙龙、奶奶和外婆沙龙；如按幼儿的年龄来分，有小班幼儿家长沙龙、中班幼儿家长沙龙、大班幼儿家长沙龙；如按幼儿的发展来分，有幼儿健康沙龙、幼儿社交沙龙、幼儿才艺沙龙、幼儿语言发展沙龙、幼儿情感发展沙龙、幼儿科学探索沙龙。例如，在妈妈沙龙里，可针对"如何打造健康漂亮的宝宝"这一主题，鼓励妈妈们各抒己见，相互碰撞，对话交流，培养出有特色的健康漂亮的小宝贝。

1. 确立好主题

主题是家长沙龙的起点，关系到沙龙活动的方向。教师在确立主题时，可以从幼儿园教育的实际需要出发，也可以从家庭教育中普遍存在的具体问题出发，此外还可以从本班幼儿成长与发展的重点、难点出发，这样才能激发大多数家长的兴趣，促使家长乐于参与。例如，小班开学初的家长沙龙活动的主题，可围绕"如何帮助孩子更好地适应幼儿园的生活"这一主要问题来确立。

2. 选好主持人

主持人是家长沙龙的灵魂，关系到沙龙活动的进程。主持人一定要非常熟悉本次沙龙活动的主题，具有丰富的知识经验、独特的教育见解，能引领讨论的进程；还要有良好的口语表达能力和组织能力。幼儿园可先安排经验丰富的骨干教师来当沙龙活动的主持人，为家长树立模仿的榜样，然后再邀请家长轮流担此重任，以真正发挥家长沙龙的作用。

3. 请家长参加

家长是家长沙龙的主人，关系到沙龙活动的成功。主持人要通过多种形式广泛邀请家长参加。例如，在幼儿园入口处这个非常显眼的地方，张贴一张图文并茂的沙龙活动的海报，吸引家长观看、参与；还要了解家长的心态和倾向，鼓励家长参与和发言，可重点指导几位家长代表做好发言的准备工作，并告知家长发言的大概时长。

4. 布置好环境

环境是家长沙龙的平台，关系到沙龙活动的氛围。家长沙龙活动应该使家长们能在轻松愉快的氛围中进行交流和研讨。幼儿园可通过桌椅的摆放、花草的陈列、会场的音乐等手段，来营造和谐宽松的环境，以减少家长的紧张感，增强家长的自信心。

5. 掌控好活动

掌控好家长沙龙的活动过程，关系到沙龙活动的质量。作为主持人，首先，要简单介绍本次沙龙活动的主题，感谢、欢迎来参与活动的家长，活跃气氛，营造平等对话的场景；其次，要引导、鼓励几位家长代表积极发言，无拘无束地打开话题；再次，要注意把控好家长发言的内容和时间，以免偏离本次活动的主题，保证所有家长都能各抒己见；最后，要保持中立，促使家长踊跃发言，畅所欲言。此外，还要简短归纳和总结本次沙龙活动，感谢各位家长的奉献和参与。

总之，为了提高家长沙龙活动的质量，教师要本着尊重、平等、合作的原则，与家长进行沟通和分享，争取得到家长的理解和支持，鼓励家长积极参与，以共同促进幼儿的成长与发展。

## 九、亲子活动

亲子活动在传统教育的基础上，做了进一步的延伸和调整，使教育的内容和形式更符合当今时代下儿童的性格特点，更能与儿童的身心发展相契合，从以往的教育子女向父母的自我教育转变。因此，亲子活动更是一种民主的家庭教育。

### （一）亲子活动的内涵及外延

孩子对父母的依赖和信任，决定了父母的言行举止会影响孩子的一生。亲子活动的意义，便是将这种影响通过科学、健康、愉悦的方式传递给孩子。以幼儿园为活动中心，在教师的引导下，让孩子与父母乐在其中，最终实现"感性教育"，即用亲情的力量去感化孩子。

亲子活动不仅能开发幼儿的智力，提高幼儿的交流合作能力，更为重要的是，它会让幼儿在游戏中，深刻感受到亲情的珍贵，让幼儿的心中充满爱，懂得尊重教师，孝敬父母。

亲子活动是通过组织各种游戏，设计比赛项目，最终达到教育目的的一种活动，实际上它是一种多元化的教育模式，打破了以往以教师和家长为主的单方面的教育方式，让幼儿参与其中，与教师、父母互动交流，实现了幼儿教育的民主化、人性化。

在活动过程中，教师通过观察可以更加了解幼儿的个性特点以及情感需求，有利于在今后的教学中有的放矢，因材施教。家长则可以了解孩子在幼儿园的学习和生活情况，同时更促进了家长与教师、家长与家长之间的交流沟通，他们相互借鉴育儿经验，从而提高教育质量。

亲子活动是根据教育对象的成长特点和需要，在专业人员指导下由儿童和他们父母或看护者共同参与的一项具有指导性、互动性的活动。幼儿园亲子活动是家园共育的重要途径和组织形式，教师与家长两方面教育资源都得到充分的开发利用，教师用其幼儿教育专业知识影响家长，家长也以所获得的有针对性的育儿经验影响教师，双方积极互动、合作，最大限度地达成一致，形成最大的教育合力，从而为幼儿创造最佳的教育环境，促进幼儿更主动、更健康发展。

### （二）亲子活动的重要价值

亲子活动是幼儿园专门面向家长和幼儿所开展的一种独特的教育活动，通过教师、家长和幼儿的三方互动，来密切家园关系和亲子关系，形成和谐的大家庭；通过寓教于乐、寓教于游戏，来提高家长的育儿能力，促进幼儿快乐成长，如图6-7、6-8所示。

图 6-7　和妈妈一起玩纱巾

图 6-8　和家长一起擀饺子皮

### （三）亲子活动的类型

亲子活动的类型多种多样，以活动主体为标准，可以分为父子（女）活动、母子（女）活动等；以活动空间为标准，可以分为亲子室内活动、亲子室外活动等；以活动内容为标准，可以分为亲子游戏活动、亲子体育活动、亲子智力活动、亲子科技活动、亲子才艺活动、亲子娱乐活动等；以活动媒体为标准，可以分为亲子动口活动、亲子动脑活动、亲子动手活动等。

### （四）亲子活动的实施要求

#### 1. 重视趣味性

教师在拟定亲子活动时，一定要考虑幼儿的年龄特点、性别特点和个性特点，努力使各种亲子活动走向科学化、生活化、游戏化、音乐化、亲情化，以吸引家长和幼儿积极参与活动，促进幼儿在玩中学习、玩中成长。

2. 重视指导性

教师在开展亲子活动时，不仅要引发活动的开始、提供活动的材料、掌控活动的进程，而且还要给予家长和幼儿一定的指导和帮助，使他们知道这个亲子活动应该如何进行下去，才能取得最大的效益。

3. 重视互动性

教师在组织亲子活动时，一定要为家长和幼儿提供足够的互动时间、宽广的互动空间、丰富的互动材料、愉快的互动氛围，通过广泛而深入的双向互动，来促进幼儿在体力、认知、语言、情感、社会性、审美能力上的全面发展。

4. 重视主动性

教师在设计亲子活动时，应考虑并尊重家长的意愿，以民主、平等的态度对待家长，了解他们对活动的需要，共同商讨亲子活动方案；教师在组织亲子活动时，应注意发挥家长的作用，帮助家长适时从配角转换为主角，从幕后走向台前，不仅参与活动，而且还要主持活动、评价活动，通过自身的发展，来带动孩子的成长。

5. 重视独立性

教师在进行亲子活动时，一定要提醒家长，注意培养孩子的独立性，相信孩子，放手让孩子去做，给孩子提供更多的锻炼机会，让孩子体验到成功的乐趣，以促进孩子人格的健全发展。

总之，在开展亲子活动时，教师要注意通过生动、活泼、实用、有效的形式，来促进家长和幼儿的交流互动，真正提高家园合作共育的质量。

（五）亲子活动对参与对象的要求

1. 教师应具备扎实的理论基础

教学能力不等于教育能力。很多教师有一个误区，认为亲子活动和平常讲课一样，只要有专业的教学能力就可以了。然而，亲子活动作为一种教育模式，它必然要求组织者掌握关于幼儿教育的理论知识。在亲子活动中，家长会经常向教师请教教育孩子的相关问题。例如，孩子很内向，如何提高孩子的语言沟通能力？如果此时教师无法给出专业的解答，那么家长对教师的信任必然会大打折扣，甚至会影响家长对幼儿园师资力量的质疑。反之，若能表现出教师"教书育人"的专业能力，家长会因此觉得踏实，会支持亲子活动的开展，对亲子活动的意义和作用给予认可及肯定，参与的积极性也会随之提高。

2. 教师应具备良好的沟通能力

教师的教育水平和综合素质，很大程度上可以通过沟通能力反映出来，如果没有掌握沟通技巧，不懂得讲话的艺术，不能把心中所想很好地表达出来，那么教师"言传身教"的职责就无法落实。

在亲子活动中，若父母与孩子之间发生矛盾，教师便要在父母和孩子之间起到桥梁的作用，此时沟通能力至关重要，如果在教师的疏导安慰中，双方矛盾迎刃而解，感情更深，意外插曲反而会让亲子活动显得格外动情。

3. 父母在亲子活动中发挥的作用

一方面，亲子活动的开展，需要家长的参与、支持与配合。另一方面，在亲子活动进行的过程中，教师在纠正孩子的违规行为时，同样需要家长的理解与合作。如果活动中设计的项目、规则等得不到家长的重视和支持，必然会影响亲子活动的质量。因此，家长要认识到自身在活动中所起的作用，主动积极地参与其中，带动起孩子的热情，与孩子肩并肩共进退，困难一起克服，成功一起分享。

有的家长会认为，要求越高对孩子越好；还有的家长会觉得如果活动项目设定太难，孩子会失败。这两种极端的想法都不可取，无论成功和失败，无论输与赢，都不是亲子活动的最终目的。家长首先要摆正心态，以平常心去面对所有可能会出现的结果，在父母言传身教的影响下，孩子才能全身心地投入每一个活动环节，才能互帮互助，勇敢面对困难、挫折。

若想让孩子在活动中得到锻炼，家长必须信任孩子，很多事情要敢于放手让孩子独立完成。唯有如此，亲子活动才会变得有意义，而不只是流于形式。

4. 幼儿园是亲子活动的"领路者"

如今，社会提倡的是生态化教育，是指人的一生中顺应自然的、人性化的教育。教育应该成为全社会自觉自发形成的一种人生态度，它是一种终身教育观。教育不应该是功利性的，当面对社会中出现的道德伦理的溃败时，生态教育将唤醒全天下所有为人父母者的善意与爱心。

幼儿园教育是孩子正式迈进校园之前的最关键的教育环节，亲子活动的意义与作用不言而喻，教育资源因此得以充分利用。更重要的是，我们必须关注家长，关注他们的教育观念与行为，关心他们生活中出现的问题、遇到的困难，并且尽全力地去帮助他们。同时，引导和鼓励家长参与到育儿工作的讨论中，让家长切身地认识教育，找到适合自己孩子的教育方法，将教育落实到每一个家庭、每一个家长身上，这也是亲子活动所发挥出的最大价值。

（六）幼儿园亲子活动的现状

某专家采用书面问卷及访谈等方法，从办园性质、园所规模等因素考虑，选择了红博幼儿园、老干局幼儿园、温泉幼儿园三所幼儿园作为调查、访谈对象，以抽样问卷调查的方式，对各园2.5～6岁幼儿的家长进行了"亲子活动基本情况、家长观念认识与行为表现"等方面的调查，共发放问卷350份，收回304份，获得有效问卷304份；并将获得的全部数据进行统计处理，进而分析了解幼儿父母对亲子活动的认识和行为等现状，从中发现以下问题。

（1）有99.9%的家长认为"父母与孩子间多进行交流与沟通是非常必要的"，有100%的家长认为"父母常常与孩子进行沟通可以给孩子心理和感情上的抚慰"。

（2）在"您每天利用什么时间与孩子开展亲子活动"这个调查问题中，"每天接送路上"占24%，"每日晚餐前后"占44%，"睡觉之前"占58%。

（3）在"您经常与孩子开展哪些亲子活动"这一调查问题中，"与孩子一起玩耍、游戏、运动"占71%，"与孩子聊天"占53%，"郊游"占30%；对于"您经常与孩子玩些什么亲子游戏"这一问题，"阅读等语言游戏"占59%，"棋类、拼图等益智游戏"占53%，"户外体育游戏"占37%，"角色、建构等创造性游戏"占20%。

（4）对幼儿"任务意识"和"遵守社会行为规范"的两项社会性行为培养的家长的教育行为统计中，"每天都有"的分别占13%和22%，"经常但不是每天"的分别占43%和50%。

（5）在"您认为通过哪些活动可以提高幼儿人际交往能力"这个调查问题中，认为"带孩子外出郊游"占53%，认为"参加幼儿园组织的亲子活动"占50%，认为"邻里或亲戚之间的串门"占47%。

（6）在"谁最经常陪孩子"这项调查问题中，母亲占51%，父亲占11%。

从以上的调查数据中，我们可以看出以下几点。

（1）家长对亲子间沟通的重要性基本上表示赞同，对亲子沟通的意义大多表示认可，大部分持同意观点，会懂得并做到尽量抽出时间，哪怕是用晚餐前后和睡觉前的时间来陪孩子，说明家长的观念在更新、在转变。

（2）家长在家庭中与孩子共同开展的亲子活动、亲子游戏的形式还是比较多样的。能与孩子聊天、做游戏、运动、郊游、教孩子学习等，和孩子开展棋类、拼图等益智游戏、阅读等语言游戏、户外体育游戏等。

（3）大多数家长会科学地有选择性地通过某项活动来培养孩子的社交，对幼儿园组织的提高社交能力的亲子活动认可度占到50%，在待选的几个选项中还是占有很大比例的。以上都是我们在调查中看到的可喜的地方，说明被调查的家长中，大多数对亲子活动重要性的认识都是比较认可的。但从实际的开展亲子活动的情况上看，却是不太乐观，普遍存在着一些问题。

### （七）幼儿园亲子活动的问题

1. 缺乏对教育价值的足够认识

从调查中可以看出，虽然家长对幼儿园组织的亲子活动比较认可，但大部分家长还是"有空才参加"，甚至直接是"没时间参加"，普遍存在着认识与行动不统一现象。很多幼儿园组织的亲子活动，家长都以工作忙没空参加为由而缺席，或由爷爷奶奶、外公外婆甚至保姆来替代，这就违背了"亲子活动"的初衷，自然达不到良好的教育效果。虽然家长工作忙是一定的影响因素，但也反映出家长对亲子活动的教育价值缺乏足够的认识。

2. 父亲的参与率低

在调查中发现，父亲的文化程度高于母亲，但在众多家庭中，承担家庭教养的责任、具有的教育威信等方面却不如母亲。亲子活动大多是母亲参加，而很少看到父亲的影子。我们通过与部分父亲的座谈、个别访谈等方式，了解了造成此现象的原因有以下几个。

（1）社会竞争的激烈，特别是越来越高的工作强度和压力，而父亲大部分又是家庭中的顶梁柱，他们大多忙于工作，根本无暇考虑和孩子一起游戏和谈话。

（2）受中国传统观念"男主外，女主内"的影响，很多父亲"淡出"家庭教育，母亲成为孩子的主要抚养者。加之随着经济条件的改善，专职看孩子的母亲越来越多，使得父亲更有理由把孩子的教育问题全部推给母亲。

（3）更重要的也反映出，大部分父亲对亲子活动的意义、价值还认识不到位，对于和孩子一同游戏、开展活动等，未能引起足够的重视。

3. 教育技能缺乏

亲子活动应是双主体的，即家长和幼儿共同有效的互动，才能更好地促进亲子间的沟通，促进幼儿各方面能力的发展。但在与家长的访谈和亲子活动过程中发现，存在着亲子活动主体缺失现象，这是由于家长教育技能的缺乏，使得家长对亲子活动的互动意义变成了单纯的亲子互动及亲子间家长对子女的单向互动，如亲子制作活动中家长的包办代替，亲子郊游中选择的内容不适宜孩子，亲子游戏无法激发幼儿参与的积极性等。家长要么无所适从，要么急于求成、包办代替，亲子活动中幼儿的积极性、主动性未能得到充分的发挥，难以实现促进幼儿身心全面发展的目标。因此，教师应加强对亲子互动的观察，有针对性地对家长进行互动指导，提高家长的教育技能，从而提高亲子互动的有效性。

（八）幼儿园亲子活动的指导策略

围绕调查、访谈和分析的结果，我们认真分解课题，找准研究方向，本着充分借鉴亲子教育指导研究的先进经验，紧密结合实际和家长需求，坚持实践性与可行性相结合、阶段性与前瞻性相结合的原则，有目的、有计划地实施、深化和拓展亲子活动的指导策略。

1. 加强宣传力度，提高家长对亲子活动教育价值的认识

家长观念的转变、更新是先决条件，只有让他们对"亲子活动"有正确的认识，他们才愿意多花时间参与到亲子活动中来，才能使家长真正成为幼儿活动的合作者与支持者。因此，我们通过学习资料的发放、家园联系栏的宣传、网站的互动、开展免费咨询活动等方式，向家长传递最新的有关亲子活动的信息，向他们介绍亲子活动的目的、意义，让家长在自学、辨析、撰写心得体会中，明确亲子活动的意义、价值，提升对亲子活动的认识，从而愿意"走近"亲子活动。

2. 建立合理制度，保障家长参与的有效性

合理的制度建设能够使权利和义务得到统一，使家长的参与逐步由自愿型走向制度型，提高管理的科学性，以确保家长对亲子活动的参与。因此，针对家长的情况可先后制定"家长参与幼儿园亲子活动规定""家长必做的十件事"等相关制度，在制

度中针对家长参与亲子活动做特别的规定。我们还创建了利益激励机制和精神激励机制在内的公平合理的激励机制，通过形成强大的精神动力，充分调动家长参与亲子活动的积极性。我们加强对"优秀家长学校成员""热心家长""文明家长"的表彰和宣传力度，同时，对获得表彰的家长给予利益激励，如可以获得幼儿园赠送的相关的育儿手册，可以作为"热心家长"定期来园观看孩子的活动，应邀参加幼儿园组织的大型活动等。另处，针对教师在家长工作中的管理也出台了"家长工作制度"等相应制度，并将其纳入教师的工作考核中。

3. 发挥父亲作用，均衡家庭各成员的教育角色

在与母亲的交往中，婴幼儿得到最多的是抚育、照料和言语教导、行为示范、鼓励等。但实际上，在孩子的发展过程中，父亲和父爱的缺失会给孩子心理和行为发展造成很大的影响，父亲绝对不是母亲和孩子的亲子关系的一种补充，父亲的作用和角色是母亲所不能替代的。父亲通常具有独立、自信、勇敢、坚强等积极的个性特征，通过与孩子的游戏、交流和教导等对孩子的积极个性品质发展起着独特的重要作用。孩子从父亲那里可以学到更丰富的知识，这些知识对孩子的认知发展是非常重要的。心理学家发现，父亲较多地参与育儿活动，能提高孩子的认识技能、成就动机和对自己能力、操作的自信心。因此，为了促进孩子的成长，父亲就有必要扮演好教育者的角色，参与到孩子的童年中，和孩子一起游戏，促进孩子全面发展。

为了激发男性家长参与亲子活动的热情，我们通过各种宣传手段逐步让父亲改变态度，认识到养育孩子是父母共同的事业，父母双方在这个过程中有分工、有协作，都有着不可替代、不可或缺的重要作用。同时，我们认真考虑家长的需求，设计适合父亲参与的活动内容，让父亲从"走近"亲子活动到"走进"亲子活动。

（1）组织节日活动。我们以"三八节"为契机，精心组织了"为妈妈制作礼物"的亲子活动，爸爸们也受益匪浅。首先，我们向家长发出了"父子DIY——献给妈妈的节日礼物"亲子活动的倡议，让父亲通过亲子共同制作，不仅能够增强父子间的情感交流，表达孩子对爸爸的爱，而且还能达到培养孩子的艺术创造能力以及动手能力的活动目的。其次，我们给每位爸爸发出了参与活动的邀请函，号召每一位爸爸都参与这项活动。3月8日那天，爸爸们都来了，他们的热情参与让我们喜出望外，他们在活动中的表现更是令人称赞。他们选择了丰富的制作材料，运用各种工具进行制作，体现了爸爸们构思巧妙、动手能力强的特点，极大地诱发了孩子们的想象力和创造力。孩子们在和爸爸一起制作的过程中情绪高涨，更是给了孩子们一次全新的体验。父亲节也是一个难得的好机会，我们利用这一节日开展了"我的爸爸"系列教育活动，如访问活动"能干的爸爸"，让孩子了解爸爸的工作与特长，树立了爸爸在孩子心目中崇高的形象，拉近了孩子与父亲间的距离；如绘画活动"好大的爸爸"，让孩子用绘画的方式描述心目中爸爸的高大形象，并把绘画作品作为礼物送给爸爸，说一句对爸爸最想说的话，从而激发了孩子以爸爸为荣、爱爸爸的情感。在这个过程中，爸爸们

和孩子们都体验到了其中的乐趣，爸爸在孩子们心目中的地位更高大了，孩子们对爸爸的爱也强烈地呈现出来。通过这一系列的活动，在自然的活动进程中，爸爸们参与了幼儿园的教育，孩子们也通过亲子间的互动，体会到了来自爸爸的爱。

（2）发挥爸爸的特长。爸爸的兴趣爱好，可以和自己的孩子分享。例如，我们的"亲子对弈"——父子（女）围棋活动，"下棋"是很多男性的爱好，常常和孩子在一起下棋，有利于爸爸们更多地与孩子们进行亲子互动，同时也是爸爸们工作之余的休闲活动，可谓亲子对弈，"棋"乐融融；在"亲子劳动"中，我们也从爸爸的特长、孩子的需求出发，引导爸爸和孩子开展"亲子植树"活动。这些活动中，让爸爸们的爱好和特长得以充分发挥，他们在活动中获得了成就感，使得他们愿意走进"亲子活动"中来。

（3）把握爸爸的特点，组织体能游戏。爸爸象征着力量，当爸爸陪孩子一起玩耍时，特别是进行大动作的游戏时，孩子都表现得很兴奋。于是，我们发挥爸爸这一优势，开展了许多具有父亲特色的户外亲子活动。例如，亲子游五溪峡谷，给孩子们带来了无尽的快乐体验。在爸爸的带领下，孩子们尝试了各种惊险、刺激的游戏，爸爸们的勇敢形象无形中感染着孩子们，爸爸成了他们的骄傲，成了他们学习的榜样。

亲子活动给爸爸创造了一个互相交流的机会，使家长在个性中寻找孩子们的共性，相互借鉴育儿之道，也给爸爸和孩子创造了一个特殊的亲密接触的机会，让孩子在活动中了解自己的爸爸，学习怎样和自己的爸爸去交流，建立起一种亲密的父子关系；同时也让爸爸们在以后的生活当中，更多地去了解、关心自己的孩子，建立良好的父子关系，搭建"父子桥"。"是孩子让我们变得丰富，也是孩子让我们变得更有责任"——这是一位父亲在参与活动后的感受。

4. 调整幼儿园亲子活动时间

家长无法参加幼儿园组织的亲子活动，很大一部分原因是都是上班族，无法经常请假参加活动，在问卷调查中也普遍反映，希望幼儿园在双休日开展亲子活动。因此，幼儿园将一些亲子活动的时间做了调整，调整至双休日、节假日和一些开放日，如周末和节假日的亲子郊游，结合开放日家长来园的时机开展亲子活动，从一定程度提高了父亲来园参加活动的频率。

5. 科学引导，提高家长对亲子活动的教育技能

家长们充分认识到了亲子活动的意义和价值，他们也充分明确了亲子活动的重要性，然而在实际与孩子互动的过程中，由于缺乏科学的教育技巧，往往效果适得其反，而违背了"亲子活动"的初衷，自然达不到良好的教育效果。因此，需要教师用其幼儿教育专业知识影响和引导家长，从而提高家长对开展亲子活动的教育技能。教师对亲子教育活动的指导是立体的，指导包括理论的、形式的、活动过程的具体的指导。

（1）观摩学习式。邀请家长参加现场观摩亲子活动，让家长直观地学习与孩子互动、沟通的技巧，提高亲子活动的有效性。例如，在亲子区域活动"美丽的挂

饰"中，教师指导运用废旧的 CD 光盘、废旧彩色纸袋、挂历、纸盘、细绳等材料制作"祝福花"。活动前教师向来观摩的家长发放观察记录反馈表，问题有"此次活动内容孩子感兴趣吗，是否积极参与""家长和孩子是如何分工的""孩子做的事适合他（她）的年龄特点吗""当孩子遇到困难时，家长是如何处理的"。教师引导家长对亲子互动的过程进行有针对性的观察记录。活动后通过反馈交流，引导家长了解选择的活动必须是幼儿感兴趣的，符合他们年龄特点的，活动中应体现孩子的主体性，避免了包办代替。好多家长在观摩活动后感慨："以前在和孩子活动时，为了追求效果，经常就包办了，我发现天天的妈妈很放手，虽然孩子花瓣剪得不怎么流畅，花蕊的装饰不是很有艺术，但是却散发出无限的童真和童趣……真的太棒了，妈妈都没想到孩子能用这样巧妙的方法来制作！看来我们应该相信孩子，多给孩子机会！"家长们目睹了自己孩子在集体中的表现，感知不同的教育方式所带来的不同效果，并通过亲身的尝试与讨论，明白孩子是在自己的不断探索中积累经验而成长起来的，从而逐步调整自己的教育行为。

（2）随机点拨式。亲子活动中，父母指导孩子活动，出现一点小困难时，教师加强对家长和幼儿的随机指导，给父母提供解决的方法，并告诉他们为什么要这样做，让家长在以后再碰到此类问题时就有了可以借鉴的经验。例如，在亲子走大鞋的活动中，乐乐和妈妈老是走不快，妈妈很着急，开始责怪乐乐，而乐乐明显失去了信心，这时教师及时介入，"乐乐，想想看为什么走不好？""纸箱太大了，不合我的脚！""那有什么办法呢？""我想用报纸把前面多余的部分塞起来！""那你和妈妈去试试看吧！"乐乐的兴趣又一次被调动起来了，他忙着改造自己的鞋子去了。教师进而对乐乐妈妈说："你瞧，孩子其实很有自己的想法的，我们家长应把问题提出来，调动孩子的思维，培养他们解决问题的能力。和孩子做游戏不在于结果，更重要的在于过程中孩子的习得。"

（3）以点带面式。合理地挖掘家长们的资源，对于教育效能的发挥有积极的促进作用。教师要办好"桥梁"的角色，整合家长教育资源，以点带面，带动家长积极参与，提高家长的教育技能。

① 家庭互助小组。充分发挥家长委员会的纽带作用，不仅能有效协助教师深入开展各项活动，促进家园的全面互动，而且能起模范带头作用，带动其他家长积极参与到各项活动中来。在幼儿园家委会的基础上，各班还成立班级家委会，鼓励家长主动结对子，形成家庭互助小组，通过电话联系、串门或结伴外出郊游等形式增进联系，加强沟通。家长之间成为好朋友，孩子之间也成为好朋友，就在这种"好朋友"的氛围中顺利开展丰富多彩的亲子活动，如"到小朋友家去做客"家庭聚餐、"动物园"亲子郊游、"自来水厂"亲子参观学习活动、"将军山"亲子登山活动、亲子野外生存训练。在一次次的活动中，家长间有了交流沟通、借鉴经验的好机会，促进了家庭之间的融洽，不同程度地提高了亲子活动的质量。

②家长助教。充分发挥家长自身的特长，邀请他们来园当助教。当交警的爸爸，为小朋友做"交通安全，从小做起"的安全知识讲座；当牙医的爸爸为孩子做口腔保健知识传授；从事园艺工作的家长，给孩子介绍各种观赏性植物的特点，教孩子插花；会书法的家长，给孩子上书法课。当然，在他们来园为幼儿授课前，必须对他们进行"岗前培训"，请他们来园观摩教师的活动组织，指导执教家长写好活动方案，并预教；和家长交流组织幼儿活动的教育策略。家长助教活动促进了教师与家长之间的沟通交流，扩充了各行业领域知识在幼儿园教育教学中的运用，使助教家长从中体会到老师辛苦的同时，转变了教育观念，提高了幼儿学习与探索的积极性，为课程增添活力。他们将感受到、学到的经验迁移到家庭的亲子活动中，提高了亲子互动的技能技巧。

（4）分享交流式。活动后的交流反馈是亲子活动的源泉，家长在交流反馈中总结经验，提高认识。

①征求家长的意见反馈。当亲子活动结束后，我们及时征求家长的意见反馈，总结活动中的成与败，然后张贴在家园联系栏，让家长感受到他们也是参与活动的主人，有权利发表自己的意见和建议，让他们感受到参与亲子活动的意义。同时，还可以将活动中观察到的父母指导孩子的一些好的案例介绍给大家，分析其中一些科学的观念及方法，以此带给大家一些启发。

②注重家长间的相互交流学习。每位家长都有自己的优势与特点，有的家长具有较强的教育意识，能针对孩子出现的问题采取相应的对策；有的家长心灵手巧，善于引导孩子制作精巧的手工作品；有的家长富有耐心，善于营造轻松愉悦的家庭环境。幼儿园开展的多种形式的"亲子活动经验交流会"，有头脑风暴型、情感交流型、亲身体验型、分享经验型、集体反思型等，给家长提供了展示的舞台，将这些优势资源转化为其他家庭的共同资源，最大限度地发挥个体资源的示范作用。

6. 探讨多种亲子活动类型，推进亲子互动

家长亲子互动的教育技能、技巧的不断提升，必须通过多种的亲子活动来进一步巩固和提高，于是，幼儿园围绕日常工作，结合节庆日、主题活动，充分利用园内外各种资源，开展了亲子郊游、亲子制作、展览活动、亲子运动会、亲子劳动、亲子阅读、亲子晨间区域活动、亲子游戏、亲子义卖和募捐等形式多样、内容丰富的亲子活动，在这些活动中，拓宽了家长选择亲子活动内容的思路，增进了亲子间互为平等、融洽的亲情关系的建立，有效推进了亲子间的互动。

（1）亲子制作。幼儿园围绕"废旧材料的开发与利用"开展亲子制作活动。将生活中的废旧材料进行了分类，开发了瓶子系列、纸盒系列、瓶盖系列、宣传册系列、包装袋系列、报纸系列等，采用亲子区域活动、亲子互动课、家教沙龙等方式进行指导，让家长发现废旧材料的教育价值，学习利用废旧物制作幼儿喜欢的教学玩具的方法，掌握亲子活动中与孩子互动的技巧。例如，在中秋节开展"共享绿色中秋"月饼盒变废为宝亲子制作活动。家长和孩子们把许多精美、实用的月饼盒

做成了教学玩具,共同度过了难忘而有意义的节日,体验了分享、合作、团结、祥和的团圆节。教师们引导家长和孩子利用矿泉水瓶和卫生纸芯做成了"摇摇乐",学习制作"数的组成与分解"等数学操作玩具;利用宣传册,做成了一本本精美的图书;利用瓶盖的大小、颜色、高矮、图案、打开方式等和孩子一起玩瓶盖分类、数数、排序。家长感受到平时唾手可得的废旧物品,竟蕴含着如此多的教育价值;原来开展亲子活动并不难,只要有心,身边的所有东西,都是可利用的资源。又如,幼儿园开展的"亲子制作图书"活动中,通过绘制亲子活动海报,幼儿和家长选定主题、制作材料、商量图书的文字表述、画面绘制、页码安排,乃至封面、封底的设计等,明确活动的意义、目标、内容及在活动中所承担的角色以及需要配合和注意的事项等。在活动中引导家长遵循"以孩子发展为中心"的原则,进行多项有效的互动合作,这不仅体现着亲子智慧的结晶,而且还流淌着交融的亲情,进一步激发幼儿的阅读兴趣,在这个过程中开发幼儿潜能,培养个性,建立和谐的亲子关系。

(2)亲子阅读。怎样让孩子轻松愉快地接受阅读,保持良好的阅读习惯呢?幼儿园开展了"亲子阅读"的系列活动。通过每周推荐一本好书、家长孩子共同阅读一个好的故事、进行生动的表演、开办亲子剧场等一系列活动,孩子的语言表达能力、记忆力、想象力、表演能力得到了最大限度的发展,也大大激发了孩子阅读的兴趣,同时家长与幼儿共同阅读的美好时刻,将给孩子的一生留下幸福美好的回忆,成为孩子人生道路上的一笔宝贵财富。

(3)亲子郊游。让家长们利用周末或节假日,和家人、朋友或约上几个家庭,一同到大自然中去郊游,"让生活走向自然,让教育走进生活",在轻松、自然的氛围中增进情感、促进沟通。这一活动形式大多通过家长自发组织的方式来开展,通过发挥班级家委会的作用,带动家长参加,而教师则在活动过程中发挥其应有的指导作用。对于家委会组织开展亲子郊游的提议,教师首先提供精神支持,以自己高涨的热情支持家委会的提议,表示愿意参与和被邀请,这样能充分提高家长的积极性,同时对活动进程给予必要的关注。对于郊游的具体活动内容,家委会或家长们可能会提出很多建议,此时教师就要适时介入,指导家委会从众多的方案中筛选出适宜的亲子郊游活动,教师运用幼教专业优势,指导家委会根据阶段教学需要或幼儿成长过程中的典型问题,从中选择当前阶段最适宜的亲子活动内容。内容确定后,教师指导家委会成员制定具体的活动方案,除了常规的活动时间、地点、过程、收费等基本情况,还要特别提醒做好包括活动的倡议书、活动目标、活动过程中家长对幼儿的指导要点及人员分工等。方案应每位家长人手一份,以保证家长对活动过程有个全面的了解,有助于家长之间更好地相互支持和配合,使活动开展得更有成效。在这一过程中教师还要指导家委会制定幼儿行为观察表,指导家长利用亲子郊游的契机观察幼儿,这样,家长们不但会关注自己孩子的表现,而且还会观察其他孩子,并理性地与自己的孩子进行比较,观察其他家长对幼儿的态度、教育方法,通过思考分析调整自己对孩子的教养方式和方法，这种方式对于家长改进自己的教育方法有很大的促进作用。几年来，在我们的倡议、指导下，各班家委会和热心家长组织了丰富多彩的亲子郊游活动，有锻炼体能的野外生存训练、"五溪峡谷"亲子游，有结合课程的动物园郊游、森林公园之旅——寻找秋天，有结合节日的亲子郊游——植树节、端午节长乐游，有社会实践活动的"麦当劳亲子社会实践"、鼓山亲子游——环保小卫士，这些亲子郊游活动从老师的介入指导到家长自发、自主地组织，从原来的无目的、无序地组织，到有目的、有计划、有针对性地开展，家长们感受到了这些活动与以往单纯外出活动的不同之处，体会到对孩子的教育既不是高深莫测的又不是呆板生硬的说教，它就存在于孩子生活的每一个细节之中。每一次的郊游活动不仅让亲子关系、师幼关系更加密切和谐，更能促进幼儿身心健康和谐发展，也使家园沟通更加顺畅，深受家长们欢迎。现在，亲子郊游这一形式已成为很多班级的传统，是家长和孩子们周末和节假日中最期待的事情。

（4）亲子献爱心。每年的5月是我园的爱心月，我们结合节庆日及社会重大活动开展形式多样的亲子献爱心活动。例如，2009年，我们引导幼儿关注汶川的灾后建设，"六一"前，通过我省教育电视台与四川省彭州市机关幼儿园开展了手拉手"爱心义卖，助力重建"亲子活动。活动前，我们向家长和幼儿发出倡议："您的家里有多余的玩具吗？您愿意通过义卖为灾区的孩子筹措爱心款吗？"在传统募捐的基础上，增加了义卖的环节，拿来卖的物品是孩子们自己的玩具、物品，而且买卖双方都是由亲子共同参与的，是让幼儿进行真正市场交易的体验，义卖活动蕴含了对幼儿爱心、同情心、社会交往能力、社会责任感的培养以及金钱概念的形成等方面的教育。这一形式上的创新，激发了幼儿的兴趣，也让家长看到了活动的价值，大大激发了家长和幼儿参与的积极性。活动倡议发出后，得到了家长和幼儿的积极响应，家长与幼儿在教师的指导下，共同收集整理家中物品、制定价格、布置摊位等。活动当天，随处可见"爱心天使"的行动，"买一件商品，献一份爱心""爱心不打折"……家长和孩子们积极参加义卖和捐款活动，两次爱心义卖和捐款所得款项有三万多元，分别捐给了汶川受灾群众和彭州市机关幼儿园。在这一过程中家长还培养了幼儿关心他人的良好品德及物品再利用的意识。

（5）亲子劳动。倡议家长和孩子共同参与亲子劳动，如亲子值日、亲子种植等活动，在其乐融融的劳动气氛中，孩子们学习了简单、基本的劳动技能，增强了劳动意识，体验着劳动的乐趣，从而增进了亲子间的感情，也转变了家长溺爱、包办代替的教育观念，提高了家长的教育技能。

（6）亲子游戏。活泼有趣的亲子游戏，使家长能带着一颗童心走进孩子们的心灵世界，在游戏过程中增强幼儿与同伴、家长与家长、家庭与幼儿园之间的联系，使幼儿和家长感受游戏的愉悦，体验亲子情感，促进亲子沟通，如"两人三足""齐抬花轿""罐中装豆"等亲子游戏，多年来成为幼儿园大型家园活动的保留内容。

# 模块三　幼儿园、家庭及社区协同发展

## 一、幼儿园与家庭的合作

### （一）幼儿的教育离不开家庭

1. 家庭是幼儿成长最自然的生态环境

家庭是社会最基本的单元，也是幼儿成长最自然的生态环境，担负着养育幼儿的重大责任。对于幼儿来说，与父母共同生活是最重要的需要。家庭这个以血缘关系组成的、人一出生就生活在其中的社会群体是幼儿最重要的安全基地，幼儿的成长不能缺少家庭和睦的生活气氛。

2. 家庭是幼儿的第一所学校

父母对孩子的态度给幼儿以后对社会的态度奠定了基础。在个性、社会性、智力发展和文化特征方面，父母是孩子的第一个和最重要的环境影响因素。每个幼儿都从自己家庭的生活中获得不同于他人的经验、形成自己的行为习惯、发展待人处事的能力以及语言等。这一切在幼儿入园后，仍然极大地影响和制约着幼儿园教育，幼儿园教育只能在幼儿原有的基础上展开，否则教育效果不佳。

3. 家长是幼儿园重要的教育力量

家长与幼儿天然的联系使家长具有别人难以替代的优势，一旦家长与教师为着一个共同的目的携起手来，教育效果就将倍增。家长作为重要的教育力量表现在：家长的参与极有利于幼儿的发展，家长是教师最好的合作者，家长的配合有利于教育教学活动的顺利实施，家长本身是幼儿园宝贵的教育资源。

### （二）幼儿园与家庭合作的内容、方法及存在的问题

1. 家园形成教育合力

家长与幼儿园教育之间的合力取决于二者之间的关系紧密度，二者完全一致时合力最大。幼儿园是专门的教育机构，按《幼儿园工作规程》的规定，负有"主动与幼儿家庭配合""建立幼儿园与家长联系的制度"的责任。

2. 家园合作的主要内容

家园合作主要包括两方面的内容。

（1）鼓励和引导家长直接或间接地参与幼儿园教育，齐心协力培养幼儿。家长直接参与指家长参与到幼儿园教育过程中，如共同商议教育计划、参与课程设置、加入幼儿活动、深入具体教育环节与教师联手配合（共同组织或分工合作）、被邀请主持一些教育活动等。家长间接参与指家长为幼儿园提供人力、物力支持，或将有关意见反映给幼儿园和教师，如家长会、家长联系簿等，而自己不直接参与幼儿园教育各

层次的决策和活动。一般的家园联系大多属于这一类。

（2）幼儿园帮助家长树立正确的教育观念和教育方法。调查表明，我国城乡家长在孩子的教育上还存在不少错误观念，如偏重智力、技能的培养，轻视社会性发展，把幼儿的自我表达、与同伴交往、自我评价等都列为不重要的项目。家庭教育的方法一般比较简单、盲目，过分溺爱、娇惯孩子的现象十分普遍。

在家园合作中，上述两方面的内容是相互促进、相互结合、可同时进行的。

3. 家园合作的方法

我国幼儿园在与家庭合作的方面已经做了大量工作，积累了许多行之有效的方法。例如，通过开放日、亲子游戏等让家长直接参与，通过家访、家园联系簿、家长学校等让家长间接参与。

4. 家园合作存在的问题

在家园合作中，有两个问题是较普遍的，需要引起注意。

一是家园合作尚不够深入，较多地停留在表面，表现为"三多和三少"，即家长虽然进入了幼儿园，但参观得多、参与得少；间接参与较多、直接参与较少，家长很少深入幼儿园教育过程深层次的环节中；一次性的直接参与多，经常性的直接参与少。二是家庭和幼儿园的教育内容脱节，表现在家长来园参与活动往往是和幼儿一起游戏，而回家后不大可能把这些和家庭教育联系起来。家长学校也常常是在家长看不到幼儿活动的情况下进行，因此难以产生有针对性的效果。

针对这些问题，幼儿园应当进一步开拓合作的广度和深度，让家园合作在幼儿园教育中发挥更大的作用。

## 二、幼儿园与社区的合作

### （一）幼儿园教育需要社区的配合

社区是指比较完善的社会生活小区。幼儿园与社区合作的意思是，幼儿园与其所处的社区、与幼儿家庭所处的社区密切结合，共同为幼儿的健康成长服务。社区是社会大环境中与幼儿园关系最密切、对幼儿影响最大的那一部分。

1. 幼儿园与社区合作是社会发展的要求和幼儿教育发展的必然

社会经济、文化等的发展，使社会对教育的影响越来越大，也使教育与社会的关系越来越密切。对幼儿来说，大众传播媒介，特别是电视的普及、家庭文化水准的提高、社会人际交往的发展，给他们增加了许多学习途径。媒介成了幼儿一个主要的学习促进者，幼儿园已不是幼儿学习的唯一地方，教师也已不是幼儿获取信息唯一的渠道，甚至不是主要渠道。幼儿园必须在与社会的合作中去完成自身的教育任务，发挥教育在幼儿成长中的导向作用。无视外部的强大冲击、封闭在幼儿园围墙之中的教育是没有生命力的。此外，社会的发展对人的素质提出了前所未有的要求，这对包括幼儿园教育在内的初等教育的目标产生了很大影响，也对初等教育的办学模式提出了挑战。

2. 社区对幼儿园教育的意义

幼儿园周围的社区是幼儿十分熟悉的地方。社区的自然环境和人文环境在幼儿的成长，特别是精神的成长中有着特殊的意义。幼儿园教育扩展到社区的大背景下进行，充分利用社会环境中富有教育意义的自然和人文景观、革命历史文物、遗迹等，不仅有利于扩大教育的空间，而且更有助于教育内容的丰富和深化。

（1）社区资源对幼儿园教育的意义。社区作为一个生产功能、生活功能、文化功能兼备的社会小区，能为幼儿园提供教育所需要的人力、物力、财力、教育场所等多方面的支持。不仅幼儿教育事业的发展需要广泛动员社会各方面的力量，而且幼儿园教育本身的发展也离不开社会力量的支持。社区的积极参与将使幼儿园教育变得更生动、更富有时代气息。

（2）社区文化对幼儿园教育的意义。社区文化无形地影响着幼儿园的教育，优秀的社区文化更是幼儿园教育的宝贵资源。一般来说，文化和文明程度较高的社区，幼儿园的园风相对较好，教育质量也相对较高，其中，社区的影响无疑是一个重要因素。

总之，幼儿园与家庭、社区的合作是社会发展对幼儿教育提出的客观要求，又是幼儿教育自身发展的内部需要。

### （二）幼儿园与社区合作的具体事项

1. 与社区资源共享，发展以幼儿园为核心的社区幼儿教育

幼儿园在社区中发挥自身作为专门教育机构的优势，向社区辐射教育功能，如节假日向社区开放幼儿园，允许社区的儿童利用园内的设施等。

2. 为社区精神文明的发展服务，共创幼儿发展的良好社会环境

幼儿园作为社区的组成部分，应提高自身的文明程度，为优化社区的文明质量做贡献，如美化幼儿园环境、提高幼儿园教师与工作人员的素质、培养幼儿良好的文明习惯等。幼儿园通过社区活动和园内教育活动的结合，可以同时促进幼儿素质的提高和社区精神文明的发展。

3. 幼儿园与社区结合的问题

幼儿园与社区的结合是一个新的课题，如何结合还缺乏经验。在结合过程中主要的问题是较多流于形式，实质性的教育效果不大；打乱了幼儿园的生活常规，加重了教师和幼儿的负担；将与社区结合的活动和幼儿园教育活动分离开来，不能有效地利用社区环境来深化幼儿园教育。另外，对与社区的结合还存在一些不正确的认识，如认为幼儿园周围的社区环境不好，所以不能合作等。

4. 幼儿园与社区合作的注意事项

（1）幼儿园与社区结合并不是要求幼儿园教职工在本职工作之外去搞什么大型活动，参与社区的活动也不是要增加教师与幼儿的负担，幼儿园完全能将与社区结合的活动纳入自己的教育内容中去，二者应当也可以有机地结合起来，相得益彰。

（2）与社区结合的活动一旦深入幼儿园教育过程之中，将大大扩展教育的深度和广度。

（3）与社区结合的活动，不仅对幼儿在德育、社会性发展等方面有重大意义，而且对幼儿在智力、科学素质、分析和解决问题的综合能力培养方面也有独特的作用。

（4）是否能开展与社区结合的活动，社区环境条件不是主要的，关键是教师能否敏锐地抓住问题，发现有教育价值的事情或现象，并有效地加以利用。同时，与社区结合可以贯穿在幼儿园教育的过程中。

总之，加强幼儿园、家庭、社区三方共同合作，促进幼儿教育发展，是摆在我国幼儿教育工作者面前的一项艰巨而又必须完成的任务。

### 三、幼儿园与家庭、社区合作共育的价值及理论

#### （一）幼儿园与家庭、社区合作共育的价值

1. 幼儿园与家庭、社区合作共育有利于学前教育法规的贯彻执行

20世纪90年代以来，我国政府颁布了一系列学前教育的政策与法规，明确指出了幼儿园必须与家庭、社区相互配合，以提高教育影响的一致性和有效性。1992年，国务院在颁发的《九十年代中国儿童发展规划纲要》中规定："发展社区教育，建立起学校（托幼园所）教育、社会教育、家庭教育相结合的育人机制，创造有利于儿童身心健康和谐发展的社会和家庭环境。"1996年，原国家教委在颁布的《幼儿园工作规程》中提出："幼儿园应主动与幼儿家庭配合，帮助家长创设良好的家庭教育环境，向家长宣传科学保育、教育幼儿的知识，共同担负教育幼儿的任务"，"幼儿园应密切同社区的联系与合作，宣传幼儿教育的知识，支持社区开展有益的文化教育活动，争取社区支持和参与幼儿园建设"。2001年，教育部在颁发的《幼儿园教育指导纲要（试行）》中指出："幼儿园应与家庭、社区密切合作"，"综合利用各种教育资源，共同为幼儿的发展创造良好的条件"。可见，幼儿园与家庭、社区合作共育是贯彻实施幼教法规的需要。

2. 幼儿园教育与家庭、社区教育合作有利于幼儿教育整体功能的发挥

幼儿教育是一项极为复杂的系统工程，既不是幼儿园单方面能够完成的，也不是家庭单方面能够胜任的，它需要幼儿园和家庭、社区通力合作，充分发挥彼此在幼儿教育方面的优势，最终形成幼儿园教育与家庭、社区教育相结合的育人平台，使幼儿教育的整体功能得到充分的发挥。

3. 幼儿园教育与家庭、社区教育合作有利于幼儿健康成长

（1）幼儿园与家庭、社区合作共育有利于幼儿养成良好的行为习惯。习惯的力量是无穷的，最近许多书上都在强调一个观点：习惯决定命运。同时结合自己自身的体验，更让人明白：一个好的习惯让我们一生受益，一个坏的习惯让我们受害无穷。习惯是什么，习惯是不受意志控制的自然而然的行为。由于它是一种自发的行为，所

以它会在不知不觉间改变很多事物，对人们的影响极大。幼儿时期更是幼儿养成良好行为习惯的关键时期。在行为习惯方面，幼儿好比一张白纸，他们所有的行为习惯几乎都是在模仿周围的人和事物。他们没有辨别行为习惯好坏的能力，只是凭自己的记忆在一味地模仿。在这个关键时期，幼儿园与家庭、社区合作共育有利于幼儿养成良好的行为习惯。

（2）幼儿园与家庭、社区合作共育有利于幼儿健全人格的形成。儿童心理学知识表明，儿童人格的健全发展需要来自男女两性教育力量的影响，幼儿师资队伍的现状却不能令人满意，基本上是女性一统天下，这极易弱化儿童的阳刚之气，导致儿童人格的片面发展，出现男孩女性化的偏差。而男性家长对学前教育的介入，就能在一定程度上弥补男教师不足的缺憾，为儿童人格的健康发展注入新鲜血液，使儿童成为刚柔并济的人。

### （二）幼儿园与家庭、社区合作共育的理论

1. 生物生态学理论

（1）关于生物生态学理论，美国学者布朗芬布伦纳提出以下几个系统。

① 微观系统：家庭、幼儿园、学校、邻居和社区。

② 中间系统：处于微观系统中的两个事物之间的关系或联系。

③ 外层系统：父母工作的场所、家庭生活条件、各种视听媒体等。

④ 宏观系统：社会文化背景，包括信仰、政治和经济等。

⑤ 时代系统：指儿童所生活的时代及其所发生的社会历史事件。

（2）对幼儿园与家庭、社区合作共育的启示。

要充分认识到幼儿园、家庭和社区在儿童发展中的独特作用，以促进儿童的成长。要重视从幼儿园与家庭、社区的相互关系中来研究影响儿童发展的因素，以优化儿童成长的环境。要加强幼儿园、家庭、社区彼此之间的联系，以形成正向的互动关系，保证儿童的发展。要逐步扩大儿童认识世界的范围，培养儿童的适应能力。

2. 自我概念理论

（1）自我概念理论的主要内容。

美国学前教育专家埃斯萨等人提出的自我概念理论：儿童生活的环境是由家庭、学校、社区三个同心圆组成的；这三个圆间的关系对儿童的发展很重要，儿童的学习范围从自己、家庭扩展到学校、周围的社区环境；儿童随年龄的增长，对周围的事物和环境产生积极的自我概念。

（2）对幼儿园与家庭、社区合作共育的启示。

应循序渐进地扩大儿童的学习视野，从儿童的内部世界走向儿童的外部世界。应促进成人之间积极的相互作用，应密切成人与儿童之间的友好关系，促进儿童自尊心、自信心的发展。

3. 多元智力理论

（1）多元智力理论的特征。

① 强调差异性。尽管每个人都同时拥有相对独立的七种智能，但由于受各种不同环境和教育的影响和制约，在每个人身上以不同方式、不同程度的组合使每个人的智能各具特点，这就是智能的差异性。

② 突出实践性。智力是个体解决实际问题的能力，是生产及创造出社会需要的有效产品的能力，是每个人在不同方面、不同程度地拥有一系列解决现实生活中实际问题，特别是发现新知识的能力。加德纳把智力作为解决实践中问题的能力。

③ 重视开发性。人的多元智能发展水平关键在于开发，而帮助每个人彻底地开发他的潜在能力，需要建立一种教育体系，能够以精确的方法来描述每个人智能的演变。学校教育应是开发智能的教育，其宗旨是开发学生的多种智能，并帮助学生发现其智能的特点和业余爱好，促进其发展。

（2）对幼儿园与家庭、社区合作共育的启示。

带幼儿走进社区的同时，还要邀请社会人士来园参加活动；要挖掘社区物力资源的潜力，也要重视发挥社区人力资源的作用；要着重开发博物馆这种独特的社区资源的价值；要帮助儿童与社区、家长结成固定的联系。

## 四、幼儿园、家庭及社区协同教育

21世纪知识经济对人的整体素质不是一般意义上的全面发展，而是以高度的主体性社会品质为核心的全面发展。幼儿期是幼儿主体性发展的关键时期，幼儿在这段时期所接受的教育质量，将对其一生的发展起至关重要的影响。随着近几年来幼儿教育的不断改革，人们逐渐认识到，影响幼儿发展的并不只是幼儿园教育。幼儿园只是儿童接受教育的环境之一，家庭和社区也是幼儿重要的成长环境，它们无时无刻不在发挥着教育功能，在社会性方面的影响甚至超过了幼儿园。因此，我们必须将幼儿园教育与家庭教育、社区教育结合起来，只有三者互相配合、协调一致，才能形成更完整的教育体系，促进幼儿的身心全面健康发展。

（一）幼儿园教育与家庭教育、社区教育各自的特点以及三者之间的关系

1. 幼儿园教育

《幼儿园工作规程》中明确指出："幼儿园是对三周岁以上的学龄前幼儿实施教育和保育的机构，是基础教育的有机组成部分，是学校教育制度的基础阶段。幼儿园的任务是实行保育与教育相结合的原则，对幼儿实施德、智、体、美诸方面全面发展的教育，促进其身心和谐发展。幼儿园同时为家长参加工作、学习提供便利条件。"由此可知，幼儿园是一种全面发展的素质教育，幼儿园担负着为幼儿服务和家长服务的双重任务，它既要照料、培育幼儿，又要为家长参加工作、学习提供便利条件。因此，幼儿园教育具有教育性和服务性。

2. 家庭教育

所谓家庭教育是指家庭成员之间的互相教育，重点是家长对孩子的教育——使之得到健康的成长。家庭教育相对于幼儿园、社会而言，其影响不仅带有广泛性，而且具有特殊性。

俗话说：知子莫若父，知女莫如母。孩子和家庭接触最多，家长比教师更了解孩子的特点和情绪，孩子与父母交往轻松、自然、密切，这样能使家庭教育的影响大大增强，家长可以根据家庭实际和孩子的发展，不拘形式地对孩子实施教育。因此，家庭教育作为一个过程，是与家庭生活合二为一、合为一体的。家庭生活的各个侧面都影响着孩子的身心发展，是对孩子做人所需要的全方位教育，家长既是教育者又是抚养者，使得家庭在教育孩子各方面具有较大的优越性和权威性。

3. 社区教育

社区教育是指一定区域（区、街道居委会）范围内的教育，是社区内所进行的各种教育行为的统称，也可以称为"现代大教育"。它具有两个本质特征：一是终身性，即它是面向全人类的，包含对胎儿（孕妇）、幼儿、青少年、成人、老年全体成员进行的终身全程教育；二是开放性，即它是全社会的，包含学校教育、家庭教育和社会教育。社区教育，目的是充分开展、利用社区内各种教育资源（软件、硬件）以形成合力，来建设、发展社区，提高社区内全体成员的全面素质和生活质量。

4. 三者之间的关系

从幼儿园、家庭、社区三者各自的特点不难看出，幼儿园教育与家庭教育、社区教育各有各的内涵，三者在特点、原则、内容、方法上都有所不同，但是他们教育的对象是一致的，教育的目标是一致的。也就是说，三者在发展的方向上同步，在发展的目标上同步，在教育的原则上同步，在不同场所、不同的教育内容和方法上，共同承担着培养合格的社会人的重任，三者之间有着互相支持、互相利用以及互相指导的关系。因此，我们必须建立幼儿园、家庭、社区三者的协同教育体系，才能更有效地促进幼儿素质的提高。

（二）开展幼儿园、家庭、社区协同教育的重要性

学会做人、学会劳动、学会生活是素质教育的要求，素质教育是时代基础教育的新要求，要实现素质教育的提高，就需要幼儿园、家庭、社区的相互配合，共同努力。

1. 有利于加深幼儿园与家长之间的沟通和了解，取得家园同步教育

孩子进入幼儿园以后，一方面接受幼儿园的教育，一方面继续接受家庭教育。孩子在成长的过程中，只有各方面的教育要求统一，才能获得良好的教育效果。如果家庭和幼儿园步调不一致，对幼儿要求差距过大，幼儿就会感到无所适从，不明是非。尤其严重的是，幼儿在幼儿园与在家会有不同的表现，形成两面性，不利于幼儿身心的健康发展。现代教育科学研究表明，家庭与幼儿园教育的要求是否一致，决定着教育的成败。二者配合，同步发展，能成倍提高教育幼儿的效果。反之，家庭教育将严

重削弱和抵消幼儿园的教育，即 5+2=0，幼儿园五天的教育，家庭两天就会将教育效果全部抵消。由此可见，开展幼儿园、家庭配合教育，就为家长提供了一个了解幼儿园教育内容的机会，让家长参与幼儿园的活动和管理，了解教师的工作情况。家长可根据幼儿园的教育内容，在家中进行统一教育，双方在共同的目标下，沟通信息，交换意见，共同切磋、同心协力，这样才有利于幼儿健康成长。

2．有利于指导家长吸取科学的育儿方法，提高家庭教育的水平

幼儿园是按国家规定实施幼儿教育的专门机构，有设备齐全的教育环境，幼儿教师和保育员受过专业训练，按照国家规定的教育目的、任务、内容，结合孩子的年龄特点，运用科学的方法对幼儿进行教育，较之家长对孩子的教育，更具有目的性、计划性与科学性。家庭教育虽然有较多的优越性，但与幼儿园教育相比较，仍有不足之处。例如，家长文化水平的差异，家长的教育方法将成为影响家教水平的因素。因此，在幼儿园成立家长学校，定期开展内容丰富的育儿知识讲座、幼儿素质教育讲座以及家长座谈等活动，并利用社区的各种教育资源进行宣传，就成为提高家长素质、端正家长教育观念、改进教育方法、迅速提高家教水平的有效途径。

3．有利于充分实现资源共享，建立双向服务

对幼儿的教育，主要来自于幼儿园、家庭和社会。也就是说，社会是影响幼儿社会性发展的重要环境之一。幼儿园、家庭与社会之间存在着双向服务的关系。

首先，社区教育最宝贵之处就在于其拥有各种丰富的资源，通过利用社区内各种资源形成合力渗透到幼儿园、家庭的教育，不仅能扩大幼儿的社会接触面，增长幼儿的知识，还能培养幼儿的亲社会行为。其次，幼儿园也能为社区提供多样化的服务。例如，幼儿园内娱乐设施的开放，亲子游戏的组织，幼儿知识讲座，家长咨询等活动，都将使幼儿教育得到更广泛的理解和支持，对提高社区内全体成员的全面素质和生活质量发挥重要的作用。

（三）幼儿园、家庭、社区三者之间应协调一致

1．更新教育观念，认真学习教育理论

幼儿园的教育工作者要不断地学习先进的教育方法和现代化的教育信息，树立大教育观念，以实施幼儿园、家庭、社区协同教育，促进幼儿全面发展为目标，开办家长学校。要从社区的实际出发，取得社区的支持，开展各种各样的社区活动。家长要通过参加家长学校和社区的各类教育活动，更新育儿观念，了解国家教育方针政策，了解幼儿园的教育目标和要求，使家园教育保持一致、协调统一，共同教育好孩子。

2．建立信任、融洽的合作关系

要使幼儿园、家庭、社区的协同教育顺利实施，其关键还在于三者必须建立信任、融洽的合作关系，幼儿园在这三者中起到一个重要的作用。

首先，为确保家园教育一致，幼儿园与家长之间就应该相互尊重，保持良好的朋友关系。一方面幼儿园的工作者要主动与家长沟通，如利用家访、家园联系手册等及

时向家长反映幼儿的情况，了解家长的心理倾向，听取家长意见，帮助解决家长提出的问题；另一方面家长也应了解并尊重教师的工作和劳动，出现问题要共同商讨解决，这样才有利于密切幼儿园与家庭的联系。

其次，幼儿园教育要得到社区的支持，使社区主动与幼儿园教育有机结合起来，这就应该向社区的各个有关部门介绍幼儿园的工作计划，听取他们的意见，积极争取他们的支持和配合，从而使社区教育更有效地为幼儿园和家庭教育服务。

3. 丰富幼儿活动，实现幼儿园、家庭、社区的一致性

要取得幼儿园、家庭、社区之间的紧密联系，开展内容丰富的幼儿活动是必不可少的。除亲子游戏、同乐会、联谊会之外，幼儿园还可以结合方案进行教学活动，让家长把幼儿带到社区参观，利用社区丰富的教育资源扩大幼儿的知识面。同时，还可以让幼儿参与一些社区活动，为社区服务。家长通过直接参与幼儿的教学活动，可以更加深入地了解幼儿园的教育内容，使家长有目的地进行家庭教育，以取得更多的教育成果。

# 模块四　幼儿园、家庭及社区合作共育的理论流派

## 一、家庭系统理论及其启示

### （一）家庭系统理论的主要内容

家庭系统理论主要由阿克曼、杰克逊、米努钦、博文等人提出，该理论认为，家庭是一个系统，所有成员都是这个系统中必不可少的一分子，他们相互联系、相互制约。该理论主要包括以下几个方面的内容。

1. 边界

家庭有分内的事和分外的事。有的家庭对外界事物持开放的态度，允许信息的进出，表现出弹性和创新的景象；而有的家庭则对外界事物持封闭的态度，不许信息流动，表现出僵化和保守的迹象。

2. 角色

每个家庭成员都扮演着自己的角色，都通过一定的言语和行为进行互动。

3. 规则

每个家庭都有自己的家风、家规，家规的表现形式是多种多样的，不同的文化下有不同的家规。

4. 层级

家庭是有辈分等第的，是有一家之主的；家庭的层次结构是会发生变化的，家庭成员的地位也会随之改变。

5. 气氛

家庭的物质环境和精神环境都会影响孩子的成长，家庭精神环境的质量主要是由儿童和家庭成员的信仰所决定的。

6. 平衡

当家庭发生变化的时候，就会影响家庭的平衡；家庭的不一致性会使家庭陷入困境；家庭的一致性虽然很难维系，但必须做到，因为它有助于孩子建立安全感和信任感。

**（二）家庭系统理论给予的启示**

家庭系统理论启示我们，在提升家、园、社区合作共育的质量时，需要注意如下几点。

1. 要认识到家庭的边界，尊重每个家庭的育儿方式

幼儿园和社区应从家庭的实际情况出发，考虑家长的心愿，尊重家长的意见，通过不同的方式与家长沟通协商。例如，教师在进行家庭访问之前，一定要了解家长的心态，尊重家长的意愿，不能强迫家长在某个时段等待教师的来访。

2. 要认识到儿童的角色，为每个儿童创造游戏的机会

幼儿园和社区应创设开展各种游戏活动的环境，促使幼儿在不同的游戏活动中扮演不同的角色，以帮助幼儿更加全面深刻地认识社会，加速社会化的进程。

3. 要认识到园规、社规和家规的不同，学会区别对待

教师应意识到幼儿园、社区和家庭是不同的，它们各自所建立的规则也是有区别的；要向家长说明班级的规则、场馆的规则，并了解家庭的规则，通过与家长的沟通和分享，来帮助幼儿形成规则意识，规范儿童的行为，以促进儿童和谐发展。

4. 要重视家庭的层次结构，把握家庭结构变化的脉搏

教师可以通过幼儿家庭的联系人，来推断幼儿家庭的权威者，以充分发挥其在幼儿成长中的独特作用；通过幼儿的角色游戏，来理解幼儿所在家庭成员之间的辈分等第关系，以便为幼儿构建民主、平等的亲子关系。

5. 要了解家庭的教育理念，为家庭提供所必需的帮助

教师可以通过讨论会、家长沙龙、家教咨询等形式，鼓励家长畅所欲言，来了解家长的价值观、生育观、儿童观、教育观、成才观，并给家庭提供适宜的指导和及时的帮助，以促进幼儿个性的健康发展。

6. 要保持教育的一致性，为儿童提供稳定的成长环境

教师可以通过建立一日生活作息制度、班级常规，来保证幼儿在园生活的平稳性和恒定性，以减少家庭生活的变化可能给幼儿带来的消极影响。

## 二、符号互动理论及其启示

### （一）符号互动理论的主要内容

符号互动理论主要由美国社会学家布鲁默等人提出。该理论认为，符号在社会互动中起着桥梁作用；人与人之间的互动实际上就是符号互动；人的行为都是有意义的，且会发生变化，意义的确立依赖互动的情境和互动的双方；人们通过扮演别人的角色，站在别人的角度来解说行为的意义，并指导自己的行动；人们通过别人对自己的评价来认识自己，升级自我意象。

### （二）符号互动理论给予的启示

符号互动理论启示我们，在提升家、园、社区合作共育的质量时，需要注意以下几点。

1. 要充分发挥各种符号在家、园、社区合作共育活动中的重要作用

教师不仅可以利用文字、图画等符号与家长、社区人士主动交流，如通过图文并茂的形式，来全面布置家长学校讲座的环境，热情欢迎每一位家长、社区人士的到来；还可以利用表情、手势、姿态、声音等与家长、社区人士进行沟通，如积极地向家长传递孩子在园的信息。

2. 要深刻分析不同伙伴在家、园、社区合作共育活动中的行为特征

在开放日活动中，教师既应注意观察家长、社区人士在生活活动、教学活动中的言谈举止，也应注意观察家长、社区人士在游戏活动、体育活动中的行为表现，客观分析家长、社区人士的行为特征，全面探寻家长、社区人士的价值观、儿童观和教育观。

3. 要创造条件让各种伙伴在家、园、社区合作共育活动中尽情表现

教师既应为家长、社区人士提供参加园内合作活动的时机，也应为家长、社区人士提供参与园外共育活动的机会，这样，不仅能使他们全面地展现自己的聪明才智，而且还便于教师观察他们，搭建与他们持续对话的平台，实现合作共育。

4. 要以各位伙伴为中心安排丰富多彩的家、园、社区合作共育活动

教师应把握家长、社区人士的心态，了解他们的需要，围绕他们的兴趣，开展多种多样的共育活动。例如，小班幼儿家长非常关心孩子在园的生活情况，教师就可以"我有一双能干的手"为主题，向家长重点开放幼儿的生活活动，让家长耳闻目睹孩子自己吃早点、如厕、洗手、吃午饭、脱衣午睡的全过程。

5. 要及时了解和反思各位伙伴对家、园、社区合作共育活动的评价

教师应善于倾听家长、社区人士的心声，深入了解他们对教育活动的不同看法、对班级环境的各种评论，并加以反思，接纳他们的合理建议，从而不断提高自己的教育能力，促进自己的专业成长。

## 三、生物生态学理论及其启示

### （一）生物生态学理论的主要内容

生物生态学理论主要是由美国学者布朗芬布伦纳提出的，该理论认为，儿童的发展受到生态环境的影响，这种生态环境由以下几个系统组成。

1. 微观系统

微观系统即儿童生活的场所及其周围环境（如幼儿园、家庭、社区），对儿童的发展有着极大的影响。

2. 中间系统

中间系统即处于微观系统里的两个事物之间的关系（如幼儿园与家庭的关系、幼儿园与社区的关系），对儿童的发展具有巨大的影响。

3. 外层系统

外层系统即儿童父母工作的场所、家庭的生活条件、各种视听媒体等，对儿童的发展起着良好的作用。

4. 宏观系统

宏观系统即儿童所处的社会文化背景（如价值观、信仰、政治改革、经济发展），对儿童的成长会产生重要的影响。

5. 时代系统

时代系统即儿童生活的时代，对儿童的成长会产生一些影响。这些系统是互相联系的，共同制约着儿童成长的步伐；儿童的发展过程是其不断地扩展对生态环境的认识的过程，从家庭到幼儿园再到社会；儿童生态环境的变化对其发展具有十分重要的作用。

### （二）生物生态学理论给予的启示

生物生态学理论启示我们，在提升家、园、社区合作共育的质量时，应该注意以下几点。

1. 增加合作共育的频率

幼儿园应该多与家庭、社区保持联系，增加双向互动的次数，以优化儿童成长的外部环境，促进儿童的最佳发展。

2. 重视合作共育的活动

幼儿园在设计家、园、社区合作共育的活动时，要从儿童所在的家庭和社区的实际情况出发，尊重家庭的文化背景，考虑社会的关键事件。

3. 丰富合作共育的内容

幼儿园在选择家、园、社区合作共育的内容时，要不断扩展儿童对外部世界的认识，不仅要帮助儿童愉快地从家庭生活过渡到幼儿园生活，而且还要帮助儿童顺利地步入小学，以提高儿童的社会适应能力，使儿童将来能成为一个对社会有用的人。

4. 尊重合作共育的伙伴

幼儿园在邀请家、园、社区合作共育的帮手时，要尊重家长和社工的人格，关心家长和社工的特点，并给予相应的指导和帮助，以缔造良好的伙伴关系。

5. 扩展合作共育的场所

幼儿园在安排家、园、社区合作共育的场所时，既可利用幼儿园的场地，又可利用家长工作的场地、各种社会场馆，以全面发挥各种场所的独特优势，促进儿童更好发展。

6. 巧用合作共育的媒体

幼儿园在使用家、园、社区合作共育的媒介时，要善于运用现代科技手段，以激发儿童的兴趣，提高活动的质量。

## 四、需求层次理论及其启示

### （一）需求层次理论的主要内容

需求层次理论主要是由美国心理学家马斯洛提出的，该理论认为，个体成长发展的内在力量是动机，而动机则是由不同层次和级别的需求组成的，人的需求可以分为五个层次，从低到高，逐级递升。

1. 生理的需求

生理的需求是人们对衣、食、住、行的需求，这是最原始、最基本的需要，若得不到满足，则会有生命危险。这种需求是推动人们行动的最强大的动力。

2. 安全的需求

安全的需求是人们对人身安全、劳动安全、职业安全、家庭安全的需求，它比生理需求更高一级，当人们的生理需求得到满足以后，就会产生这种需求。每个人都希望拥有安全感。

3. 社交的需求

社交的需求是人们对情感和归属的需求，它比生理的和安全的需求更高一级，更加细微，它与一个人的性格、经历、教育、信仰等因素有关。每个人都希望得到别人的理解、关心和爱护，都渴望得到友情、亲情和爱情。

4. 尊重的需求

尊重的需求是人们对自我尊重和被人尊重的需求，它比社交的需求更高一级。当人们的这种需求得到满足以后，就有助于建立自信心。每个人都应自尊，同时也希望得到别人的尊重。

5. 自我实现的需求

自我实现的需求是人们充分发挥自己的潜能，使自己成为自己所期望的那种人的需求，这是最高层次的需求。每个人都有自己的理想，实现的途径却可能不同。

每个人都有多种需求，当某一层次的需求得到满足以后，就会去追求更高层次的需求；个体对不同层次的需求与满足，决定着个体发展的境界和程度；各层次的需求是相互联系、互为依赖的。

### （二）需求层次理论给予的启示

需求层次理论启示我们，在提升家、园、社区合作共育的质量时，需要注意如下两点。

1. 要了解和满足家庭的需求

不同的家庭有不同的需求，幼儿园要根据家庭的结构和经济条件、家长的职业和文化程度、孩子的年龄和发展水平等条件，开展丰富多彩的合作共育活动，满足不同类型家庭、不同层次家长、不同发展水平儿童的不同需求，引导家长和儿童向高层次需求方向发展，以增强家庭的凝聚力。

2. 要考虑和满足社区的需求

不同的社区场所有不同的需求，幼儿园要根据社区的特点、社工的特长，开展"走出去"和"请进来"的合作共育活动，满足不同场馆、不同社工、不同时期的不同需求，激励人们向高层次需求方向迈进。

## 五、后现代课程理论及其启示

### （一）后现代课程理论的主要内容

后现代课程理论主要是由美国课程论专家多尔创建的。该理论认为，教师扮演着"平等者中的首席"这一独特的角色：作为平等者中的首席，教师的作用没有被抛弃，而是得以重新构建，从外在于学生情境转化为与这一情境共存。要从情境性框架中而不是从机器式框架中去认识教师的这一特殊作用，因为在机器式框架中，教师是他人价值的强加者，最多是解释者；而在情境性框架中，教师是内在于情境的领导者，而不是外在的专制者，这就有助于建立没有人拥有真理而每个人都有权利要求被理解的迷人的想象王国；如果要使课程能真正成为协作活动和转变的过程，那么教师就不仅应扮演课程的实施者的角色，而且更应扮演课程的创造者和开发者的角色。

### （二）后现代课程理论给予的启示

后现代课程理论启示我们，在提升家、园、社区合作共育的质量时，需要注意如下两点。

1. 要正确看待教师在与家庭合作共育中的作用，摒弃各种权威性的角色意识

教师在与家长合作共育时，要扮演好以下几种角色：教师是儿童家长来园的迎宾者，教师是儿童所在家庭隐私的保护者，教师是儿童家长心声的倾听者，教师是儿童家长意见的采纳者，教师是儿童家长施教的合作者，教师是儿童家庭教育的指导者，教师是儿童家庭教育指导的研究者，教师是儿童家长参教的评价者。

2. 要充分发挥教师在与社区合作共育中的作用，鼓励各种民主化的角色行为

教师在与社区人士合作共育时，要扮演好以下几种角色：教师是社区教育资源

价值的认识者,教师是社区教育资源类别的发现者,教师是社区教育资源整合的设计者,教师是社区教育资源开发的邀请者,教师是社区教育资源运用的行动者,教师是社区教育资源展示的参与者,教师是社区教育资源效能的评价者。

# 模块五 幼儿园与家庭及社区共育的参观活动方案

## 一、参观上海消防博物馆活动方案

### (一) 活动目标

(1)帮助幼儿了解上海消防博物馆(如图6-9所示)的环境、设施和设备(如消防装备、消防车和自动化消防装置),以丰富幼儿的消防知识,增强幼儿的自我保护能力。

(2)帮助幼儿了解消防队员的工作,以激发幼儿尊敬消防队员的情感,促使幼儿学习消防队员英勇顽强的精神。

图6-9 上海消防博物馆局照

### (二)活动准备

(1)教师在网上查找消防博物馆的信息,知道它的地理位置(位于长宁区中山西路229号),了解它的开放时间和交通路线。

(2)教师实地参观消防博物馆,了解馆中的布局,并预约带幼儿来参观,希望得到支持和帮助。

(3)教师通过家长园地、送接交流、手机信息等多种形式,邀请家长加入进来,共同组织好幼儿的参观活动。

(4)教师带领幼儿在幼儿园里寻找有关消防的器械,激发幼儿参观消防博物馆的兴趣;提醒幼儿参观时,可带上绘画板或照相机。

### (三)活动过程

(1)教师和家长带领幼儿来到上海消防博物馆门前,帮助幼儿认识博物馆的中文名称和英文名称(SHANGHAI FIRE MUSEUM)。

（2）教师和家长带领幼儿走进博物馆大厅，引导幼儿观看水枪、消防玩具模型柜台、蒸汽消防车等，如图6-10所示。

图6-10　参观上海消防博物馆

（3）教师和家长在讲解员的陪同下，带领幼儿边从一楼走到二楼边看云梯，参观"火灾的历程——消防科普教育馆"：御火者的脚步、火灾的探究、虚拟火灾实验室、虚拟火场、4D影院。请讲解员利用宣传图文版及虚拟火场，向幼儿介绍"什么是火""什么是火灾"以及"火灾应对及自救逃生"等知识与技能，帮助幼儿学习正确的火场逃生方式。

（4）教师和家长在讲解员的陪同下，带领幼儿边看云梯边从二楼走到三楼，参观"城市导火者——消防历史展示馆"。请讲解员带领观看各种各样的消防器材藏品（如木制双筒人力泵、消火栓、内燃机消防车、灭火弹、电话、手摇式防空报警器等）、消防队、消防服装、消防英雄及消防头盔等。

（5）教师和家长及幼儿一起向讲解员表示感谢，下楼回到大厅。

（6）教师提醒家长和幼儿可以在高大的蒸汽消防车旁拍照或画像，也可以在多排水枪旁拍照或画像。

（7）教师提醒家长和幼儿可以在咨询台拿本《消防宣传手册》，回园或回家后再仔细阅读。

**（四）活动延伸**

（1）教师和幼儿在班级共同学习《消防宣传手册》，并让幼儿谈谈参观上海消防博物馆的收获。

（2）教师在班级的活动区里增加材料，引导幼儿"搭建"上海消防博物馆，做扮演消防队员的游戏。

（3）教师和幼儿一起演习火警，学习使用灭火器，强化消防知识，巩固消防技能。

（4）教师鼓励家长带领孩子参观家庭附近的消防站，加深孩子对消防队员的印象。

## 二、2017年东涌镇中心幼儿园社区开放活动方案

### （一）活动目的

通过半天社区家长开放日活动，幼儿园为社区居民提供早教知识与育儿经验，让家长了解幼儿园的学习、生活情况，增进家、园互动，达到家、园共育。

### （二）活动时间

2017年5月8日上午8:15~11:00。

### （三）活动重点

（1）通过亲子游戏活动，提供一个增进幼儿与家长之间感情的机会。

（2）提供早教知识与育儿经验。

（3）通过活动让家长了解幼儿在园半天的学习、生活情况。

### （四）活动安排

（1）在大门口处签到，领取"社区开放日入园凭证"。

（2）新生家长、孩子到保健医生处接受晨检，观看晨检活动。

（3）与小朋友一起享用早餐。

（4）观看教师的教学活动，与小朋友一起开展户外活动。

（5）家长与孩子自由参观幼儿园。

（6）活动结束。

### （五）活动说明

（1）5月8日上午的开放活动，家长们可以根据自己的情况结合开放日的活动流程安排观摩时间。

（2）户外活动中各班都安排了丰富的亲子活动，家长及小朋友可自由参加。

（3）观摩结束后请您对本次活动进行评价，提出您宝贵的意见或建议，然后将反馈表交到门卫处。

## 三、大班参观社区实践活动方案

为了丰富幼儿的学习生活，满足幼儿的渴求心理，扩展幼儿的社会知识，提高其社会实践能力，2017年12月18日，我园大班5个班分两组（上午三个班，下午两个班）进行了一次特殊的社会实践活动——参观客乐购超市，带领幼儿走进生活课堂，拓展幼儿视野，体验生活所带来的乐趣。

活动时间：2017年12月18日上午9:00~10:00和下午15:00~16:00。

活动内容：外出参观客乐购超市并进行购物活动。

活动参与者：大班全体幼儿、分管行政老师、大班组全体老师及保育员。

### （一）活动目标

（1）通过外出活动，幼儿在参观的过程中，不断扩展自己的知识面。

（2）在外出活动的过程中，培养幼儿的自控能力，能够安静、有纪律地参观。

（3）培养幼儿的观察能力、语言表达能力以及幼儿良好的性格。

（二）活动准备

（1）事先调查好步行到客乐购超市的路线并和超市工作人员联系好。

（2）活动前已通过翼校通与家长取得联系，请家长配合活动有关事项：给孩子穿适量衣服和轻便的鞋子。带10元左右让孩子为自己的家庭选购需要的生活小用品。

（3）对幼儿进行安全教育并交代进入超市后的有关纪律要求，带好照相机记录幼儿的活动。

（三）活动过程

（1）在幼儿园整队出发。

（2）由本班两位老师及保育员组织带领幼儿顺着路的右侧，排队慢行到达客乐购超市。

（3）分成几个小组，在老师、保育员及超市导购员的带领下，引导幼儿认识商品的价格标签，学会看价格来选购商品，把幼儿分组，在超市里自主选购家庭需要的小物品，选购好后排队按序结账。

（4）集中幼儿合影留念后组织幼儿集体回园。活动过程如图6-11、图6-12、图6-13所示。

① 拿好物品整队回园，注意途中安全。

② 回园后，请幼儿说说参观超市后的感受。

图6-11 参观客乐购超市（一）

图 6-12　参观客乐购超市（二）

图 6-13　参观客乐购超市（三）

## 四、幼儿园参观华庄生态农业园活动方案

### （一）活动前言

华庄生态农业园（如图 6-14、图 6-15 所示），是孩子们寻找美丽春天，感受大自然的美好地方。因为那里有吸引孩子们的小动物，那里有孩子们可以随手采摘的水果。在那里孩子们能够尽情畅快地表达自我感受，能够无限释放自我的快乐，让我们与春天一起，到生态农业园去寻找属于我们的快乐！

图6-14 华庄生态农业园（一）

图6-15 华庄生态农业园（二）

### （二）活动目标

（1）让孩子们认识可爱的动物、美丽的植物，与大自然来一次亲密的接触，强化他们爱护动物的情感和保护环境的意识。

（2）通过集体外出活动的形式，让孩子感受与同伴共同游玩的快乐。

（3）通过亲子游戏，促进家长与孩子的情感交流。

（4）让孩子动手采摘水果，从小培养孩子的动手能力。

### （三）活动信息

活动时间：2017年4月17日或4月24日（如果天气不好顺延）。

活动地点：乌镇华庄生态农业园。

活动参与人员：两位老师、自愿参加的家长和幼儿。

活动费用：预计一大一小90元、两大一小155元。

线路安排：丰子恺艺术幼儿园──→华庄生态农业园。

活动形式：自驾游。

### （四）活动准备

（1）幼儿准备：学习用剪刀，并准备剪刀用于水果采摘。

（2）家长准备：照相机、风筝、餐巾纸、饮料、零食等。

（3）教师准备：游戏材料的准备、家长联系方式。

（五）活动安排

（1）早上8:30在丰子恺艺术幼儿园门口集合。

（2）游玩华庄生态农业园。

① 9:30~10:45是幼儿集体表演和亲子游戏时间。

a. 大脚小脚对对碰。

准备：绳子若干。小脚踩在大脚上用绳绑住，比一比哪一组跑得快。

b. 推小车。

准备：幼儿两手着地，父母用双手将孩子的腿分开夹在体侧，比赛哪一组先到终点。

c. 小蜗牛爬爬爬。

准备：与人数数量相等的小旗。幼儿在同一起跑线上开始往前爬，比一比谁先到达终点拿下红旗。

② 11:00~12:00，午餐。

③ 12:10~13:00，父母带领宝宝"寻找春天"。

④ 13:20~15:00，"放飞梦想"，可以在风筝上写上宝宝的愿望，再进行放飞；"挑战自我"，家长带领孩子在儿童游玩处玩耍；"劳动最光荣"，自愿进行水果采摘活动。

⑤ 15:15，生态农业园门口集合，合影留念。

⑥ 15:30，返回，活动结束。

注意事项：

（1）本次活动经费主要用于门票、矿泉水和午餐，以多退少补为原则。

（2）为了行走方便，请参加活动的家长和幼儿穿运动服、运动鞋，并为幼儿多准备一套衣服。

（3）用餐时请根据安排就座，营造有序的就餐环境。

（4）做到不乱扔垃圾、不随意采摘，做个文明的宝宝。

（5）如果您或您的小孩有晕车的现象，请带好防止晕车之类的药品。

（6）请家长保管好随身携带的贵重物品。

（7）通过亲子同行，希望能给您和您的孩子留下美好的回忆！在美好的回忆中健康快乐地成长！

活动主要负责人：家委会成员及班内老师。

## 五、希望之星幼儿园出游活动方案

（一）活动项目

户外游玩

### （二）活动时间

2017年5月6日早上9:00～下午2:00

### （三）活动对象

全体教职工及家属

### （四）活动地点

金沙湾

### （五）活动小组

组长：赵明

副组长：蒙芸霞、李晓芬、马永刚

### （六）活动目的

为了丰富教职工的业余生活，也为了每个家庭成员有更多的互动时间，特别邀请家属朋友们和我们一同游玩，同时让大家远离紧张的工作压力，呼吸清新的空气，欣赏大自然的美景，陶冶情操，还可以锻炼身体，放松心情。在活动的过程中让大家学会团队中的生活，家庭中的和睦，增强大家的友谊和团队精神，有益于培养大家在团队中的协作精神。

### （七）活动要求

（1）在去游玩之前，每个人必须按照时间安排准时集合，选择使自己感觉舒适的衣服、鞋子。做好防晒工作。

（2）在自由活动期间，保管好自己的随身物品，注意自己的人身安全，不得独自离开活动地点。

（3）在进餐的时候，举止文明，要有素质，做到适可而止。

（4）在游玩期间，要注意周边的环境，不可以随地乱扔乱吐，爱护花草树木。

（5）在外期间，要懂得谦虚礼让，不惹是生非，要尊重他人。

（6）在规定的时间内集合，不然错过时间后果自负。

（7）在返回的途中，不得擅自离开，有事需请假，经批准后方可离开，不然后果自负。

### （八）活动准备

原料采购：蒙芸霞

厨房准备：烧烤材料

厨房负责人：潘文婷

保温桶：2个（小、中）

杯子：35个（中班）

碗：35个（中班）

桌子：8张（中班）

椅子：40把（中班）

纸：1卷

垃圾袋：1卷

校车：两辆（负责人：马永刚）

保留材料：杨晓莉

**（九）活动内容以及时间安排**

1. 8:30 集合

2. 集合地点：幼儿园

3. 9:00 出发

4. 9:30 到达金沙湾

5. 9:30～10:30 搬东西并布置场地

6. 10:30～11:30 游戏活动

（1）游戏准备（负责人：李晓芬）。

跳绳3条、记事贴（红、黄、蓝）各10条、词语若干、布条20条、口哨。

① 分组抽签（红、绿、蓝队）分三队，从队友里面选出自己的队长，并确定自己队的口号。

② 裁判：蒙芸霞。

③ 主持：李晓芬、潘文婷、杨晓莉。

（2）游戏环节。

① 100米接力跳绳。

游戏规则：听到口令后，采用前单摇跳绳的方式向本方队员前进，边跳边接力。如单跳失败，则在原地重新开始。胜利条件：用时最短的一组为胜利队。

② 亲子游戏（小脚踩大脚）。

游戏规则：准备动作是孩子踩在妈妈或爸爸脚上，听到开始口令后，向目的地进发，中间跌倒者原地开始，小脚要全部踩在大脚之上，无做到者，将从头开始，最先到目的地的为获胜者。

③ 动作词语接龙。

游戏规则：第一个人看词语，然后把动作做给下一人看，以此类推，最后一个人根据动作猜词，猜词多且正确者获胜。

④ 有问抢答（幼儿组、少儿组）。

a. 幼儿组。

游戏规则：主持人提出问题，发出开始口令后，开始抢答，两分钟之内回答问题既多又正确的获胜。

奖品：油画棒一盒。

问题：你在哪个幼儿园上学？爸爸和妈妈的名字叫什么？妈妈的电话号码是多少？你家住在哪里？红黄蓝绿紫我说了几种颜色？

b. 少儿组（规则同上）。

奖品：油画棒一盒。

问题：冬瓜、黄瓜、西瓜、南瓜都能吃，什么瓜不能吃？《悯农》的作者是谁？拼音有多少个声母？多少个韵母？我国四大名著有哪些？你都知道哪些成语故事？

猜谜语：五个兄弟住在一起，名字不同，高矮不齐。

⑤绑腿跑。

游戏规则：每队十人，相邻的人把腿系在一起，一起跑向终点，用时最短的胜出。分成三组进行比赛。

7. 11:30 自助烧烤

烧烤人员：司机师傅、园长及家属朋友

串串人员：厨房人员及所有老师

8. 13:00 自由活动

9. 13:30 原地集合，返程

备注：若天气有变化，活动将顺延到第二天进行。

金凤区希望之星幼儿园<br>2018年5月5日

## 六、参观邮政局活动方案

### （一）活动目标

（1）帮助幼儿了解邮政局的基本特点（颜色、标志等）和功能。

（2）指导幼儿尝试用绘画的形式学着写信，体验寄信的快乐。

### （二）活动准备

（1）教师请每位家长准备1个写好收信地址的信封、1张邮票。

（2）教师准备水彩笔、纸、胶水。

（3）教师与幼儿园附近的邮政局联系好参观事宜，邀请一位工作人员提供讲解帮助。

### （三）活动过程

1. 帮助幼儿了解"信"

（1）教师指导幼儿简单认识信封，知道信封上要有地址、邮编、邮票、收信人的名字等内容。

（2）教师帮助幼儿认识到写信可以让对方知道自己的想法、生活和情感。

2. 鼓励幼儿给爸爸、妈妈写信（如图6-16所示）

（1）教师鼓励幼儿画下自己想让爸爸、妈妈知道的幼儿园生活或是自己的愿望，或是对爸爸、妈妈的爱，可用符号、图形、文字等不同形式表达。

（2）教师引导幼儿自己装信、封信，填写邮编，贴邮票。

图 6-16 参观邮局

3. 带领幼儿了解寄信的过程

（1）参观邮政局前。

① 教师请幼儿说一说，有哪些办法能让爸爸、妈妈收到自己的信，以激发幼儿参观邮政局的兴趣。

② 教师启发幼儿讨论：到邮政局去，能看见什么？想问什么问题？

③ 教师提醒幼儿注意路上的安全（如在老师的带领下排好队，一个跟着一个走，走路时不能打闹，见到车辆要避让）。

④ 教师提醒幼儿参观时要有礼貌（如见到工作人员要问好，不能在邮政局里乱跑乱闹，不乱动邮政局里的东西）。

（2）参观邮政局。

① 教师邀请邮政局的工作人员为幼儿介绍他们的日常工作。

② 教师邀请邮政局的工作人员带领幼儿参观邮政局里的邮筒、邮包、邮车、自动取款机等用品。

③ 教师指导幼儿将自己的信寄出去。

（3）参观邮政局后。

教师请幼儿回顾一下参观邮政局的过程，说一说参观邮政局的感受和快乐。

（四）活动延伸

（1）教师鼓励幼儿和同伴相互说一说自己写信的内容，彼此分享对爸爸、妈妈的爱。

（2）教师引导幼儿画一画"我看到的邮政局"。

（3）教师联系家长，请他们给孩子写一封回信，寄到幼儿园里来，让幼儿体验收到信的快乐，增进亲子之情。

（4）教师在游戏区创设"邮政局"场景，鼓励幼儿玩"小小邮递员"的游戏。

### 七、参观小学活动方案

大班幼儿面临毕业离开幼儿园，迈进小学的大门。对孩子来说，小学毕竟是一个陌生而又富有诱惑力的地方，无论是课程的设置，还是环境及作息时间等各方面都与幼儿园有着很大的不同。为了让家长和孩子解除忧虑，实现从幼儿园教育到小学教育的顺利过渡，我们开展了"参观小学"活动，让孩子们熟悉小学环境，做好入学的准备。

（一）活动目标

（1）带幼儿参观青年路小学，让幼儿进一步了解小学生活，消除陌生感，激起幼儿进入小学学习的愿望。

（2）提高幼儿适应环境变化的能力，为幼儿进入小学奠定良好的心理基础。

（二）活动时间

2017年5月7日～5月9日（下午5:45～6:30）

5月7日：大一班、大二班

5月8日：大三班、大四班

5月9日：大五班、大六班

（三）活动内容

参观青年路小学，了解小学生生活。

（四）参加人员及分工

（1）参加人员：全体大班幼儿、教师和家长。

（2）人员分工。

组织集合队伍：各班班长

大门口验证：×××、×××

（五）活动准备

（1）联系小学并确定具体参观时间。

（2）利用小教研讨论参观小学安全教育内容。

（3）发放"大班参观小学活动"邀请卡，告知家长具体活动事宜。

（4）活动前谈话，加强幼儿安全教育、礼貌教育。

（六）活动过程安排

（1）幼儿在家长的带领下从幼儿园步行至小学，提醒家长注意交通安全，过马路要走人行横道，按时到达指定地点集合。

（2）家长凭邀请卡和接送卡进入校园。

（3）幼儿进入小学，提醒幼儿注意安全，遵守活动规则。

① 在参观过程中要仔细看，不离开队伍。

② 不大声喧哗，不随地乱扔垃圾。

③ 爱护学校里的花草树木，不摘花，不踩踏草坪。

④ 参观时，两名教师在幼儿队伍的一前一后，提醒幼儿和家长走楼梯时一个跟着一个，不推也不挤，靠着右边走。

（4）带幼儿参观学校环境：认识与了解教室、操场、多功能教室、计算机教室、厕所的具体位置，知道这些地方是小学生生活、学习的重要场所。

（5）请一年级的老师为家长和孩子们讲解进入小学的准备及注意事项，如图6-17所示。

图 6-17　大班学生参观小学

（6）与小学里的老师告别，由家长带领幼儿安全回家。

（七）活动结束后的延伸活动

（1）表达与交流：你在小学里看到了什么？该怎样做个小学生？

（2）表达与创造：把在小学里看到的、听到的、印象最深的用自己喜欢的方式表达出来（绘画或口述日记等）。

## 八、参观秦始皇兵马俑活动方案

（一）活动目标

（1）使幼儿能体验到集体出游的乐趣，认识景区标志，认识不同类型的兵马俑，如图6-18所示。

（2）使幼儿知道秦始皇兵马俑是世界八大奇迹之一，激发幼儿爱家乡、爱祖国的情感。

图 6-18　兵马俑局照

## （二）活动准备

（1）教师和秦始皇兵马俑博物馆的相关部门做好沟通协调工作。

（2）教师确定家长志愿者人选，并告知他们在参观过程中的职责和注意事项。

（3）教师安排好车辆，确定从幼儿园去秦始皇兵马俑博物馆的路线图，制定安全应急预案。

（4）教师准备一面印有幼儿园标志的小旗子，向幼儿讲解其作用，要求幼儿记住。

（5）教师熟悉关于秦始皇兵马俑博物馆的相关知识，以备讲解。

（6）教师准备好照相机、饮用水、垃圾袋。

（7）教师要求幼儿着装以轻便舒适为原则，统一戴小红帽，便于家长志愿者和老师辨认；要求幼儿每人准备一个小包，包内装有水杯、零食。

## （三）活动过程

1. 参观路途中

（1）教师清点班级幼儿人数，检查所带物品是否齐全。

（2）教师向幼儿讲解乘车安全知识和参观注意事项。

（3）教师给幼儿讲解沿途景观。

2. 参观博物馆

（1）到达博物馆大门口时，教师引导幼儿认识"秦始皇兵马俑博物馆"这几个字。

（2）进入大门后，教师引导幼儿观察博物馆的建筑布局，告诉幼儿参观的顺序是从1号坑到2号坑再到3号坑。

（3）教师引导幼儿认识景区的标志，并根据景区标志依次进入1～3号坑进行参观。

（4）引导幼儿观察不同的俑是什么样子的（主要看一下俑的外部特征，如身高、着装、神态等）。

（5）教师请幼儿来听听老师的讲解（主要介绍步兵俑、骑士俑、车兵俑、鞍马俑、骑兵俑、武士俑、军士俑、立射俑、跪射俑、军吏俑、驭手俑、高级军吏俑等不同俑的外部特征、称谓及工作职责）。

（6）教师给幼儿讲讲关于该博物馆的故事。

3. 参观结束

教师在带领幼儿回园的途中进行小结：秦始皇兵马俑博物馆是陕西省的名胜古迹，是世界八大奇迹之一，小朋友们要爱护这些兵马俑，保护文物，热爱我们的祖国。

## （四）活动目标

（1）教师鼓励幼儿在班级美术区，画自己喜欢的兵马俑并进行解说。

（2）教师鼓励幼儿在班级游戏区，玩兵马俑的角色游戏或建构游戏。

## 九、参观地铁2号线徐泾站活动方案

### （一）活动目标

（1）帮助幼儿认识地铁2号线徐泾站（如图6-19所示），知道主要的建筑标志，为徐泾有这样快捷的交通设施而感到骄傲。

图6-19 地铁2号线徐泾站

（2）帮助幼儿熟悉乘坐地铁的基本流程，掌握乘坐地铁的公共规范，并能主动遵守。

（3）使幼儿能感受到地铁给人们出行带来的便利，观看地铁站工作人员的辛勤劳动。

### （二）活动准备

（1）教师与地铁站工作人员联系，预约参观事宜，希望在参观以及乘坐地铁的过程中能获得他们的帮助。

（2）教师向家长发出参观活动的通知，使家长能了解此次活动的意义，请家长与孩子共同收集地铁站内的安全常识。

（3）请家长为孩子准备硬币零钱，帮助孩子学会购票。

### （三）活动过程

（1）教师在地铁站口时，引导幼儿认识徐泾站的建筑风格、名称、标志等。

（2）教师和家长带领幼儿上下电梯时，遵守"左行右立"的原则。

（3）教师和家长鼓励幼儿正确使用硬币，在自动售票机上购票。

（4）教师和家长指导幼儿观察乘客如何乘坐地铁，并带领幼儿过安检口、验票，在警示线外等待地铁的到来。

（5）教师和家长带领幼儿来回乘坐一站地铁，使幼儿懂得乘坐地铁时，应站在提示线旁等待，要先下后上，先出后进；在地铁里，可以坐老弱病残孕的专座，站着时要手扶着扶手，不能在车厢里追逐打闹，要用眼睛看报站信息，要用耳朵听报站站名，知道自己何时下车，感受地铁的快捷。

（6）教师和家长带领幼儿走出地铁，组织幼儿参观车站的监控室，知道监控室里的工作人员可以通过对讲机和现场工作人员进行交流，避免紧急突发事件的发生。

（7）教师和家长启发幼儿，走出地铁口时，要向工作人员致谢。

（四）活动延伸

（1）教师在班级组织幼儿讨论乘坐地铁时应该遵守哪些规则，使幼儿能熟悉必须遵守的公共规范。

（2）教师鼓励幼儿在班级内构建"徐泾2号线地铁站"活动，运用不同的材料来表现，以加深对地铁站的认识。

（3）教师鼓励幼儿开展"乘坐地铁"的角色游戏，以发展幼儿的表达能力与社交能力。

## 十、参观淞沪抗战纪念馆活动方案

（一）活动目标

（1）帮助幼儿简单了解抗日战争中淞沪抗战的意义。

（2）激发幼儿爱家乡、爱祖国的情感和对抗战英雄的热爱、崇拜之情。

（二）活动准备

（1）教师发动家长，帮助孩子了解一些有关抗日战争、淞沪抗战的历史。

（2）教师事先与纪念馆工作人员联系，确定参观游览行程。

（3）教师和幼儿准备好写生板等画画工具。

（三）活动过程

1. 交代要求，激发兴趣

（1）教师引导幼儿认识馆名，与工作人员打招呼。

（2）教师向幼儿提出要求：跟紧教师、讲解员，认真参观，认真倾听，不要大声喧哗。

（3）教师引导幼儿在活动中可以适时在记录纸上简单地记录游览程序。

2. 讲解员介绍，幼儿参观

（1）参观大草坪：教师带领幼儿观看淞沪抗战战场纪念碑、纪念钟、"淞沪魂"长卷石刻墙，以进一步激发幼儿的参观兴趣。

（2）参观一楼：教师请讲解员介绍"淞沪抗战史事掇英——血沃淞沪"、张明曹抗战美术作品展览。

（3）参观二楼：教师请讲解员介绍"抗日战争与上海"，引导幼儿通过观察文物陈列、场景、多媒体等了解普通民众及英雄们的抗日行为，观看"侵华日军暴行展"，了解侵华日军在上海的暴行；引导幼儿了解淞沪抗战概况，适当强调、重复，要求幼儿仔细倾听及观察。

（4）参观三楼：教师带领幼儿参观"上海郊县抗日武装斗争大型图片展"。

（5）教师带领幼儿乘电梯至塔顶观光，下塔后至文化广场参观"淞沪抗战军民"大型雕塑，如图6-20所示。

（6）教师提醒幼儿在参观过程中简单记录游程。

（7）教师提示幼儿感谢工作人员，并与工作人员有礼貌地告别。

图6-20　"淞沪抗战军民"大型雕塑

3．幼儿休息，回忆讨论

教师引导幼儿在草坪上休息，并讲讲刚才的游程和简单的记录。

（四）活动延伸

（1）教师带领幼儿回园后引导讨论，鼓励幼儿说说在参观中最感兴趣的地方或印象最深的地方，并说说对战争及战争中的英雄和普通百姓的感受。

（2）教师鼓励并引导幼儿结合活动中的记录纸，将游览的过程和路线在纸上详细地画下来，制作"淞沪抗战纪念馆游览导图"；幼儿可以通过自由结伴或小组合作来完成，教师给予适当的指导。

（3）教师鼓励幼儿在班级或家中，结合记录纸或"淞沪抗战纪念馆游览导图"，做个小讲解员，讲给家人听听。

## 十一、参观中国航海博物馆活动方案

（一）**活动目标**

（1）帮助幼儿体验航海时代的魅力，激发幼儿对海洋的兴趣。

（2）促使幼儿在亲子同游的过程中，习得一些航海知识。

（二）**活动准备**

（1）教师召开家长会，和家长沟通参观活动的方案，请家长补充、完善方案。

（2）教师和家长共同为幼儿准备外出的一些必需品，如运动鞋、餐巾纸等。

（3）教师与博物馆人员进行沟通，请他们协助准备参观活动的相关事项。

（4）教师与旅行社沟通，组织车辆，确保幼儿参观活动时的安全。

### (三) 活动过程

1. 参观外观

教师和家长引导幼儿观赏，并提问：中国航海博物馆的外表看上去像什么？

教师和家长启发幼儿想象，并回答：看上去像"白帆"，像两只白色风帆交错互抱，充满动感。

教师和家长向幼儿讲解：2010年7月5日，为迎接郑和下西洋纪念日暨中国航海日的到来，由交通运输部和上海市人民政府共同筹建的中国第一家国家级航海博物馆正式开馆并对外开放，定位为国家级航海博物馆。再向幼儿说明中国航海博物馆地址在上海市浦东新区临港新城申港大道197号，矗立于上海市浦东新区上海临港新城的滴水湖畔。

2. 参观六个展馆（见图6-21）

图6-21 幼儿参观中国航海博物馆

（1）参观航海历史馆。

教师请馆员给幼儿讲解介绍：航海历史馆是中国航海博物馆的重点展馆。该馆以时间为主线，分为古代、近代、现代三个展区。同时历史馆以技术副线为隐线，将浮力渡水、独木舟、木板船、帆、桨、橹、舵、指南针等造船和航海技术随时间主线并行展开，使幼儿能更深入地了解中国航海技术的发明与演变过程。

教师引导提问幼儿：你最喜欢哪艘船？为什么？

（2）参观船舶馆。

教师请馆员给幼儿讲解介绍：船舶馆分为船舶结构与设备、船舶制造两个部分，通过对船舶结构、设备及建造的分解、介绍与展示，呈现给幼儿一幅清晰、透明的船舶图纸。

教师鼓励幼儿与家长登船，登上位于一楼大厅内的高近70米、长30余米、宽逾8米的巨型明代福船，这是航海历史馆的"镇馆之宝"。

教师启发引导幼儿：登上大船，你有什么样的感受？

（3）参观航海与港口馆。

教师请馆员给幼儿讲解介绍：航海与港口馆主要展示了海洋环境以及从古至今各类保障船舶航行的仪器、仪表等技术资料，包括地文航海、天文航海、无线电航海等；请幼儿观看反映港口与航道的文物和实物。

教师引导提问：你知道东海大桥吗？它是连接哪个港口的？

（4）参观海事与海上安全馆。

教师请馆员给幼儿讲解介绍：海事与海上安全馆由海事和海上安全两大独立展区组成；海事馆通过实物及辅助图文展示海事沿革与海事监管执法，海上安全馆通过实物、模型、多媒体、电子地图等展示海上救助、海上打捞以及反海盗专题内容。

教师启发引导幼儿：水手们打水手结是最基本的工作，我们一起来学一学吧。

（5）参观海员馆。

教师请馆员给幼儿讲解介绍：海员馆主要展示与海员工作、生活紧密相关的实物、文献；位于展馆中心的航海模拟器以大型集装箱船驾驶室为模拟器原型，生动展示现代化船舶驾驶工作的特点，使幼儿与家长通过主动操纵船舶，体验当船长的感觉。

教师启发引导幼儿：假如你当船长来驾驶轮船，你会有什么样的感觉？

（6）参观军事航海馆。

教师请馆员给幼儿讲解介绍：军事航海馆分为中国人民海军建设和军舰知识两大展示内容，重点展示了各类军舰模型等海上军事用品。

教师启发引导幼儿：我们的军舰漂亮吗？你还在什么地方看到过军舰？

3. 亲子互动活动

教师给幼儿讲解介绍：有五种亲子互动活动，请你们与爸爸、妈妈商量一下，选择一种活动。

（1）航海大闯关。

每个家庭免费从馆员那里领取一份游戏棋盘，展开一场愉快而又紧张的航海科普闯关之旅。闯关游戏不仅仅考验航海科普知识，挑战动手能力，在刺激的"机会""命运"卡面前，偶尔也要拼一下小运气。成功闯关并到达终点的家庭，就能赢取最终的神秘航海小礼品。

（2）彩绘小石头。

每个家庭在馆员的带领下，发挥创意和灵感，在形状各异的小石头上用缤纷色彩绘制出自己喜爱的卡通图案。绘制完成后，将缤纷的彩石留作纪念。

（3）制作软陶盘。

每个家庭在软陶大师的现场指导下，动手做出自己家庭风格的软陶盘。

（4）海洋蜡染画。

每个家庭在馆员的带领下，手工制作海洋主题的蜡染画，一起体验愉快而又有获的博物馆之旅。

（5）可爱揉纸画。

每个家庭在馆员的引导下，将对应颜色的彩色纸搓成小纸球黏在背胶上，制成风格多变的立体揉纸作品，锻炼幼儿的手眼协调能力。

**（四）活动延伸**

（1）教师提醒家长，可带着孩子在博物馆内自由游览，去孩子感兴趣的地方多逛逛。

（2）教师鼓励幼儿回家以后，给家里其他人讲讲博物馆旅行中的趣事。

## 十二、"书香伴我快乐成长"参观芜湖市镜湖区图书馆活动方案

**（一）活动目标**

（1）帮助幼儿了解图书馆各部门的主要功能，了解借书、还书的基本流程。

（2）体验阅读氛围，激发幼儿的阅读兴趣，培养幼儿的良好阅读习惯。

（3）学习遵守社会基本规则，丰富幼儿生活经验。

**（二）活动时间**

2018年4月22日

**（三）活动地点**

芜湖市镜湖区图书馆（绿地小区）

**（四）活动准备**

（1）提前和图书馆相关部门做好沟通协调工作。

（2）向家长宣传本次活动，做好接送安排。

（3）围绕参观活动，组织幼儿谈话，为幼儿做好参观准备。

**（五）活动、参观流程**

（1）上午8:30幼儿由家长送至镜湖区图书馆门口老师处集合。

（2）大厅（了解电子触摸屏读报系统）——图书漂流区——典藏馆。

（3）少儿阅览室（阅读体验10分钟）——综合阅览区——期刊阅览室——视障阅览室——服务台（体验借书、还书的流程），如图6-22所示。

（4）活动结束。

① 参观结束，引导幼儿对管理员的帮助表示感谢并告别。

② 组织幼儿排列好队伍在图书馆门口合影留念。

③ 上午10:00家长在图书馆门口接幼儿，并将幼儿送回幼儿园。

图 6-22 参观镜湖区图书馆

**（六）相关要求**

（1）2018 年 4 月 22 日上午 8:30 在镜湖区图书馆门口集合，本次活动由家长亲自接送。活动结束后，由家长将幼儿送回幼儿园。

（2）教师自带相机、面巾纸等幼儿必需品，保持图书馆环境卫生。

**（七）注意事项**

（1）请家长一定要严格遵守时间接送幼儿。

（2）活动前，家长可向幼儿介绍参观图书馆的规则要求，如不要大声喧哗，爱惜图书，跟随队伍，不随意乱跑等。

（3）家长接送幼儿的途中一定要注意安全。

## 十三、参观社区文化中心活动方案

**（一）活动目标**

（1）帮助幼儿了解社区文化中心是一个休闲、学习、娱乐、健身的好地方。

（2）扩展孩子的生活经验，促使幼儿学习遵守社会基本规则。

（3）丰富亲子业余生活，进一步增进亲子感情。

**（二）活动准备**

（1）了解社区文化中心的场所和设施，安排好参观路线。

（2）和社区文化中心相关部门做好沟通协调工作。

（3）安排好车辆，确定往返路线与时间，确保幼儿的安全。

（4）邀请家长参加活动。

**（三）活动过程**

（1）教师向幼儿介绍参观的地点和要求，告诉幼儿社区文化中心是个安静的地方，进入大楼以后要保持安静，认真听解说员讲解。

（2）教师和家长带领幼儿排队上车，在车内帮助幼儿入座、系好安全带，告诉幼儿不能把头和手伸出窗外。

（3）教师和家长带领幼儿依次下车，引导幼儿注意观看文化中心所处的路段，文化中心大楼的颜色、造型，提醒幼儿有礼貌地与工作人员打招呼，并轻轻地走进大楼。

（4）教师提醒大家在文化中心的大厅集合，听工作人员介绍文化中心的概况和整体布局。

（5）教师和工作人员带领大家依次参观文化中心的图书馆、健身中心、小剧院、早教中心。

（6）教师和工作人员把幼儿分成小组，让他们分别进入不同的场所进行参观体验，如图6-23所示。

图6-23 参观社区文化中心

① 图书室：参观成人和幼儿的图书馆，观察不同年龄段儿童图书的异同点，观看图书是怎样分类摆放的，鼓励幼儿说说为什么要这样摆放，引导幼儿观看图书馆里的人是怎样认真、专注看书的，感受图书馆安静的气氛，观察书架上的提示牌，知道进入图书馆的规则。

② 健身中心：观看健身中心有哪些设施，讨论哪些是供成人使用的，哪些是供幼儿使用的，讨论指示牌的作用，讨论人们为什么要到健身中心来锻炼身体，以帮助幼儿提高安全意识，使幼儿知道生命在于运动。

③ 小剧院：参观小剧院，观察剧院内的设施、座位的排列顺序，引导幼儿学会对号入座，观察剧院内的标志，知道进入剧院要安静，看表演时不能随意走动。

④ 早教中心：参观早教中心，观察早教中心的设施，引导幼儿和弟弟、妹妹做游戏，学会主动交往。

（7）教师提醒幼儿和家长在大厅集合，并向文化中心的工作人员表示感谢。

（8）教师和家长整理队伍，组织幼儿上车回园。

（四）活动延伸

（1）教师鼓励幼儿说说参观社区文化中心的感受。

（2）教师鼓励家长经常带孩子去文化中心学习、娱乐。

（3）教师提醒家长为孩子办一张社区图书馆借书证，每月借阅图书，并拿到幼儿园里来分享交流。

# 参考文献

[1] 李生兰,等. 学前儿童家庭与社区教育[M]. 北京:高等教育出版社,2015.

[2] 王乃兰,等. 学前儿童家庭教育[M]. 北京:北京师范大学出版社,2013.

[3] 顾晓鸣. 家庭教育专业化培训教程[M]. 青岛:中国海洋大学出版社,2011.

[4] 教育部基础教育司. 幼儿园教育指导纲要(试行)解读[M]. 江苏:江苏教育出版社,2017.

[5] 幸福新童年编写组. 3～6岁儿童学习与发展指南解读[M]. 北京:首都师范大学出版社,2012.

[6] 郑益乐. 学前儿童家庭教育[M]. 西安:西安交通大学出版社,2016.

[7] 李生兰. 学前儿童家庭教育与活动指导[M]. 上海:华东师范大学出版社,2014.

[8] 王烨芳. 学前儿童行为观察与分析[M]. 南京:江苏教育出版社,2012.

[9] 杨广学,等. 特殊儿童心理与教育(第2版)[M]. 北京:北京大学出版社,2017.

[10] 王辉. 特殊儿童感知觉训练[M]. 南京:南京大学出版社,2012.

[11] 李俊萍. 用关爱塑造残疾儿童的健康人格[J]. 中学教学参考,2015(06).

[12] 朱虹. 早期家庭教育应重视幼儿积极情绪的培养[J]. 学理论,2012(17).